Peter Wapnewski
Zumutungen

Peter Wapnewski

Zumutungen

Essays zur Literatur des 20. Jahrhunderts

[handschriftliche Widmung: John Simon dankbar für Ermutigung und Zuspruch: Peter Wapnewski N.Y. 17/IV/80]

claassen

1. Auflage 1979
Copyright © 1979 by claassen Verlag GmbH, Düsseldorf
Alle Rechte der Verbreitung, auch durch Film, Funk und Fernsehen,
fotomechanische Wiedergabe, Tonträger jeder Art, auszugsweisen
Nachdruck oder Einspeicherung und Rückgewinnung in
Datenverarbeitungsanlagen aller Art, sind vorbehalten.
Gesetzt aus der Times der Linotype GmbH
Satz: UNI-SET GmbH, Düsseldorf
Papier: Papierfabrik Schleipen GmbH, Bad Dürkheim
Druck und Bindearbeiten: Ebner Ulm
Printed in Germany
ISBN 3 546 49500 4

Für Natascha und Nicolai
und wir wissen warum

Inhalt

8

Vorwort

Die hier versammelten Aufsätze, teils bisher unveröffentlicht, teils unwesentlich und teils erheblich gegenüber ihrem ersten Abdruck verändert, sind dem Ärgernis Literatur gewidmet. Ihnen ist gemeinsam, daß sie versuchen, sich der Provokation zu stellen, die alle Kunst ihrem Wesen nach ist und die sie auf besondere Weise im zwanzigsten Jahrhundert ist.

Literatur, die ihren Leser nicht beunruhigt; Literatur, die ihn nicht nötigt, nach sich und seinen Voraussetzungen zu fragen und sich und das Seine in Frage zu stellen; Literatur, die nicht Widerstand bietet und nicht Widerstand provoziert und nicht bei allem Glück der möglichen Übereinstimmung Irritation und Bedenken auslöst – solche Literatur ist Unterhaltung, und mit Unterhaltung hat Kunst es nicht zu tun. Ihr geht es vielmehr – und ging es von je – darum, den Cordon der Geltungen und scheinbaren Gültigkeiten zu durchbrechen und jenseits konventioneller Sicherheiten und bequemer Übereinstimmungen nach den Bedingungen zu forschen, die uns definieren und nach den Möglichkeiten, die uns rechtfertigen. Mit der Vorstellung von Genuß wird man diesen Vorgang allenfalls in dem Sinne verbinden, als Genuß das Resultat von Mühewaltung und beharrlichem Werben sein kann. Und wenn er köstlich ist, ist seine Voraussetzung Mühe und Arbeit gewesen.

Den Anfang machen zwei Artikel, die sich auseinandersetzen mit Grundkategorien des Literarischen und Poetischen (»Definitionen«). Die zweite Gruppe (»Historische Gegenwart«) setzt sich zusammen aus Titeln, die in der Behandlung einzelner Dichter und ihres Werks zeigen wollen, was es auf sich hat mit dieser Absicht der Literatur, Leben zu bewältigen und das heißt zu ertragen durch den Versuch, es mittels Form nachzuvollziehen, vorzuvollziehen. Das Leben nicht in seinem Zustand wie es ist, sondern wie es nach Meinung der Kunst entworfen war, also sein könnte. Dabei sind Rilke, Thomas Mann, Ödön von Horváth und Joseph Roth jeweils als Exponenten einer bestimmten Art und Technik solcher Formbewältigung vorgestellt: Als Gründerväter (die sie auch als Erben sind) haben sie zu Anfang dieses Jahrhunderts Maßstäbe gesetzt, vor denen die Literatur seiner zweiten Hälfte sich zu behaupten hat in Nachfolge und Widerstand. (Auch der Bruch mit der Tradition ist ein traditionsgebundener Vorgang.) So wie auch Plenzdorf seinen Edgar Wibeau nur als wiedererweckten und wiedersterbenden Werther konzipieren konnte, weil sein traurig' Stück vor dem Goethes bestehen wollte: Nachspiel zwar nur, aber seine Herkunft so wenig beschämend wie etwa durch diese Herkunft beschämt.

Der dritte Teil (»Gegenwärtigkeit«) verweist auf das künstlerische Schlüsseljahr 1972 als auf das einer ganz bestimmten und heute schon literarhistorisch erfaßbaren Eigentümlichkeit. Wie der einleitende Aufsatz zur »dokumentarischen Wendung« zu zeigen versucht, meldete sich in jener Phase das Bedürfnis, die eigene Zeit durch Klärung ihrer Vorzeit genauer zu erfassen, und zwar mit Hilfe der für diesen Zweck am ehesten geeigneten und am längsten erprobten literarischen Methode: der Buchung des Geschehens und Geschehenen in der treuen Fassung des Tagebuchs, der Form der Annalistik, der Chronistik. (Da eben dieser Einsatz spezifisch zeitbezogene Züge trägt, habe ich bewußt am Wortlaut der einleitenden Überlegungen nichts geändert, auch da nicht, wo Zeitanspielungen auf die *Documenta* und anderes später nicht mehr ohne weiteres verständlich sein mögen.)

Die dann folgenden sieben Titel – der Essay über Ernst Jünger und sechs Rezensionen – wurden ausgesucht, weil sie es zu tun haben mit den buchführenden Mitteln und ihrer Verwendung. Jünger, Grass, Frisch, Marie Luise Kaschnitz und Handke sind, jeder auf seine Weise, intensive und artistische Diaristen, leidenschaftliche Zeitregistratoren, beharrliche Chronisten ihrer Werke und Tage. Dabei ging es vor allem darum, die unterschiedlichen Verfahrensweisen auf dem letztlich doch schmalen Felde solchen Schreibens gegeneinander abzuheben und deutlich zu machen, welcher Platz in diesem die Grenzen von Fiction und Non-Fiction aufhebenden Genre ›dem Privaten‹ angewiesen, welche Lizenz seiner Veröffentlichung zugeteilt, welches Gebot seinem Verschweigen auferlegt ist. Auch das letzte dieser Stücke – Siegfried Lenz und seinem »Heimatmuseum« zugeschrieben – untersucht die Funktion chronikalisch-autobiographischen Schilderns im Geflecht und der Verflechtung von Privatheit und Allgemeinheit.

Literatur ist Zumutung. Doch wird sich auch, wer schreibend auf Literatur antwortet, der Literarhistoriker also und der Literaturkritiker, immer dessen bewußt sein, daß sein Versuch zu verstehen, seine Not des Ja und des Nein von der Literatur als Zumutung empfunden werden kann. Das muß ertragen werden, und so nötig das eine ist, so nützlich kann das andere sein.

Zu danken habe ich Erwin Barth von Wehrenalp und Arnulf Conradi: Der energischen Ermutigung durch den Verleger verdankt dieser Band sein Entstehen, der helfenden Geduld des Lektors seinen Abschluß.

Baden-Baden, im Sommer 1979   Peter Wapnewski

11

Definitionen

Was ist Literatur?

Literatur ist das Fragment der Fragmente; das wenigste dessen, was geschah und gesprochen worden, ward geschrieben, vom Geschriebenen ist das wenigste übriggeblieben.
(Goethe, aus »Wilhelm Meisters Wanderjahren«)

I

Et tout le reste est littérature: Souveräner und verächtlicher ist sie nie abgetan worden, die beharrlich nach ihrem Sinn befragte, in ihrer Geltung gerühmte, ihrer Wirkung angefochtene, ihrer Bestimmung umrätselte, in ihrer Funktion umrungene Literatur. Paul Verlaine freilich, dessen berühmtes Gedicht *Art Poétique* (1874) in dieser endlichen Geste der Abwertung ja Vernichtung kulminiert, will nur mit dem »und alles übrige ist Literatur« das Wesen der »eigentlichen« Dichtung um so strahlender provozieren, will in diesem poetischen Manifest des Symbolismus den Rausch der Töne, das Schimmern der Nuance, die Wahrheit von Traum und Bild strahlend gegen das leblose Regelwerk der klassischen Poetik setzen.

Dichtung und Literatur: Als Gegensatzfigur ist diese Paarung grundsätzlich sinnlos − insofern als hier die Prämisse ungeprüft gelten soll, daß alle Dichtung dem Bereich der Literatur als der ihr übergeordneten Größe angehört (Literatur hingegen als solche nicht a limine gleichbedeutend mit Dichtung ist). Jedoch nicht nur der Dichtung in ihren mannigfachen »reinen« Ausdrucksformen hat Literatur als dürftiger Antipode dienen müssen; vielmehr hat Vitalismus als Lebensgefühl auf seinem Banalniveau von je »Literatur« ausgespielt als die dem »eigentlichen« Leben feindlich entgegengesetzte, als eine abstrakte, eine theoriegewirkte Größe.

Was aber ist das: Literatur? Solche Frage nach der Bestimmung, der Definition von Literatur versteht sich nicht nur als Fügsamkeit gegenüber den Gesetzen der Logik und ihrer Forderung, daß jegliches Nachdenken über einen Begriff die Klärung seines Inhaltes an den Anfang setzen müsse (was als Forderung ebenso überzeugend klingt wie es kurzschlüssig verfahren kann: da doch die Klärung des Begriffs sehr wohl Folge erst des Nachdenkens über ihn sein mag). Vielmehr wird sich zeigen, daß sich das Wesen der »Literatur heute« am ehesten skizzieren läßt mit Hilfe des Versuchs, den Begriff vorzuzeigen in den Eigentümlichkeiten seines Verständnisses. Denn »Literatur heute« ist zwar nicht zwingend, aber doch zuallererst das, was man heute unter Literatur begreifen will und kann.

II

Das »heute« in der Doppelformel ist – jedenfalls für den gewünschten Zweck – leichthin verstehbar. Es meint die gegenwärtig erlebte, miterlebte und mitbestimmte Zeitepoche. Ihrer Natur nach schließt sie ein Teil des Gestern mit ein, wie es war; und ein Teil des Morgen, wie es sein kann: Denn das Wesen des Menschen ist bestimmt dadurch, daß er über die Gabe verfügt, das Vergangene in der Erinnerung festzuhalten und das Künftige in Hoffnung und Sorge zu erwägen.

Aber »Literatur« – was ist das? Am Anfang stehe die scheinbar weiteste Definition: *Literatur ist jedes gedruckte Wort.*

Diese expansive Bestimmung schlösse mithin ein: Homer und das Telephonverzeichnis von Gernsbach, »Füllest wieder Busch und Tal« und die *Bildzeitung,* den *Rigweda* und eine Ausführungsbestimmung zu einer Verordnung über eine Ausgleichsabgabe im Europäischen Agrarmarkt; die »Sonette an Orpheus« wie die Formulare der Steuererklärung wie Listen und Karteien. Das wird manchem zu einfach – weil zu viel – sein, und guten Grundes.

Es wird aber auch, erstaunlich auf den ersten Blick, manchem zu wenig sein. Denn man hat sich zu erinnern, daß es Wortkunst gibt, die außerhalb des Bereichs der schriftlichen Fixierung lebte und noch lebt, die mündlich konzipiert, mündlich konserviert, mündlich tradiert und variiert wurde und wird. Zu diesem gewaltigen und bedeutenden Bereich gehört zum Beispiel die sogenannte Heldendichtung, gehören die Sagen, Mythen und Märchen vieler Völker und Zeiten in Asien wie Finnland, bei den amerikanischen Indianern, im Morgenlande wie bei den Franzosen und den Deutschen des Mittelalters (als die Lieder von *Roland* und den *Nibelungen* weitergegeben wurden). In diesem Umkreis »mündlicher Literatur« gehören aber auch, heute und unter unseren Ohren, Kinderverse oder Wanderwitze und, wenn es ihn noch gibt, die episch ausholende Familienchronik des erzählenden Ahns. Sollte man diese bedeutende Erscheinungsform der Dichtung ablösen vom Begriff der Literatur? Sollte sie erst dann der weiteren Größe »Literatur« subsumieren, wenn sie schriftlich fixiert ist? Das wäre nicht nur unangemessen, sondern falsch.

Es erweist sich mithin der erste Ansatz zu einer Begriffsbestimmung als zu weit und als zu eng in einem.

III

Ein zweiter Ansatz: Getilgt seien jetzt Listen und Tabellen, Karteien und Telephonbücher (obschon ein wirklicher Dichter auch ein Adreßbuch singen lassen kann, indem er seinen eingesperrten Schatz an Namen und Berufen erlöst und latente Schicksalsmassen zum Klingen bringt). Denn offenbar fordert der Literaturbegriff, wie immer er sich gewandelt und verändert haben mag, grundsätzlich den zusammenhängenden Text. Nicht also genügt die bloße Klangpartikel (das Phonem), nicht die kleinste sprachliche Bedeutungseinheit (das Morphem), sondern das erste muß über das zweite hinauswachsen zu einer syntaktischen Struktur, einem zusammenhängenden Wortnetz. (Wobei bewußt der Begriff der »Ordnung« vermieden ist, weil die gemeinte Aussage unter Umständen syntaktische Unordnung einschließt, ja fordert.)

16

Indem solchermaßen *Struktur* dem Literaturbegriff notwendig zugeschlagen werden muß, läßt sich anderseits also eine andere Bestimmung wenn nicht preisgeben, so doch in ihrer Stringenz einschränken: die Forderung nach Schriftlichkeit oder nach dem Druckzustand.

So wären denn der in die Sommernacht gelallte Vers, die syntaktisch gefügte Briefzeile, die zusammenhängende Tagebucheintragung wert, Literatur genannt zu werden? Doch wohl nicht.

Denn offenbar gehört zur geschichtlich bedingten Wesenbestimmung des Begriffs Literatur ein bestimmter *Öffentlichkeitscharakter,* ein bestimmtes Maß an (angestrebter und erreichter) Öffentlichkeit. Das Gedicht in einem Kopf (und es sind Gedichte in jedem Kopf) ist nicht Literatur, es mag noch so köstlich sein. Auch niedergeschrieben wird es erst dann zur Literatur, wenn es sich der Öffentlichkeit stellt: durch die Publizierung. Durch also den öffentlichen mündlichen Vortrag; durch die Fixierung in der Schreibstube; durch den Druck.

Hier schwächen sich die scheinbar so scharf abgegrenzten Unterschiede zwischen lediglich mündlich vorhandener oder lediglich mit Tinte geschriebener oder eben gedruckter Literatur erheblich ab. Ist erst einmal anerkannt, daß zum Wesen des Literarischen die Tendenz auf Öffentlichkeit und Verbreitung gehört, dann ist die Form der Fixierung primär technisch bedingt. Mit anderen Worten: Seit fünfhundert Jahren, seit Gutenbergs Revolutionierung des Buchdrucks, versteht man unter »Literatur«: gedruckte Literatur. Was mündlich konzipiert und weitergegeben wurde, Märchen und Epen und Verse, verweigert sich ja nicht seiner Natur nach der Schriftlichkeit, beruft sich nicht seiner Natur nach auf Mündlichkeit als wesensdefinierenden Faktor und Bedingung seines Existierens, sondern hat aus lediglich technischen Gründen nicht den Schritt hin zur Schriftlichkeit getan. (Wobei unbestritten bleibt, daß sich aus der spezifischen Entstehungsform des Mündlichen natürlich spezifische Eigentümlichkeiten der Gattung ergeben.)

Mehr noch: Homers Epen wie das Nibelungenlied verdanken als im Kern mündlich konzipierte und entstandene Gesänge ihre Entwicklung und Bewahrung der Schrift und ihren Verbreitungspraktiken.

Solches bedacht, ergibt sich für den Begriff Literatur nunmehr als Versuch der Definition: *Literatur ist jeder zusammenhängende Text, der seiner Natur und Intention nach öffentlich ist.*

Damit sind ausgeschlossen: die ihrer Natur nach nichtzusammenhängenden Texte (Tabellen und Listen). Damit ist weiter ausgeschlossen jede Art eines nur privat gehegten Wortlauts. Berücksichtigt hingegen wäre die Nebenform einer nur auf Mündlichkeit bauenden Literatur.

IV

Bei genauer Prüfung des hiermit erreichten Definitionsstandes indessen erweist sich, daß die Bestimmung, legt man an sie den Maßstab des Herkömmlichen und Gewohnten, noch immer zu weit ausgreift.

Zusammenhängender Text, Textzusammenhang: solche Beschreibung schließt die Hausordnung ein, die Gebrauchsanweisung für ein Heizgerät, die *Bildzeitung*. Das durch Consensus autorisierte Verständnis des Titels »Literatur« jedoch, wenn auch noch so flexibel gehandhabt, widerspricht solcher Vereinnahmung. Um die Frage zu klären, muß das überlieferte Verständnis von Literatur geklärt werden.

Littera, die *Letter*, ist der Buchstabe. Dem Mittelalter galt, wer *litteratus* war, als des Lesens und des Schreibens kundig (und das hieß zwangsläufig: des Lateinischen), als gelehrt, als gebildet.

Seit dieser Zeit ist dem Begriff der Literatur ein geistiger, ja ein schöngeistiger Zug eigen. Wieder hilft eine begriffsgeschichtliche Erinnerung, solche Verengung zu erklären: Den dank gesellschaftlichem Status wie Bildung »freien« Mann zierte die Kenntnis der *Septem artes*. Innerhalb ihrer waren die

18

der Literatur gewidmeten Fertigkeiten durch die »Dreier-
gruppe« des *Trivium* zusammengefaßt: Grammatik, Rhetorik,
Dialektik. Römisches Erbe, mit dessen Hilfe die Fähigkeit und
Fertigkeit gelehrt wurde, den Gedanken ihre angemessene und
das heißt wirkungsvollste Form der mündlichen oder schriftlichen Fixierung zu geben. An »Kunst« war darin zuletzt gedacht, es handelte sich um empirisch erfaßte Wissenschaftsre-
geln.

Auf solche Weise bewahrte sich der *artes*-Begriff im Bereich
der angelsächsischen und romanischen akademischen Erzie-
hung den Charakter der strengen Wissenschaftlichkeit. Um
den für die Neuzeit charakteristischen »Kunst«-Begriff, seinen
Anspruch und seine Autonomie auszudrücken, mußte ein die
Kunst freilich sehr einseitig charakterisierendes Attribut hin-
zutreten: »schön«. Also: »Fine arts«, und »Beaux arts«. Ein
Terminus, den wörtlich zu nehmen nur in Phasen einer normativ eingeengten Ästhetik möglich war und der in seiner Einfalt
nie ausschließliche Gültigkeit hatte. Die schönen Künste sind
nicht nur nicht mehr »schön«, sie waren es seltener, als historische Verklärung wahrhaben will. (Zu schweigen vom ständigen Wandel der Geschmacks- und also Schönheits-Ideale.)

Die »Belles lettres« also verdanken sich diesem Versuch,
das wissenschaftliche *artes*-Wesen abzugrenzen gegen den Anspruch der Kunst; in diesem Falle der Dichtkunst. Belletristik
freilich ist so wenig auf das »Schöne« beschränkt wie ein rein-
lich bestimmter Literaturbegriff auf das Belletristische beschränkt sein darf. Nicht nur, daß damit Drama und Lyrik ein
wenig in den Hintergrund rückten –, auch der philosophische
Essay, die philologische Exegese, die Erklärung einer Sonate,
die Analyse eines politischen Zustands, die Erörterung einer
rechtlichen Zweifelsfrage, die Darlegung eines geschichtlichen
Zusammenhangs: sie alle und der mit ihnen gemeinte geistige
Bereich können schwerlich dem Komplex der Literatur vorenthalten werden. Gebrauchsanweisung und Wetterbericht
hier, das »Gastmahl« und das »Kapital« da: die Definition
kommt zu der Konsequenz:

Literatur ist jeder zusammenhängende Text, der seiner Natur

und Intention nach öffentlich und nicht unmittelbaren Ge-
brauchszwecken zubestimmt ist.

Das will sagen: Natürlich hat jeder Text seinen »Zweck«, anders wäre er nicht veröffentlicht worden. Auch vorgeblich »zweckfreie« oder einem postulierten l'art pour l'art zugedachte Literatur ist bereits durch diese Art von Begriffsbestimmung als zweckhaft entdeckt. Gemeint ist indessen mit der endgültigen Definition, daß in der Regel nicht als Literatur gelten kann, was mit der Absicht formuliert ist, unmittelbarer Umsetzung in einen Gebrauch zu dienen und also nicht nur nicht sich selbst will, sondern in optimaler Eindeutigkeit sich selbst überflüssig machen will. Denn Literatur, das gehört zu ihrem Wesen, will immer noch etwas über ihre unmittelbare konkrete Aussage hinaus aussagen. Literatur ist immer (mindestens) zweideutig. Um es ganz einfach zu formulieren, und zwar mit Peter Bichsels Worten: »Etwas schreiben und etwas zweites damit meinen, hat etwas Literarisches«.

V

»Literatur heute«: Heute hat sich der Literaturbegriff geöffnet. Es hat sich gezeigt, daß auch der Versuch, »Literatur« so unvoreingenommen wie möglich zu bestimmen, sich nicht freimachen konnte von einer gewissen Bindung an das Herkömmliche, das Gewohnte, das Tradierte. Was sich nicht als Beeinträchtigung der Suche nach »Literatur heute« herausstellt. Denn auch im Heute ist die Literatur, so ungebärdig sie an den Gittern ihres Normenkäfigs rüttelt, sooft sie ihn auch schon gesprengt hat – auch heute ist sie (gerade im Prozeß seines Überwindens) an das Herkömmliche im Literaturbegriff gebunden. Der ja als solcher nur praktikabel ist, wenn er deskriptiv verstanden wird, nicht aber normativ. Das heißt, es kann sich nur darum handeln zu beschreiben was ist, nicht aber darum, Postulaten nachzugehen, die eine Literatur entwerfen, die da kommen soll.

Das zwanzigste Jahrhundert ist mit der Ordnung der Literatur so wenig behutsam umgegangen wie mit den Ordnungen der menschlichen Gemeinschaft. Man kann sogar sagen, daß die Tendenzen ja Leidenschaften, die auf eine Auflösung tradierter literarischer Strukturen hinwirkten, antizipierend die zerstörenden Kräfte vorwegnahmen, denen Völker und Staaten ausgeliefert waren und sind. Die Abfolge, das historische Nacheinander des Erzählens, wurde aufgehoben zugunsten neuer Zeitformationen; die ehrwürdige Rolle des alleswissenden Erzählers wurde gestrichen; die raunende Beschwörung eines erzählten Kosmos wich der harten assoziativen Fügung von nebeneinander und gegeneinander stehenden Vielheiten und führte zur Zertrümmerung der Syntax; die Stil- und Spielarten der Darstellung mußten sich permanenter theoretischer Erörterung stellen: der »Realismus« zum Beispiel, der als solcher schließlich kaum mehr faßbar wurde im Streit der Parteien und ihrer Alleinvertretungsansprüche. Die Lyrik büßte ein, was einst ihre Anmut ausgemacht hatte: die Selbstverständlichkeit des Artistischen; und schließlich verzagte man an der Möglichkeit, an der Berechtigung, überhaupt noch ein Gedicht zu schreiben, weil das Gedicht eine unversehrte Welt voraussetze oder aber doch assoziiere. Das Drama wurde je länger je mehr seiner dramaturgischen Bauformen entkleidet und umgewandelt zur epischen Demonstrationsbühne für politisch-soziale Lehrstücke. Der Roman wurde denunziert als bürgerliche Kunstform – was er insofern gewiß ist, als er das bürgerliche Zeitalter begleitet und seinen jeweiligen Gesellschafsformen am präzisesten Ausdruck gegeben hat. Nun aber hieß es, daß kontinuierliches Erzählen insgesamt unmöglich geworden sei (eine Parallele zum Zweifel am Gedicht), daß herkömmliche Formen nur mehr herkömmliche Wahrheiten transportieren könnten (die zu bewegen in der Tat nicht Aufgabe der Dichtung sein kann). Die Literaturwissenschaft und -kritik brillierte und wütete schließlich in Forderungen nach einer Selbstaufhebung der Literatur durch Literatur (vorbereitet durch Überlegungen russischer Formalisten), mit Thesen von Literatur als planer Widerspiegelung der materiellen gesellschaftlichen Verhältnisse – bzw. als eine eben dieser Widerspiegelung entgegengesetzte Form gesellschaftlicher Aussage mit utopischem Charakter; und die große politisch-soziale Wiedertäufer-Bewegung der späten sechziger und frühen siebziger Jahre dieses sich selbst und seinen Bestand permanent in Frage stellenden Jahrhunderts stürmte auch die Bilder, wie sie Literatur zu liefern bisher in aller Widersprüchlichkeit gewohnt war. So daß Literatur und die ihr geltende Kritik und Wissenschaft schließlich für tot erklärt wurden. Sie war nicht tot, war nicht einmal scheintot.

VI

Denn heute: Heute hat sich Literatur auf eine beklemmend oder doch erstaunlich rasche Weise wieder ihrer Traditionen entsonnen und sie wiederaufgenommen. Da werden Romane geschrieben und gedruckt und gelesen, die durchaus überkommenen Erzählformen verpflichtet sind (Frisch, Handke, Johnson, Böll, Lenz, Grass, Muschg, um nur im deutschsprachigen Bereich zu bleiben). Da werden begrenzte Verhältnisse vorgeführt, wird am Einzelnen exemplarisch etwas demonstriert, was das Ganze ist oder angeht, da wird Geschichtliches und Dokumentarisches vorgeführt, wie es sich bricht in der Erinnerung und Empfindung eines Ich. Da erlebt das Drama der ersten Jahrzehnte dieses Jahrhunderts mit seinen privatpsychologisch-sozialen Problemen eine erstaunliche Wiederentdeckung und -belebung: Ibsen und Strindberg, Sternheim und Horváth beleben die Bühnen und Bühnendichter. Da macht das Gedicht, eben noch von wohlwollenden Verlegern mühsam aus Gewissenspflicht mitgezogen, wieder von sich reden und pocht auf sein lyrisches Ich. Da wendet sich der Film – auch er eine Form der Literatur – der Historie und ihrer Verehrung des Individuums, der Verinnerlichung seines Schicksals zu: Goethe wird umgesetzt und Storm und Kleist und Thomas Mann, und kostümselig wandert und webt eine farbenprahlende und bilderbunte Vergangenheit durch hochstilisierte Interieurs.

Zur Bezeichnung dieses Vorgangs – wenngleich nicht zur Erklärung – bieten sich derzeit mundgerechte Ausdrücke an wie »Tendenzwende« und »Nostalgie«, und man sollte sie nicht schmähen, nur weil sie modisch sind – als ob dem Modischen als solchem der Wahrheitscharakter abginge. Nur ist damit wenig gesagt über die Wurzeln dieses ja allenthalben auch außerhalb der Literatur zu beobachtenden Verhaltens, das man doch allemal »dialektisch«, d.h. antithetisch organisiert, verstehen wird. Als Ansatz einer Erklärung diene der Hinweis auf den unsinnlichen, den abstrahierenden, den ungemein theoretischen Charakter von Kunst und Kunsttheorie, von Literatur und Literaturtheorie, wie er Gestalt annahm in den sozialen Manifesten der letzten Jahre. Offenbar ist Erzählen, das Bedürfnis, Erzähltes aufzunehmen (wie auch das Spielen und das Singen), eine Konstante im Ganzen der menschlichen Konstitution. Vielleicht ist es diese Überzeugung, die den Verleger Peter Suhrkamp 1947 das große Wort (gerade in seiner stolzen Einfalt große Wort) sprechen ließ: »Die Dichtung darf nie aufhören.«

VII

Die Frage nach der Literatur heute schließt die Frage ein nach der Literatur morgen. Der Versuch, sie in ihren künftigen Konturen auszudeuten, stützt sich auf die Veränderungen des Literaturbegriffs und der literarischen Wirklichkeit in derzeitiger Gegenwart.

Es ist unbezweifelbar, daß sich gegenwärtig der Literaturbegriff erweitert hat. Diese Öffnung versteht sich insbesondere aus der Einwirkung zweier Kräfte: einer *sozialen* und einer *wissenschaftlichen* (die natürlich als geschichtliche Vorgänge nicht voneinander isoliert werden können).

Zum ersten: Auf die soziale Frage des neunzehnten Jahrhunderts versucht das zwanzigste die soziale Antwort zu finden. Seine übernationalen wie nationalen Probleme sind zu reduzieren auf den Versuch, innerhalb eines hochzivilisierten und technisierten Bereichs alle, also Völker wie Individuen, teilhaben zu lassen an dem, was (wiederum mit einem Schlagwort) Lebensqualität heißt. Mit solchem Prozeß verändern, erweitern sich auch Funktion und Begriff »Literatur«. »Arbeiterliteratur« oder »Literatur der Arbeitswelt«, Sozialreportagen, die sog. »Trivialliteratur« sind als wirklichkeiterfassende und -spiegelnde Komplexe Gegenstand der Aufmerksamkeit, der Erörterung und der Forschung. Die Barrieren zwischen »fiction« und »non-fiction«, zwischen »erfundener« und »Dokumentar«-Literatur, mit Fleiß errichtet und lange mit Eifer verteidigt, wurden erst durchlässig und schließlich abgebaut, weil sie keine Qualitätsmerkmale abgeben und nurmehr einen Scheingegensatz fixieren. Die Technik hat dem Wort und seinen verschiedenen Erscheinungsformen neue Medien zur Verfügung gestellt. Das »Feature«, das Hör- und das Fernsehspiel erweitern den Apparat des Literarischen im gleichen Maße, wie sie einer gewissen Nivellierung seiner tradierten Wertvorstellungen Vorschub leisten.

Eine Nivellierung zuungunsten konservierter ästhetischer Ideale, die auch Resultat der (*zum zweiten*) neuen wissenschaftlichen Impulse bei der Erforschung von Wort und Sprechen und Sprache ist. Die Linguistik, im außerdeutschen Bereich schon seit Jahrzehnten einflußreich wirksam, hat nunmehr ihren deutschen Nachholbedarf erkannt und (teilweise) befriedigt. Zugleich und teils im Bündnis, teils im Dissens mit den sprachphilosophischen (von der Wittgenstein-Schule ausgehenden) und den strukturalistischen Thesen und Theoremen hat insbesondere die Forschungsrichtung der Semantik den Worten in ihrer Verflechtung untereinander zu einem »Text« neue Wertigkeit abgewonnen und damit auch die Kunstform der Literatur hier und da neu zu erfassen gelehrt. Solchermaßen hat man sich gewöhnt, die Leistung der Sprache als Frage ihrer Funktionsgerechtigkeit zu begreifen und sie herauszulösen aus dem Bereich einer normativen Ästhetik mit deren dogmatischen Forderungen und Wertsetzungen. So daß es wiederum mehr ist als lediglich Manier und Mode, wenn man heute vielfach vorzieht, von einem »Text« zu sprechen, wo man früher gattungsspezifische und also (notwendig) wertsignalisierende Termini gebrauchte. (Mit Roland Barthes erwägt man schließlich schon, »nichtverbale Texte« – Film, Photographie – der »Literatur« zuzuschlagen.)

Und Literatur morgen? »Was bleibet aber, stiften die Dichter.« Der Sehergestus Hölderlins steht fremd in dieser Gegenwart und ihrer Zukunft. Die Literatur und die Literaten, sie nehmen sich untereinander zwar nach wie vor extrem wichtig und erbittert ernst, sie haben indessen erfahren, daß ihre Rolle im Kontext des Ganzen eher belanglos ist.

Was Literatur wirklich vermag – diese Frage wird heute zunehmend bescheiden, ja kleinlaut gestellt. Es ist nicht auszuschließen, daß sie sich morgen beantwortet mit dem Hinweis auf ihre bedeutende Rolle als blanker Informationsträger, mit dem Hinweis auf ihren unterhaltenden Spielcharakter. Wie immer aber ihre Funktion innerhalb des sozialen Ganzen auch sein mag, es kann nicht bezweifelt werden, daß sie ein taugliches Mittel ist, vielleicht das tauglichste von allen, Welterfahrung weiterzugeben; Auseinandersetzung mit Welt und Umwelt zu spiegeln und darzustellen; Vergewisserungen anzustreben. Literatur bewahrt, was Erinnerung ihr zuträgt, und vermittelt es weiter an das, was Plan und Hoffnung entwerfen – solchermaßen jeweils »Gegenwart« markierend. Literatur kann dem Menschen ein nützliches Werkzeug sein zur Bestimmung seiner selbst. Es fragt sich, ob er das Nützliche nutzen will. Wozu Dichter, wozu Literatur in dürftiger Zeit? Sie können, vielleicht, die Zeit minder dürftig machen.

Gedichte sind genaue Form

Für Rolf Hochhuth

Organisation is as well necessary as inspiration.   *(T.S. Eliot)*

I

»Meint, was ihr wollt. Je mehr
ihr glaubt, über mich
sagen zu können, desto
freier werde ich von euch.
Manchmal
kommt es mir vor, als ob
das, was man von den Leuten
Neues weiß, zugleich auch
schon nicht mehr gilt.
Wenn mir
in Zukunft jemand erklärt, wie ich bin –
auch wenn er
mir schmeicheln oder
mich bestärken will –,
werde ich
mir
diese Frechheit
verbitten.«

Dies ist ein Gedicht. Dies ist kein Gedicht.
  »Die Landschaft schwenkt. Die eigenen Geräusche brauchst
du auch. Wenn du schreist, ist das eine Selbststimulation. Ruf
ein paar dreckige Wörter aus deinem Körper hervor, schau
nach, wohin sie gehen... Alles Flickwörter? Also warum bist
du nicht stumm... Die Tagträume in der Dämmerung verblas-

sen auf dem Papier. Hier bin ich und gehe in dem lieblichen Nachmittagsschatten, der die Straße nicht nur schwarz und weiß wie eine Erinnerung fleckt, die Löcher hat. Ich kann durch sie entwischen und atme auf. Ich bin froh, daß ich kein anderer bin. Wie einfach die Umgebung wird, nachdem das klar ist. Die Sonne scheint lautlos, ich mag sie und das, was sie tut, lautloser, als die Katze blinzelt, die auf dem Autoblech sitzt, faul, ausgestreckt, in ihrem eigenen, unüberschaubaren Tagtraum, lautloser als ein Schatten. Ich bin für sie draußen. Das Gehen ist ein Lied in meinem Kopf, lautlos und ohne Wörter!«

Dies ist kein Gedicht. Dies ist ein Gedicht.

Ein drittes Exempel:

»Stabilisator aus-
gebaut und Zugstrebe
vorn rechts ersetzt. Vorderachs-
träger rechts ausgerichtet,
Gummilager erneuert und Stabilisator
· wieder montiert.
Bremsjoch hinten
links ersetzt und Gelenk-
welle links
ausgewechselt.
Fahrzeug optisch
vermessen.«

Ist dies ein Gedicht? Ist dies kein Gedicht?

Jedenfalls ist es eine Rechnung, die Reparatur eines Autos betreffend (und um wenige Zeilen gekürzt, im übrigen unangetastet, nur eigenwillig in Einheiten zerlegt bei schließlicher Aussparung der, wie das Gesetz der Poetik befiehlt, ans Ende postierten und durch Ziffern statt Buchstaben reizvoll verfremdeten Pointe. Sie lautet »Sa. 962,93 DM«).

Machen wir uns also denn auch an die Auflösung der scheinbar änigmatischen Bemerkungen, die ich den ersten beiden Beispielen nachgeschickt habe.

27

II

Auch die Gedichtzeilen zu Anfang sind von mir gesetzt, also von mir umbrochen. Es handelt sich im Original um sehr prosaische Überlegungen einer Frau vor dem Spiegel. Handkes »linkshändiger Frau«. Alles, was ihr von mir zugemutet wurde, war die Brechung der Prosa in eine Form, die Lyrik zu sein vorgibt. Der Genauigkeit halber sei hinzugefügt, daß man dieses Experiment mit dem Text fast jeder Seite des Handkeschen Buchs durchführen könnte – nur daß der materielle Inhalt solchem Verfahren gelegentlich Widerstände entgegensetzt.

Die an zweiter Stelle folgende Prosapassage hingegen ist ursprünglich ein Gedicht, und zwar eines von Rolf-Dieter Brinkmann aus seinem von der Kritik hoch gelobten letzten Band »Westwärts 1 & 2«. Das originale Druckbild organisiert die Wörter und Sätze in recht beliebig wirkenden, gewissermaßen absichtslosen Zeilenbildern:

»Die Landschaft schwenkt.
Die eigenen Geräusche brauchst du auch.
Wenn du schreist, ist das eine Selbststimulation.
Ruf ein paar dreckige Wörter…«
(und so fort).

Die Gegenüberstellung nötigt zu einer Frage, die Frage will eine Antwort:

III

Ist die Grenze zwischen Lyrik und Prosa beliebig, die »Aussage« der Form, elementare Substanz aller dichterischen Gattungs-Lehre, hinfällig geworden? Sind Prosa und Lyrik herstellbar geworden durch den Setzer, das heißt, sind sie lediglich Resultat so oder so umbrochener Zeilen? Ist »das Gedicht« nur mehr Alibiform für den, der nichts Umfangreiches zu sagen, nicht den Mut hat, das zu Sagende der einfältig scheinen-

28

den Prosaform anzuvertrauen? Fühlt anderseits »Prosa« sich dispensiert von der Forderung nach weltbuntem Erzählen, nach aufbauend-komponierender Handlung, nach Geschichte und Geschehnis und bietet sich als leichthändig zu bewältigende Alibiform an da, wo das Gedicht ein höheres Maß von Strenge zu fordern scheint?

Es ist in der Tat so, daß die Grenzen der Gattungen verwischt, ja weitgehend aufgehoben sind. Das Problem ist so neu nicht, die aus ihm sich ergebenden Fakten stellen keine Sensation dar. Goethes grundgescheites Wort von den »Naturformen« der Dichtung, mit dem er die gelehrte und aus der Antike überkommene Gattungs-Trias Epik-Lyrik-Dramatik charakterisierte, verweist auf Urgliederungen der gebundenen Aussage, der Dichtung also.

Da ist das *Gedicht.* Formal: knapp, konzentriert, streng stilisiert. Inhaltlich: nach innen gewandt. In der Haltung: ichbefangen, einnehmend, monologisch.

Da ist das *Epos,* der Roman. Formal: ausladend, ja ausschweifend erzählend. Inhaltlich: Welt liefernd und Welt aufschlüsselnd. In der Haltung: »objektiv«, extrovertiert, weitergehend.

Da ist schließlich das *Drama.* Formal: »pluralistisch«, das heißt, der Autor »singt« nicht noch erzählt er, sondern er läßt andere Personen für sich reden (»für sich« im doppelten Sinne). Inhaltlich: Drama ist Lehrstück, Vorführung, ist Welt der Geschichte. In der Haltung: scheinbar die »objektivste« Gattung, das Ich ist ausgelöscht, zumindest scheint es zu schweigen, und das Persönliche wird ins Allgemeine gehoben, so wie das Allgemeine exemplarisch »personalisiert« wird.

Auch diese Bestimmungen sind durch die Wirklichkeit, also die jeweiligen Texte, in Frage gestellt, nicht hat Poesie sich den Gattungszwängen zu fügen (obwohl sie es oft getan hat, im Mittelalter etwa oder im 17. und 18. Jahrhundert), sondern sie hat kraft ihrer Eigenmächtigkeit Gattungen zu setzen. Immerhin aber ist doch Goethes organischer Begriff »Naturformen« offenbar den Gegebenheiten gemäß, und mein Versuch, ihn skizzierend auszufüllen, wird als Arbeitshilfe zureichen.

Zurück zu unserer Frage nach der Verbindlichkeit des Gedicht-Begriffs hier und heute.

Meine erste These lautet:

Lyrik ist eine einfache Gattung. Sie bestimmt sich wenn nicht streng so doch klar durch Form und Gegenstand. Wo die ihr eigene Form (stilisierte Knappheit) und der ihr eigene Gegenstand (das arg strapazierte »lyrische Ich«) preisgegeben sind, wird Lyrik preisgegeben. Was bleibt, ist allenfalls noch »das Lyrische«.

Meine zweite These lautet:

Ein gut Teil dessen, was heute als Lyrik angeboten wird und prosperiert, ist steckengebliebene Prosa, ist Schwundform des Essays, ist Tagebuch im Stammel-Ton. Wem das fehlt, was man wohl den epischen Atem oder den dramatischen Nerv nennt, der macht sich und uns gern glauben, Lyrik sei Säuseln und diffuses Licht. Dabei ist sie eine spröde, strenge und sehr entschiedene Sache.

IV

Form ist nicht Oberfläche. Form in der Literatur ist die geglückte Angemessenheit der sprachlichen Mittel beim Versuch, Gedachtes in Worten zu verdinglichen. Form ist gleich Kunst, denn selbst die gewollte Un-Form ist nur zu begreifen als künstlerisches Prinzip und bestätigt ihr Gegenteil durch die Verneinung. Auf das Gedicht bezogen:

Es steht mit der Form, es fällt mit ihr.

»Aber die großen Kunstwerke sind jene, die an ihren fragwürdigsten Stellen Glück haben«, sagt Adorno *(Noten zur Literatur I)*. Derselbe Adorno, dem bis zum Überdruß sein Diktum vorgehalten wird, es könne nach Auschwitz kein Gedicht mehr geschrieben werden. Eine Aussage von tiefer Richtigkeit, die nicht durch Augenschein widerlegt wird. Ein Gedicht, um zu entstehen, ein Gedicht, um zu wirken, setzt bestimmte Verbindlichkeiten voraus, unterstellt Consensus, Gemeinsamkeit an Erfahrung, Kommunikationsmöglichkeit der Worte, der Empfindungen. Es gibt Gedichte über die bestialische Welt, aber es kann kein Gedicht geben *in* einer durchaus bestialisierten Welt. Daß es doch noch Gedichte gibt nach Auschwitz, und das heißt nach einer Phase der Aufkündigung aller menschlichen Verbindlichkeit, beweist nur, daß die Welt nach Auschwitz Auschwitz vergessen hat. (Ob sie Auschwitz hätte überleben können, ohne es zu vergessen, das freilich ist die große Frage an die Generation von damals und die von heute.)

Das von Adorno gemeinte »Glück« jedenfalls ist ein Formprinzip auch des Gedichtes, ohne das es nicht gedeihen kann. Und dieses »Glück« seinerseits kann nicht gedeihen abseits einer Ordnung, die Form hat und Maß, Gliederung und Proportion. Begriffe wohlgemerkt, die durchaus ihre Gegenbegriffe zulassen, ja provozieren, also Un-Maß und Disproportion und die Struktur des Wüsten, der Wüste. Wenn indessen richtig ist, daß vieles von dem, was heute als Lyrik auftritt, sich spielerischer Beliebigkeit verdankt, dann mag in diesen Stücken Kluges gedacht, Tiefes empfunden, Lust- und Schmerzvolles gefühlt sein: aber der Schritt zum Gedicht, will sagen in eine Form, die als solche dem Gedachten und Gesagten und Empfundenen einen spezifischen Mehrwert gibt, dieser Schritt ist nicht gemacht. Denn:

Gedicht ist das Gegenteil von Beliebigkeit.

So daß zu Recht gesagt worden ist, man könne nicht ein Wort verrücken und nicht eine rhythmische Nuance verändern, ohne das Gedicht, wie es sein soll, aus den Fugen zu heben.

Wenn aber das Gedicht in solch extremem Maße an die Gesetze von Klang und Reim, von Rhythmus, Metrum, Strophe und Bild gebunden ist, dann bedeutet Preisgabe dieser Formantien nichts anderes als Preisgabe des Gedichtes. Es sei denn, die Gattung bestimme sich neu mit Hilfe neuer Prinzipien, was mir als Ding logischer Unmöglichkeit erscheinen will.

Noch einmal Goethe:

»Den Stoff sieht jedermann vor sich, den Gehalt findet nur der, der etwas dazu zu thun hat, und die Form ist ein Geheimniß den meisten.« Mit »Geheimniß« ist nichts Mystisch-Mysteriöses gemeint, sondern jene Schwierigkeit, die Funktion – und also Art – von Form zu erkennen, die »Kunst« ausmacht und die »den meisten« versperrt bleibt. Was zu tun hat mit jenem »Widerstand der Texte« (Walther Killy), den sie als Kunst wesensmäßig ausüben und der dem Begriff vom »Kunstgenuß« nur dann den rechten Akzent gibt, wenn man die spezifisch geistige Form des Genusses durch Mühewaltung kennengelernt hat.

V

Übrigens sagt Goethe mit diesem Satz aus den »Maximen und Reflexionen« Bedeutendes (um es ihm gemäß auszudrücken) auch zum sogenannten Gehalt. Es ist nämlich »dazu« das zu betonende Wort, und gemeint ist die Vorstellung von dem produktiven Anteil des Lesers, der immer auch ein Mit-Autor des von ihm Gelesenen ist. Wohingegen der nicht-produktive, der nicht-kreative Leser (oder Kunstbetrachter anderer Art) lediglich den »Stoff« antreffen wird.

Einen bescheidenen Einblick in das »Geheimnis«, das heißt das zu entschlüsselnde Wesen der Formfunktion, gibt das an dritter Stelle postierte banale Eingangsbeispiel. Wer wollte, den Spielcharakter einmal abgerechnet, bestreiten, daß die Umsetzung der technisch-mechanischen Benennungsreihen, heraus aus den Prosa-Längen des DIN-Formates und dann hinein in die Willkür der kurzgebrochenen Zeilen, daß solche Transposition sinnverwandelnde Wirkung hat? »Stabilisator aus-«, das ist ein vitalitätsbrechender Appell, wenn er so für sich die Einheit der Zeile behauptet. Und »-träger rechts ausgerichtet«, das ist stramm und scharf und kommandiert nicht zwar die Poesie, aber den Leser. Und das »wieder montiert«, einen Vers lang, hat Beruhigung in sich und – fast – Trost, der indes durch das »Joch« in »Bremsjoch« hart konterkariert wird; ein »Joch«, das wiederum in der rhythmischen Heraushebung der Einzelzeile einen Neuwert erhält, an Last und Kreuz gemahnt. Das erfährt dann seine Klimax im pathetischen Klang des »vermessen«, der den Schlußhall setzt: eine Spur von Prometheus. In der Tat, wer wollte es bestreiten beim Blick auf unsere Autowelt: Das Fahrzeug, es ist optisch vermessen. Und wir mit ihm, weil wir darin.

Daraus ist aber zu lernen, was es auf sich hat mit dem »Geheimniß« der Form. Sie deckt nicht ab, sie schönt nicht, sie ist nicht Fläche noch Oberfläche, sondern sie ist Substanz. In solchem Sinne: Der Kern ist außen. Oder: Das Außen ist der Kern. Die scheinbar lediglich optisch-technische Umsetzung der banalen Rechnungsposten in gebrochene Kurzzeilen hat jedem dieser Posten eine neue Aufgabe gegeben. Eine neue Wertigkeit, die wiederum abhängig ist von der jeweiligen formalen Variante, eine andere Zeilenbrechung hätte andere Begriffe hervorgehoben und durch Verfremdung oder Verstärkung neu bestimmt.

VI

Als Carlo Schmid im Dezember 1976 achtzig Jahre alt wurde, da schenkten ihm die Freunde einen Band mit Gedichten: 176 waren es genau (darunter freilich absprachewidrig auch zwei Prosastücke, echte). Und zwar nicht etwa selbstverfertigte. Auch solche nicht, von denen die Beiträger meinten annehmen zu sollen, daß der zu Ehrende sie liebe. Vielmehr, so wollte es das Konzept: Sie schrieben ihr liebstes Gedicht nieder, – oder eines von denen, die ein jeder zu seinen liebsten zählte.

Das Resultat, ein schön gemachter, stattlicher und sehr eigenwilliger Band (»Lieblingsgedichte«, mit einem Geleitwort von Siegfried Lenz, Hamburg 1977), verlockt aus mancherlei Gründen zur Analyse. Wer hat beigetragen? Wer hat was beigetragen? Welche Dichter dominieren, welche sind spärlich, welche gar nicht vertreten? Welches Gedicht tritt mehrfach auf, wo wurde Entlegenes ans Licht gehoben, wo Allbekanntes erinnert? Welcher historischen, welcher kulturellen Landschaft sind die Zeugnisse abgewonnen, in welchen Sprachen sind sie präsentiert?

Hier sei lediglich ein Faktum verbucht. Allenfalls drei dieser 174 Stücke sind jenem Bereich des Beliebigen und Ungefähren zuzuschlagen, in dem die neueste Lyrik vorzugsweise siedelt. (Gewiß kann eine solche Zählung und Zuordnung ohne Willkür nicht abgehen, doch würde auch eine im einzelnen Falle anders entscheidende Abgrenzung an den Proportionen nichts Grundsätzliches ändern.) Das aber heißt: In der überwältigenden Mehrzahl sind die hier versammelten Beispiele Beispiele geprägter Form.

Das aber hat gewiß nichts damit zu tun, daß der Empfänger als alter Mann und also, wie das im Alter zu gehen pflegt, als konservativ zu gelten hat. Ebensowenig trifft zu, daß seine Freunde von jenem Schlag wären, der sich vornehmlich der Perspektive in die Vergangenheit, in Geschichte und Geschehenes, verpflichtet weiß: das hieße ihn und sie unterschätzen. Vielmehr macht dieser Sachverhalt deutlich, daß das ›erprobte‹, das vielleicht über Jahrzehnte und durch manche wesentliche Erfahrung erprobte Gedicht ein Gebilde der Form ist, eines des gelungenen Maßes, das in solcher Festigkeit sein ›Glück‹ beweist. Welcher Art auch immer die »Lebenshilfe« sein mag, die dank Conrad Ahlers nunmehr in den Wörterbuchbestand der deutschen Sprache eingegangen ist (zuerst verzeichnet 1978), – wofern sie zu tun hat mit dem Gedicht, ist sie offenbar gebunden an den Aggregatzustand der Festigkeit, an die Dauer verleihende Energie konzentrierter Form, an das statische Spiel von sprachlichen Bauelementen. Das Strebwerk von Entsprechungen, von Caesuren und Enjambements, von Pausen und Häufungen, von einander suchenden und meidenden Figuren und Klängen (die nicht Reime sein müssen): die Statik solcher Labilität macht das Gedicht, – alles andere ist kunstvolle Rede. (Ist im besten Falle kunstvolle Rede.) In solchem Sinne allerdings ist der Lyrik eine konservative Note eigen, weil sie das Konzentrat aller Kunst ist, die Sprache sich und uns je geleistet hat. Wollte man indes ein im landläufigen Sinne konservatives Element als für diesen Festband charakteristisch reklamieren, der unsere Überlegungen illustrierte und stützte, so irrte man. Denn vom Corpus der hier versammelten Lyriker hat mehr als die Hälfte ganz oder doch zum guten Teil in diesem unseren Jahrhundert gedichtet, und Peter Hacks oder Erich Fried sind in diesem Verbande so wenig fremd wie die Sappho oder Johann Peter Hebel.

Lyrik ist sprachliche Gesetzerfüllung, als solche immer wieder auch Gesetzschöpfung: die Norm, wenn bis zur Grenze erfüllt, zwingt notwendig zur Erprobung ihrer selbst und damit über die bisher gültige Grenze hinaus. In der Lyrik unserer Zeit haben die Großen sich solcher Norm verpflichtet gewußt und deren Gültigkeit durch Normaufhebung *innerhalb des Kanons der Form* bestätigt: so Günter Eich und Ingeborg Bachmann und Paul Celan, und von den Lebenden: Peter Huchel und Karl Krolow und Sarah Kirsch.

Lyrik ist geprägte Form, – es ist kein Anlaß, diese Goethe-Prägung hier zu scheuen. Nur das letztmögliche Konzentrat einer Erfahrung, eines Gefühls und Gedankens verleiht die Gewißheit, ihnen gerecht geworden zu sein, sie bewältigt, verstanden oder aufgehoben zu haben. Verleiht diese »durchaus erotische Befriedigung«, von der Rolf Hochhuth spricht, »die sich einstellt nur dann, wenn man ein Problem, ein Gefühl, einen Gedanken, die sich als Aphorismus nicht sagen lassen, in die nächstknappe Form gezwungen und sich damit von ihm oder ihnen befreit hat«. (Hier mag Hochhuth an Kierkegaard gedacht haben, an dessen Don-Giovanni-Deutung und Vorstellung von den »unmittelbar erotischen Stadien« im Musikalischen.)

Der nunmehr fällige Einwand: das sei vieux jeu, und die Jungen seien nur in dem Maße etwas wert, als sie »Neues« brächten, wäre ein Mißverständnis. Die Geschichte der Lyrik ist wie jede Geschichte eine der Überlagerung, auch der Erledigung des Alten durch Neues. Aber das Gedicht, wenn es denn eines bleiben und nicht bequeme Ausweichmarke sein soll, bedarf seiner es konstituierenden Momente, und das Neue

ist als solches nur innerhalb der Ordnung dieser konstituierenden Elemente zu erkennen. So halten es unter den Jungen oder
den etwas Älteren (also: unter den Jüngeren) etwa Jürgen
Becker und Elisabeth Borchers, Michel Krüger und Peter
Rühmkorf und Friederike Mayröcker. Oder andere Große, die
eher die großen Anderen sind: Gomringer etwa und Jandl.

Als Beispiel, das diese Überlegungen erhellen mag, gilt mir
ein Gedicht von Elisabeth Borchers aus jüngster Zeit:

Nachträglicher Abschied

Auf einmal und ganz unvermittelt
bleibt man stehn.
Etwas ist vergangen
(Wir sehn uns bald,
wir werden reden,
wir werden auch zusammen essen gehn.)
Es wäre Zeit gewesen,
zu hören und zu sehn.
Ich wußte, ungenau,
und hatte viel zu tun.

Gewiß, auch dieser Fall wäre Verlockung zur Umsetzung. Man
könnte Prosazeilen aus dem Gedicht machen, und ein Jeder
würde sie als solche passieren lassen. Daß sie damit andere
»Wertigkeit« erhalten, ist leicht einzusehen, jedoch wäre
nachzuweisen, daß lediglich die Art von Wertigkeit angemessen ist, die der originalen Form mitgegeben wurde. Ebcn die
mit Adornos »Glück«.

Da fällt nämlich bei Betrachtung der Form die Merkwürdig-
keit eines strukturbildenden Elementes auf. In diesem »statischen Gedicht«, das da einen Menschen plötzlich anhalten,
einhalten läßt, ihn durch die Bewegung des Stillstands an den
Stillstand nicht ausgelebter Gefühle erinnert, ihn nötigt, nach-
träglich im Innern zu vollziehen, also wirklich zu vollziehen,
was äußerlich schon »gelaufen« ist (wie der Jargon es nennt):
in diesem Gedicht der einfachen Bewegungen, der einfältigen

Gesten bildet der simple einsilbige »-ehn«-Reim das formende, das heißt die Ordnung der Gedanken aus der Unordnung der Gefühle gewinnende Prinzip. Dreifach wirft er sein Netz über die »unvermittelte« Materie aus: »stehn« – »gehn« – »sehn«. Dazu, als eine Art Binnenreim, noch einmal das zweite Wort in der Klammer: »sehn«. Schließlich das, was die Philologen einen »grammatischen Reim« nennen, also eine andere Flexionsform des gleichen Verbs: »gegangen« fügt sich zu »gehn«. Da sind noch andere Bezogenheiten, etwa das Partizip »gewesen« bezieht sich auf das »vergangen« davor. Oder die Koppelung des Antinomischen zum Ende: »wußte« und »ungenau«, die dem Gedicht seine Balance mitgibt in den Ausklang, das Schwebend-Unentschiedene, das Ausdruck ist eines verpaßten Lebensaugenblicks und vielleicht nicht nur Augenblicks:

All dies macht sinnfällig, wie ein neuer Ton und ein eigener Ton sich bemerkbar erst macht, wenn er sich der *ars*, der handwerklichen Kunst bedient, die das Gesetz der Gattung ausmacht. In diesen zwölf Versen wird eine triviale Erfahrung zu mehr, wird zu Unruhe, Appell, zu Einsicht: mit Hilfe der Form. Das Gedicht »steht« auf einfachen Wörtern, die ihre Einfachheit als Kunst ausspielen in ihrer Verschränkung und Beziehung, die Zeilen werden zu Versen durch diese Statik, und das Stehen und Gehen und Hören und Sehen und Reden, einfache Verrichtungen, erfahren Eigenmächtigkeit durch die Formation im Netzwerk des Ganzen, das ohne diese Struktur eben doch nur eine Tagebuchnotiz in Prosa wäre.

VII

In schöner Unregelmäßigkeit hört man immer einmal wieder, meist zur Buchmessenzeit, es sei heuer eine gute Zeit für Lyrik. Oder es sei heuer keine gute Zeit für Lyrik. Als um das Jahr 1968 die Politik Gesetz und Losung des Tages war, als der Roman endgültig totgesagt wurde (er kam wenig später endgültig wieder), da behauptete sich das Gedicht oder das, was sich für ein Gedicht ausgab. Es wollte den Praxisbezug, – und es wäre albern, wollte man den vielen Versen, die damals und hernach entstanden, solchen Praxisbezug abstreiten. So wie es albern wäre, wenn man die Tatsache leugnete, daß Lyrik von Alkaios bis Theodor Körner und Stefan George ›Praxis‹ betrieb, bestimmte Verhaltensformen propagierte, Begeisterung ins Kollektiv trug und strenges Denken in den ›Kreis‹, und ein besonderes Kapitel in dieser Geschichte ist die spröde und rigide Gesellschaftskunst des Minnesangs. ›Gemacht‹ freilich hat nicht die Marseillaise die Revolution, sondern die Revolution die Marseillaise, das meint, Lyrik kann die Welt nicht verändern, wohl aber ihre Veränderung vorausspüren und ihr Ausdruck geben, ihr Verständlichkeit und Verständnis einwerben.

Auf die Jahre der großen Unruhe um 1968, die auf ihre Weise eine gute Zeit für Lyrik waren und unzählige versartige Gebilde produzierten, die mit all den bösen Wörtern stolz sich brüsteten, wie sie bisher in der Geschichte der Lyrik verpönt waren, folgten die Jahre, die folgen mußten. Politisch empfand man sie als »Tendenzwende«, in der Literaturbetrachtung gab es nun eine »neue Innerlichkeit« einen »neuen Subjektivismus«: und siehe, auch hier gute Zeiten für Lyrik, das Ich in seiner Einsamkeit war wieder vorzeigbar, mit ihm still die Träne, sanft das Lächeln. Gute, schlechte Zeiten für Lyrik? Mag die Statistik des Börsenvereins was auch anzeigen, die Wahrheit ist, daß Lyrik immer ihre Zeit hat; und daß sie nie Saison hat in dem Sinne, als sie die Sache Vieler sein und sich zur Sache Vieler machen könnte. Allenfalls das Vehikel Musik kann sie auf Erfolgskurs lenken, die Verse Wolf Biermanns oder Bob Dylans würde gedruckt kein Mensch lesen, man kennt sie, weil sie von ihren Autoren gesungen werden.

In solchem Sinne scheint mir die Frage sinnlos, ob hier und heute gute Zeit für Gedichte sei, es kann sie nur einer stellen, der keine Vorstellung hat davon, wie klein die Zahl jener ist und bleibt, die in einer Arbeitspause, die abends beim Lampenlicht, die vor dem Einschlafen oder wann auch immer einen Gedichtband aufschlagen, Verse lesen, sie vielleicht memorieren. Lyrik ist eine Sache von Einsamkeit für Einsamkeit. Freilich auch eine Sache, mit deren Hilfe Einsamkeit aufgehoben werden will. Was gewiß nicht heißt, daß sie Gemeinschaft stifte oder Gesellschaft, es geht dabei nicht um soziale sondern existentielle Größen.

Was nun jedoch die *Diskussion Lyrik* anbetrifft, so ist sie in den letzten Jahren mit besonderer Intensität und ausufernder Breite geführt worden. Nicht zuletzt von den Lyrikern selbst, und vermutlich besteht eine Korrespondenz zwischen ihrer Art zu dichten und ihrem Bedürfnis, dieses Dichten zu reflektieren, es zu begründen, abzusichern oder zu rechtfertigen durch eine wie auch immer geartete Theorie. »Was soll ein Gedicht? Was will es? Kann es? Was ist ihm zuzutrauen, anzutragen, aufzubürden und sonst niemandem? Wo kommt es her? Wo zieht es hin? Wofür steht es ein? Wogegen steht es? Das sind so Fragen« – sagt und fragt Peter Rühmkorf 1963 (und oft danach), und wer seine funkelnden glitzernden tänzelnden Verse liest, Verse »zwischen Freund Hein und Freund Heine«, der wird diese und jene plausible Antwort aus ihnen heraushören können. Eher als aus der Lyrik-Diskussion, deren Beiträge sich allenfalls durch fundamentale Widersprüchlichkeit auszeichnen, durch den ungebärdigen Willen, die subjektive Meinung zur Grundlage einer Theorie zu machen.

Es gibt Gedichte, »die wieder einmal die abgedroschene Frage provozieren, ob es überhaupt welche seien«, stellt Jürgen Theobaldy fest (in seinem Nachwort zu dem Sammelband »Und ich bewege mich doch... Gedichte vor und nach 1968«, München 1977). Mir scheint, daß Fragen nie, daß überhaupt nur Antworten abgedroschen sein können. Wobei zuzugeben ist, daß meine Art der Antwort nicht bestürzend neu, daß ihr vor- und zugearbeitet ist durch die Lyrik-Reflexion seit Edgar Allan Poe, seit Paul Valéry, seit Gottfried Benn. Und im Bereich der wissenschaftlichen Essayistik und der philologischen Untersuchung berufe ich mich auf Hofmannsthal, auf Kommerell, auf Hans Egon Holthusen und Walther Killy. Die allesamt, wollte man ihnen das Etikett ›altmodisch‹ anheften, es mit Anmut tragen würden, wissend, daß ihre Überlegungen mit Mode nichts zu tun haben, allenfalls mit den Phasen geschichtlicher Ereignisse und geschichtsbedingter Einsichten. Dagegen steht, was mehr als fünfzig jüngere, oft jüngste Lyriker an »Poetologischen Statements« abgeben im Anhang des »Lyrik-Katalogs Bundesrepublik« (erste Auflage unter dem Titel »Mit gemischten Gefühlen«, herausgegeben von Jan Hans, Uwe Herms und Ralf Thenior, 1978): Es sind diese Äußerungen, die man als Ausdruck persönlicher Befindlichkeit nicht billig abtun sollte, zu guten Teilen ein Zeugnis der Wirrnis, der Ahnungslosigkeit und der Lust am Verrätseln des Banalen, insofern durchaus Äquivalent der poetischen Produkte dieser Autoren, ja, von eben diesen Produkten zuweilen gar nicht, oft nur wenig getrennt in Aussage und Form. Was wieder auf den Ausgangspunkt dieser Überlegungen zurückleitet. Aufschlußreicher sind da die Beiträge des von Hans Bender und Michael Krüger herausgegebenen Bandes »Was alles hat Platz in einem Gedicht?« (1977), wenngleich auch sie im Einzelnen nicht frei sind von der Lust am wirren Wort und der aussagestummen Dunkelheit und alles andere schenken als schöne Gewißheiten. Indessen verwechseln diese 22 Etüden sich doch nur in wenigen Fällen mit Lyrik und halten sich also an das Gesetz, das da sagt: Ein Gedicht kann ein Signal sein, eine Botschaft, aber es ist keine Nachricht. Erzählung ist Sache der Prosa. (Natürlich gibt es Übergangs- und Mischformen wie die Ballade, das weiß die Literaturwissenschaft.) Reinhard Lettau, Meister der blitzhaft erhellenden Miniatur, hat dieses Gesetz aphoristisch formuliert: »Links und rechts/ Luft schützt vor Fabel.« Das schmale Zeilengerüst der Gedichtstrophe will die Last stofflicher Materie nicht tragen.

Epik verwandelt den Augenblick in Zeit. Lyrik verdichtet Zeit in den Augenblick. Um es mit dem glanzvollen und definitiven Aperçu von Friedrich Theodor Vischer zu sagen (das ich Hans Egon Holthusen verdanke): Das Gedicht demonstriert das »punktuelle Zünden der Welt im lyrischen Subjekt«.

VIII

Symptome sind nichtig, sie werden denn richtig gedeutet. Das Auftreten von Häufigkeiten zu registrieren ist nützlich und nötig, es gibt Hinweise, aber die Chance der statistischen Richtigkeit ist unter anderem eine Frage der untersuchten Materie. So im Bereich des Gedichts und der Gedichtbücher; so im Bereich der Geschichte und der Geschichtsbücher. Der eine wie der andere Komplex können in Entsprechungen gesehen werden, wenn es um die Unterstellung der Aktualität geht. Legionen von Menschen stehen geduldig und stundenlang vor den Museen an, um sich den Staufern, den Parlern zuzuwenden. Also geht eine Welle neuen Geschichtsbewußtseins durch das Volk? Bücher, die es zu tun haben mit den Alten jeglichen Kulturbereichs, mit den Völkern und Helden, die vor uns waren, steigen auf zu Bestsellern. Also geht eine Welle neuen Geschichtsbewußtseins durch das Volk? Wer den Versuch wagt, etwa mit Studenten über geschichtliche Zusammenhänge zu sprechen, wird schnell belehrt. Und er wird zu der Vermutung kommen, daß hier keine Hinwendung, sondern allenfalls eine Art Fluchtbewegung vor sich gehe, – Flucht fort von etwas eher als Flucht hin zu etwas. Flucht fort aus einer als ganz und gar unwirtlich ja unheimlich empfundenen Gegenwart. Leiden aber an der jeweiligen Gegenwart macht noch nicht den historischen Sinn, – der es im Gegenteil zu tun hat mit dem Versuch einer Begründbarkeit des Gegenwärtigen. Leiden an der Gegenwart eröffnet irrationale Wege nach allen Richtungen: Science fiction und Staufer-Jahr sind zwei Seiten der gleichen Münze.

Gute Zeiten für Lyrik? Die Frage gilt nicht. Wohl aber ist Zeit für gute Lyrik. Es gibt Beispiele genug, und seit jüngstem liegen zwei Kompendien vor, Thesauroi, hätte man früher gesagt, wie es sie in deutscher Sprache bisher noch nicht gegeben hat: die von Walther Killy besorgten 13 Bände der »Epochen der deutschen Lyrik« (DTV) und das von Karl Otto Conrady herausgegebene »Große deutsche Gedichtbuch« (1977). Tausend Jahre geben sich hier Rechenschaft auf ihre Weise. Darin

Christoph Meckels »Rede vom Gedicht«. In lauter Negationen eine Bestimmung des Gedichtes: durch seinen Inhalt. In sich selbst als »Rede« ein Gedicht: durch seine Form.

Wo aber redereiche Nichtigkeit sich als Lyrik spreizt, wo sich wörterlaichendes Räsonnement, wo sich das Versagen vor der Form und das Unvermögen des Ausdrucks dreist als Gedicht ausgeben: da ist das Gedicht über das Ende des Gedichts gelungen.

Christoph Meckel: Rede vom Gedicht

Das Gedicht ist nicht der Ort, wo die Schönheit gepflegt
wird.

Hier ist die Rede vom Salz, das brennt in den Wunden.
Hier ist die Rede vom Tod, von vergifteten Sprachen.
Von Vaterländern, die eisernen Schuhen gleichen.
Das Gedicht ist nicht der Ort, wo die Wahrheit verziert wird.

Hier ist die Rede vom Blut, das fließt aus den Wunden.
Vom Elend, vom Elend, vom Elend des Traums.
Von Verwüstung und Auswurf, von klapprigen Utopien.
Das Gedicht ist nicht der Ort, wo der Schmerz verheilt wird.

Hier ist die Rede von Zorn und Täuschung und Hunger
(die Stadien der Sättigung werden hier nicht besungen).
Hier ist die Rede von Fressen, Gefressenwerden
von Mühsal und Zweifel, hier ist die Chronik der Leiden.
Das Gedicht ist nicht der Ort, wo das Sterben begütigt
wo der Hunger gestillt, wo die Hoffnung verklärt wird.

Das Gedicht ist der Ort der zu Tode verwundeten Wahrheit.
Flügel! Flügel! Der Engel stürzt, die Federn
fliegen einzeln und blutig im Sturm der Geschichte!
Das Gedicht ist nicht der Ort, wo der Engel geschont wird.

42

Historische Gegenwart

Zweihundert Jahre Werthers Leiden
oder: Dem war nicht zu helfen

Ich bin das Ausgraben und Sezieren meines armen Werther so
satt (an Auguste v. Stolberg am 7. März 1775)

I

Im » Winter 1774 auf 75 brannten in Deutschland viele Kerzen
bei der Lektüre eines Buches herunter« [1].

Das liest sich leichthin und sollte doch Anlaß zu einigem
Nachdenken sein, zweihundert Jahre später. Denn eben dies
gibt es nicht mehr: Daß ein Buch sich als reinster Ausdruck einer Epoche erweist, daß es eine Generation, ein Land, ja einen
Kontinent ergreift wie ein Fieber, als ein Fieber, und wenn je
der alberne Werbeslogan unserer Tage gestimmt hat, dann in
diesem Fall: *Ein Buch wie ein Orkan.* Damals, als das Bürgertum sich und seine Rolle begriffen und ergriffen hatte in der Literatur, vor allem im Roman; als Dichtung die Funktion einer
säkularisierten Heiligen Schrift annahm und sich berufen
wußte zur Proklamation der höchsten Bestimmung des Menschen; damals, als das Buch das wichtigste ja einzige Instrument der Emanzipation war – damals war ein Bestseller kein
ökonomisches Ereignis und kein Spielgegenstand für die Lite-
raturspalten des Feuilletons, sondern eben ein »epochales«
Zeichen. Wie sehr sich die uns vertrauten Zustände von denen
jener Jahre unterscheiden; wie sehr die Rolle des Buches relativiert ist als die eines Meinungsträgers unter vielen (und wir-
kungsvoller arbeitenden) Medien, das mag sich andeuten bei
einem Blick auf einen der literarischen Großerfolge unserer
Tage, auf die Romane von Siegfried Lenz: Abenteuerlich mutet die Zahl der Übersetzungen, die Höhe der Auflage an –

44

aber, um mit Wolf Biermann zu fragen, aber ändert das was? Es ändert nichts, Bücher zwar werden nach wie vor von Autoren, aber Bucherfolge werden von Verlagen gemacht, und jeder Leser heute ist ein Mann und folgt seinem Helden nicht nach.

Jenes Buches Autor nun charakterisierte, kaum daß er es niedergeschrieben hatte, seine Substanz mit der Erklärung, daß er »darin... einen jungen Menschen darstelle, der mit einer tiefen reinen Empfindung und wahrer Penetration begabt, sich in schwärmende Träume verliert, sich durch Spekulation untergräbt, bis er zuletzt, besonders durch eine endlose Liebe zerrüttet, sich eine Kugel vor den Kopf schießt« (Brief an Gottlieb Friedrich Ernst Schönborn vom 1.6.1774)[2].

Empfindungsfähigkeit – Träume – Spekulation – Leidenschaft: das alles konzentriert sich zu einem unwiderstehlichen *taedium vitae* und endet – konsequent – im Selbstmord. Die Frage ist: Kann eine Geschichte wie diese in einer Zeit, die den Wert des Buches weitgehend nach dessen Freizeitwert beurteilt, die Menschen noch erreichen, anrühren, bewegen? Und wenn ja, dann ist die Frage zu stellen und, wo möglich, zu beantworten: Was besagt der Befund über seine statistische Qualität hinaus?

Ausgangspunkt für solche Überlegungen ist eine Verlagsmitteilung: Das insel taschenbuch 25 *Die Leiden des jungen Werther* wurde ausgeliefert im März 1973. Anfang 1975 waren von dem Titel 16 000 Exemplare verkauft. Das ist eine in mehrfacher Beziehung erstaunliche Nachricht: Ein Klassiker wird nicht nur erhoben, er wird auch gelesen und gekauft in einer Zeit, der alles andere auf den Nägeln zu brennen scheint als das Schicksal eines Menschen, den man heute einen Spinner nennen würde und der, verführt durch seine abnorme Empfindsamkeit, sich einer Leidenschaft anheimgibt, aus der er keinen anderen Weg weiß als den des Selbstmordes. Wie mag sich die Beliebtheit solcher Geschichte 1975 erklären? Wie mag es sich erklären, daß der Gedenktag nicht akademisch-esoterisch begangen wird, sondern, etwa im Goethe-Institut zu Paris, als internationales Colloquium unter Teilnahme von Hans Mayer und Pierre Bertaux und einem wenn nicht fach- so doch sachkundigen Publikum (Februar 1975)? Wie, daß wenig später ein Schauspieler in Düsseldorf das dortige Große Haus mit seinen tausend Plätzen füllt, weil er zwei Stunden lang den *Werther* rezitiert? »Man sah viele junge Leute«, berichtet die FAZ, und die Diskussion habe gezeigt, daß dieses Werk »noch nach 200 Jahren seine Wirkung gerade auch auf jugendliche Leser und Zuhörer auszuüben vermag«[3].

II

Eine Zeit, die mit irrationaler Heftigkeit die rationalen Bedingungen ihrer Existenz zu erfahren und sie vor allem in den ökonomischen Verhältnissen zu finden versucht – eine solche Zeit erprobt naturgemäß die Brauchbarkeit der These von dem durch das Sein geprägten Bewußtsein an den literarischen Mustern früherer Epochen. Solche Stimmung kommt vor allem der großen Zahl hurtiger Regisseure zugute, die nun die dramatische Weltliteratur nach sozialen Nischen durchforsten: mit dem Teufel müßte es zugehen, ließe sich nicht Sein oder Nichtsein des Helden erklären als Ausdruck der Unterbau-Überbau-Antithetik, als Vorahnung des kapitalistischen Bürgertums oder als sein Grabgesang, als Anklage gegen feudalistische Willkür oder Klage des entfremdeten Individuums. Wer wollte bestreiten, daß wir solchem Eifer manche überraschenden und einige überzeugenden Deutungen und Neuentdeckungen verdanken? (Und daß Wagners *Ring* im Mythos von Walhall den von Wallstreet mit versteht, kann kaum bezweifelt werden.) Epik hingegen ist nicht inszenierbar, ihr fehlt der Regisseur als Co-Autor, so liefert sie weniger handfeste Ansätze zu einer – wie auch immer motivierten – Neudeutung[4]. Doch wäre es seltsam, wenn eine innovationsfreudige Forschergeneration sich nicht der sozialen Problematik des Werther-Romans bemächtigt hätte, was dann zu der Vermutung führen könnte: das neue Interesse an Werthers Leiden sei das Interesse an den sozialen Ursachen von Werthers Leiden.

Diese Vermutung ist erlaubt. Falsch hingegen ist jede Deutung des Romans, die in forcierter Aktualisierung mit dem Alleinvertretungsanspruch sozioökonomischen Allwissens auftritt. So etwa in dem repräsentativen Literatur-Nachschlagewerk der DDR: das *Lexikon deutschsprachiger Schriftsteller* erklärt, der *Werther* spiegele »lyrisch-stimmungsvoll die Gefühlswelt des nach Entfaltung seiner Fähigkeiten, nach Verwirklichung seiner Ideen und Gefühle verlangenden, an den engen Grenzen der starren feudalen Konvention jedoch scheiternden, begabten jungen Bürgers«. Daß es sich um einen Liebesroman handelt, ist den Verfassern des Artikels offenbar entgangen; wie auch, daß Werther eben in der Unerfüllbarkeit seiner »endlosen« Liebe die Unerfüllbarkeit seiner Wünsche, Ideen, Phantasien und Fähigkeiten begreift, die als solche, das ist nun freilich wahr, in einem unauflöslichen Gegensatz zu den gesellschaftlichen Verhältnissen seiner Zeit stehen. Nicht jedoch zu »der starren feudalen Konvention« (die nicht mehr ist als ein Ärgernis), sondern zu den Lebensformen eines Bürgertums, dessen Lust der Befriedigung der jungen Künstlernatur keinen Frieden geben, dessen Hang zur Einschränkung ihr als unerträgliche Beschränkung erscheinen muß, dessen Genügsamkeit ihr Ungenügen maßlos anfacht, dessen Außenwelt ihr als Gefängnis erscheint und das sie in das unentrinnbare Gefängnis ihrer Innenwelt treibt.

Werther ist gewiß nicht das Opfer der herrschenden gesellschaftlichen, schon gar nicht der feudalistischen Verhältnisse. Wohl aber das Opfer des Konfliktes einer ungebärdigen Natur (und ihrer anpassungsunwilligen Phantasie) mit einer sich verbindlich gebenden regulierten Lebenswirklichkeit. »Disproportion des Talentes mit dem Leben« – als Jean Jacques Antoine Ampère (der Sohn des Physikers) den *Tasso* zu einem »gesteigerten Werther« ernannte, da war Goethe es hoch zufrieden [5].

Freilich: Bleibt zu fragen, was das ist: »Leben«.

III

Man erinnert sich an Goethes Kommentar von jenem jungen Menschen, dessen reine Empfindungskraft zerrüttet wird durch Träume, Spekulation, Leidenschaften. Man halte hinzu, was der Alte zu Eckermann sagt: es sei der Werther eine Konstante in unserem Wesen, »gehindertes Glück, gehemmte Tätigkeit, unbefriedigte Wünsche sind nicht Gebrechen einer besonderen Zeit, sondern jedes einzelnen Menschen«. Derlei Hinweise führen auf den »Werther in uns«. Und es ist in solchem Zusammenhang der Begriff der *Frustration* nicht zu umgehen. Nicht im Sinne der Bezeichnung einer Modekrankheit oder Krankheitsmode, sondern als Zeichen für Leere und Lähmung, für die Mönchssünde der *acedia,* für das *taedium vitae.* Der Weg des unseligen Werther wird also in jenem Maße aufmerksamer beobachtet, leidenschaftlicher begleitet und radikaler befolgt werden, als eine junge Generation vom Gefühl der »Disproportion mit dem Leben« bestimmt ist. Denn sehr genau hat Goethe registriert, daß der ungeheure Erfolg seines Romans sich erklärt nicht aus exzeptionellen, sondern aus Umständen, die nahezu den Charakter gesetzmäßiger Bedingung des Erfolgs haben: da dieser nämlich dann eintritt, wenn ein Kunstwerk an die latenten Bedürfnisse, Sehnsüchte, Wünsche, Hoffnungen und deren durch Verhaltung angestaute kritische Energie appelliert. In diesem Sinne äußert sich Goethe nach 40 Jahren, im XIII. Buch von *Dichtung und Wahrheit:* Die Wirkung »dieses Büchleins war groß, ja ungeheuer, und vorzüglich deshalb, weil es genau in die rechte Zeit traf«.

Von den gesellschaftlichen Verhältnissen jedoch redet Goethe nicht, weder hier noch bei einer der anderen nicht seltenen Gelegenheiten, anläßlich derer er sich – meist resigniert und distanziert – über seinen *Werther* äußert. Und schon gar nicht werden von ihm jene gesellschaftlichen Verhältnisse der Jahre 1772/73, deren Widrigkeit und Änderungsbedürftigkeit sehr wohl dargestellt sind, für schuldig erklärt an Werthers Schicksal; noch wird gar aus diesen Verhältnissen so etwas wie der determinierte Lebenslauf eines Unschuldigen abgeleitet mit dem

Ende, daß der Spielraum der individuellen Verantwortung (und ihrer Möglichkeit, Schuld oder Verdienst auf sich zu laden) reduziert und schließlich annulliert würde.

Aus all dem erwächst die Frage: Wenn heute dem *Werther* wieder ein ungewöhnliches Interesse entgegengebracht wird (um es einmal so verhalten auszudrücken), worin bestehen die Entsprechungen und Berührungspunkte der Lese-Generationen von 1775 und 1975, die doch Voraussetzung des neuen Erfolgs sein müssen? Die äußeren Gegebenheiten, die politische Lage, die sozialen Bedingungen sind, scheint es, kaum vergleichbar. Die Affinität wird in den Bereichen des Bewußtseins, des Lebensgefühls beider Generationen zu suchen sein (deren Gleichartigkeit nicht Resultat gleichartiger Voraussetzungen sein muß). Auch nämlich, wenn man das Bewußtsein als vom Sein geprägt ansehen will, muß gleichartiges Bewußtsein nicht als Produkt gleichartiger Seinsbedingungen verstanden werden.

IV

»Der Kerl in dem Buch, dieser Werther, wie er hieß, macht am Schluß Selbstmord. Gibt einfach den Löffel ab. Schießt sich ein Loch in seine olle Birne, weil er die Frau nicht kriegen kann, die er haben will, und tut sich ungeheuer leid dabei. Wenn er nicht völlig verblödet war, mußte er doch sehen, daß sie nur darauf wartete, daß er was *machte,* diese Charlotte. Ich meine, wenn ich mit einer Frau allein im Zimmer bin und wenn ich weiß, vor einer halben Stunde oder so kommt keiner da rein, Leute, dann versuch ich doch *alles...* Und dieser Werther war... zigmal mit ihr allein. Schon in diesem Park. Und was macht er? Er sieht ruhig zu, wie sie heiratet. Und dann murkst er sich ab. Dem war nicht zu helfen.«

Der ist nicht von gestern, dieser Text – das zu hören bedarf es keiner stilgeschichtlich trainierten Ohren. Dieser Text von heute gehört dem DDR-Bürger Edgar Wibeau, 17, Arbeiter, Musterschüler und -lehrling. Fleißig und beflissen lebt er bei seiner Mutter (der Vater ist schon lange fort) – und eines Tages bricht er aus, geht nach Ost-Berlin, nistet sich ein in einer Laube auf einem zum Abbruch bereiten Gelände, und auf dem Laubenklo findet er in einer Reclam-Ausgabe den *Werther*. Liest ihn in einem Zuge durch, nach drei Stunden »hatte ich es hinter mir« (übrigens eine starke Leseleistung). Die erste Reaktion ist empörtes, aber von Wohlwollen begleitetes Nichtverstehen.

Ulrich Plenzdorf hat die Geschichte als Film-Script entworfen, als Erzählung und als Theaterstück veröffentlicht, und er hat mit ihr in der DDR sensationellen Erfolg gehabt – der natürlich den wütenden Protest einiger DDR-Kulturlenker auf sich zog[6].

Es geht hier nicht um Plenzdorfs witzig-schicke Montage des Werther-Textes mit dem verpopten Jargon Edgars, nicht um die Edgar-Werther-Analogie. Wohl aber um die Frage, inwieweit Edgars Verhältnis zu diesem historischen Text symptomatisch ist für seine, für eine heute lebende junge Generation. Dabei braucht auf das trennende Moment kaum hingewiesen zu werden: der Herzensergießungs-Stil, der Sturzbach hehrer und edler Begriffe, die selbstbeglückende Redseligkeit – und trotz all dieser und anderer Befremdlichkeiten ein Text, der auf Edgar immerhin derart faszinierend wirkt, daß er ihn so gut wie auswendig kennt und ihn nunmehr in seinen Botschaften an die Umwelt als Code benutzt, als »nützliche Waffe«; denn natürlich schockt »dieses Althochdeutsch« die Leute und wirft die meisten aus dem Sattel, – was in Edgars Lage wünschenswerte Funktion des Kommunikationsmittels Sprache ist. Natürlich erzeugt die Kontrapunktik und Konfrontation dieser beiden historisch und sozial weit voneinander entfernten Sprachebenen Effekte von reizvoller Komik. Und natürlich erreicht die Werther-Sprache Edgar nicht durchweg: Wenn »Old Werther... an seinen Wilhelm da schreibt: *Auch ist er so ehrlich und hat Lotten in meiner Gegenwart noch nicht ein einzigmal geküßt. Das lohn ihm Gott«* – dann kommentiert Edgar das trocken: »Ich begriff zwar nicht, was das mit ehrlich zu tun hatte, aber alles andere begriff ich.« Daß »ehrlich« hier die alte

50

Bedeutung »rücksichtnehmend auf den Comment« hat, kann Edgar so wenig wissen, wie er ungezählte andere altertümliche Sprach- und Stilformen korrekt entschlüsseln kann. Oder wenn er sich mokiert: »Die Grenzen der Menschheit, unter dem machte es Old Werther nicht«, dann hat er nicht verstanden, daß Werther in diesem Falle die Qual der Begrenzung durch die individuelle menschliche Natur (= Menschheit) meint. – Entscheidend ist: »...alles andere begriff ich.«

Was ist dieses »alles andere«?

Man hat anläßlich des gewaltigen, die DDR-Führung beunruhigenden Erfolgs von Plenzdorfs *Jungem W.* mit Recht darauf hingewiesen, daß Edgar-Ost und Edgar-West nicht identisch sind; daß Plenzdorfs witzig-melancholische *Love-Story* in der Bundesrepublik aus einem anderen sozialen Kontext her verstanden wird. Und in der Tat hat sie ja hierzulande, anders als in der DDR, die Jugendlichen nicht von den Stühlen gerissen – um es einmal wie Edgar zu formulieren. »Kommunikationsräume sind nicht transportabel, historische Situierungen nicht einfach austauschbar – und die sind nun einmal in Ost und West nicht gleich«[7] –, solche Einsicht hat das Urteil der westdeutschen Kritik bestimmt, häufig bis hin zur Gleichgültigkeit.

Mir scheint, daß solche Wertung Gefahr läuft, die Oberfläche für die Substanz zu nehmen. Gewiß mutet »im Westen« der Hymnus auf die Jeans (»Ich meine, Jeans sind eine Einstellung und keine Hosen«), die Verklärung Salingers, die Bewunderung Satchmos und die Lust nach langen Haaren eher rührend an und ein wenig provinziell: da ist in der Tat die »historische Situierung« jeweils anderer Art. Immerhin handelt es sich aber um Erscheinungen, die auch die Jugend der sog. Westlichen Welt fasziniert haben und nicht lediglich auf Grund des Umstands, daß sie zeitversetzt registriert werden müssen, als im Kern andersartig registriert werden dürfen. Und auch bei Plenzdorf sind diese Requisiten nichts anderes als eben Requisiten. Eine tiefere Schicht ist aufgedeckt, wenn man die Bezüglichkeit aufdeckt zwischen dem Schicksal dieses Ausgeflippten und des unvermutet zum Modell avancierenden Werther. Denn wenn es nicht um diese »tiefere Schicht« ginge, hätte Plenzdorf mit jedem anderen alten Text arbeiten und schocken können. Um die Dichte oder Brüchigkeit dieser Beziehung zu kontrollieren, gibt es methodisch nur einen tauglichen Weg: Die originalen *Werther*-Zitate auf ihren Stellenwert in bezug auf Edgar, seine Situation und Entwicklung zu prüfen.

V

Die originalen *Werther*-Zitate teilen sich zwanglos in zwei Gruppen (ich gehe wieder von Plenzdorfs *Erzähl*-Fassung aus): Die der einen begleiten unmittelbar den analogen Verlauf der Lebensbemühung in Liebe und tätigem Leben, kommentieren also auf flotte, komische oder groteske Weise Edgars Liebe, die Dreieckbeziehung Edgar-Charlie-Dieter und die Versuche der Integration in die Anstreicherbrigade. Aber die neuen Leiden des jungen W. sind so wenig wie die alten lediglich Leiden der Liebe, sondern eben Leiden an der Welt. Also erwartet man sich zu Recht in den alten wie in den neuen Leiden von jenen Textpartien Auskunft über den Grundzustand Wibeau-Werthers, die prinzipieller Natur sind. Mustert man die Collage unter solcher Perspektive, bleiben vier Aussagen, die in der Tat in dem zitierenden wie in dem zitierten Buch nicht abgetan werden können als dekoratives Beiwerk und rhetorische Applikation.

Da ist zum ersten der berühmte Ausbruch Werthers: »– Das alles, Wilhelm, macht mich stumm. Ich kehre in mich selbst zurück, und finde eine Welt!« Bemerkenswert, daß Plenzdorf hier das Spiel der Collage in der Collage treibt, nämlich nicht nur *Werther*-Fragmente in seinen Text interpoliert, sondern getrennte *Werther*-Worte zu neuen Einheiten kombiniert: Die Entdeckung der Innenwelt ist im Original wie bei Plenzdorf letztes Glied einer Klimax, deren Elemente konsequent auf diese Entdeckung hinführen – nur nimmt der eine einen ganz anderen Anlauf als der andere. Werther läßt hier zum ersten Mal das Schlüsselwort »Einschränkung« fallen, das eben jene

Begrenzung seiner ausschweifenden Natur bezeichnet, die ihr endlich zum Verhängnis werden wird: »Wenn ich die Einschränkung ansehe, in welcher die tätigen und forschenden Kräfte des Menschen eingesperrt sind; wenn ich sehe, wie alle Wirksamkeit dahinaus läuft, sich die Befriedigung von Bedürfnissen zu verschaffen, die wieder keinen Zweck haben, als unsere arme Existenz zu verlängern, und dann, daß alle Beruhigung über gewisse Punkte des Nachforschens nur eine träumende Resignation ist, da man sich die Wände, zwischen denen man gefangen sitzt, mit bunten Gestalten und lichten Aussichten bemalt – Das alles, Wilhelm, macht mich stumm. Ich kehre in mich selbst zurück, und finde eine Welt.«

Solche platonisch-idealische Verklärung der Traumwelt zu Lasten der realen ist nichts für Edgars naiven Materialismus. Ihn fasziniert zwar offensichtlich Werthers Einkehr in die Innenwelt, aber er hält es für nötig, den Zugang anders zu begründen: »O meine Freunde! warum der Strom des Genies so selten ausbricht, so selten in hohen Fluten hereinbraust und eure staunende Seele erschüttert? – Liebe Freunde, da wohnen die gelassenen Herren auf beiden Seiten des Ufers, denen ihre Gartenhäuschen, Tulpenbeete und Krautfelder zugrunde gehen würden, die daher in Zeiten mit Dämmen und Ableiten der künftig drohenden Gefahr abzuwehren wissen. – Das alles, Wilhelm, macht mich stumm...«[8]

Philisterschelte also ist für Edgars Werther die konsequente Voraussetzung des Rückzugs in die Innenwelt. Denn »Befriedigung von Bedürfnissen« zum Zweck der Lebensverlängerung ist ja dem Materialismus anders als der transzendentalen Empfindsamkeit ein hoher Zweck und kein Anlaß zur Resignation. Resignation rechtfertigt sich allenfalls bei Betrachtung der timiden Kleinbürgerseele, deren zweckhaft geordnetes Leben sich als Schrebergartenzaun vor den Ausbruchsanspruch von Phantasie und Geist legt. So kombiniert Plenzdorf denn die Briefstelle vom 26. Mai 1771 mit der vom 22. Mai (dem voraufgehenden Brief) und macht aus zwei echten Werther-Stücken einen falschen Werther und einen echten Wibeau.

Da ist zum zweiten, zweimal zitiert, eine sehr praktische Rechtfertigung des Weges nach Innen: die Deklaration der Abkehr von dieser Welt und ihren schalen Betriebsamkeiten paßt Edgar »großartig«, nachdem er, aller Anpassung abhold, erst einmal aus seiner Anstreicherbrigade gefeuert worden ist. »Und daran seid ihr alle Schuld, die ihr mich in das Joch geschwatzt und mir so viel von Aktivität vorgesungen habt. Aktivität!... Ich habe meine Entlassung... verlangt... Bringe das meiner Mutter in einem Säftchen bei.« Die Auslassungspunkte hat Plenzdorf guten Grundes gesetzt: Wieder hat er Auseinanderliegendes zusammengebunden, und zwar drei Stellen aus zwei Briefen:

Gegen die aufgeschwatzte Aktivität empört Werther sich in dem großen Brief ein Jahr vor seinem Tode, vom 24. Dezember 1771, nachdem er im Gespräch mit seinem Chef, dem säuerlichen und pedantischen Gesandten, wieder einmal viel »Galle zu schlucken« hatte. Die Kunde von der Einreichung seiner Entlassung (ausgespart bei Plenzdorf: »vom Hofe«) hingegen gehört erst dem Brief vom 24. März – der dann, einige Zeilen später, schließlich auch die Bitte enthält, die Botschaft der Mutter verzuckert beizubringen. Die Entsprechung aber ist deutlich: Der eine wie der andere fühlt sich vergewaltigt im Joch seiner Tätigkeit, die ihm nicht entspricht und die ihm von außen »aufgeschwatzt« wurde.

Da ist drittens: »Man kann zum Vorteile der Regeln viel sagen, ungefähr was man zum Wohle der bürgerlichen Gesellschaft sagen kann. Ein Mensch, der sich nach ihnen bildet, wird nie etwas Abgeschmacktes und Schlechtes hervorbringen, wie einer, der sich durch Gesetze und Wohlstand modeln läßt, nie ein unerträglicher Nachbar, nie ein merkwürdiger Bösewicht werden kann; dagegen wird aber auch alle Regel, man rede was man wolle, das wahre Gefühl von Natur und den wahren Ausdruck derselben zerstören!«

Werther spricht hier von der Zeichenkunst und ihrer Beziehung zur technischen Regel, dabei die Analogie zur Gesellschaft und ihrer Regulierung ziehend. Edgar stellt das Zitat von vornherein in den Kontext gesellschaftlichen Verhaltens.

Beide protestieren wiederum gegen jene Mediokrität, die sich durch Gesetz und Konvention abgesichert weiß, Gefahrenquellen verstopft und auf solche Weise überhaupt erst den Status des Mediokren erreicht – abgedrosselt von Ursprung und wahrem Wesen, der Natur und der eigenen Natur entfremdet. Das leuchtet Edgar ein: »Dieser Werther hatte sich wirklich nützliche Dinge aus den Fingern gesaugt.«

Entfremdung hingegen im präzisen Verstande der marxistischen Lehre ist gemeint mit Werthers vierter Betrachtung: »Es ist ein einförmiges Ding um das Menschengeschlecht. Die meisten verarbeiten den größten Teil der Zeit, um zu leben, und das bißchen, das ihnen von Freiheit übrig bleibt, ängstigt sie so, daß sie alle Mittel aufsuchen, um es loszuwerden.«

Werther formuliert hier beiläufig und mit dem Unterton des Snobs, den Lebenserfahrung weise und skeptisch gemacht hat. Indessen handelt es sich um wahrlich hellsichtige Worte, die Lage der arbeitenden Klasse 1771 und nicht nur 1771 erfassend: Entfremdung als Resultat industrieller Arbeit bis hin zur scheinbar selbstgewollten Aufhebung jeglicher verfügbaren Freiheitsreserven. Konsequent baut Plenzdorf die Passage da ein, wo Edgars Versuch, als Arbeiter am tätigen Leben teilzuhaben, an seiner Unbotmäßigkeit scheitert.

Nimmt man diese vier Zitate als das, was sie sind; bedenkt man überdies, daß sie relativ isoliert stehen, also keinerlei konkurrierender Kontext ihre Wirkung einschränken kann (da die übrigen *Werther*-Zitate unmittelbar integriert sind und sich auf die Analogie-Vollzüge der Liebesgeschichte beziehen): so wird man mit aller Deutlichkeit feststellen, daß hier neue Leiden den alten spürbar entsprechen und daß sie wieder die Leiden des Einzelnen an seiner Umwelt, an seiner Gesellschaft, an seiner Zeit sind. Deren Regeln und Gesetze, deren entfremdende Ordnungen und Arbeitsweisen, deren »Aktivität« fordernde Leistungsethik zwingen den seiner Natur und ihrer sensiblen Mitgift Verpflichteten zum Weg nach innen. Dort – so meint er – findet er die eigentliche Welt.

Es wird schwerhalten, in solcher Lehre lediglich eine spezifische Reaktion der DDR-Jugend auf spezifische Verhältnisse der DDR-Gesellschaft zu sehen. In Goethes Sinne vielmehr wird man Zwänge dieser Art als geschichtliche Konstanten, Reaktionen auf sie als Konstanten sozialen Verhaltens begreifen müssen. Hier geht es um die Rebellion gegen tradierte Ordnungen, um die Absage an die protestantische Leistungsmoral, um die Abkehr von uniformer Reglementierung, um den Weg aus der seelenlosen Prestige- und Konkurrenzgesellschaft nach innen, Entdeckung eines sensiblen Subjektivismus, eines künstlerisch kreativen – also einsamen – Individualismus; Entdeckung mithin jener abseitigen Räume, die unsere Gegenwart derzeit liebevoll-sentimental erschließt: Die *Neue Aufklärung* und ihr sozialer Utopismus mündet unter unseren Augen und Händen in die (re)konstruierte Kunstlandschaft schmuckträchtiger Ich-Pflege. Werthers gegenwärtige Leiden suchen Linderung in vergangenen Freuden – oder was man glaubt, der widergespiegelten Vergangenheit an Freuden entnehmen zu können: das alte (oder altmodische) Kostüm; die historische Kulisse; die unversehens kunsthistorisch legitimierte einstige Geschmacksmarotte – sie bieten sich als Erlösung verheißende Fluchtpunkte an.

Für Überlegungen dieser Art gab Plenzdorfs Text Leitsignale ab, die sich als heuristisch nützlich erweisen. Sie lassen sich nämlich aus den Erfahrungen und Anschauungen der uns vertrauten sozialen Umwelt mühelos bestätigen, und das ihnen zugrunde liegende Material läßt sich mit Hilfe des uns geläufigen Verhaltens-Repertoires mühelos erweitern. Da sind zu buchen:

Erstens: Die Neigung, ja Lust zur Dokumentation des eigenen Ich und seiner nächsten, seiner »privaten« Umwelt in Form des Dokuments, der Tagebuch-Eintragung, des Briefes. Eine Art des Schreibens, die ganz entschieden heute die anspruchsvolle »schöne Literatur« bestimmt, von den »Tagebüchern« Frischs und Grass' über Handkes »Berichte«, über

Kempowskis Chroniken bis hin zu Uwe Johnsons Familien-Saga. Der *Werther* aber ist ein Brief-Roman mit »dokumentarischem« Anhang.

Zweitens: Die Vision des einfachen Lebens. Eine von Umwelt-, also Welt-Verschmutzung strangulierte Gesellschaft zieht aufs Land, düngt »natürlich«, lobt sich die reinen Früchte und die Ferien inmitten der (scheinbar oder tatsächlich) ursprünglichen Lebensformen auf dem Bauernhof. So ist auch Werther glücklich, da sein »Herz die simple harmlose Wonne des Menschen fühlen kann, der ein Krauthaupt auf seinen Tisch bringt, das er selbst gezogen, und nun nicht den Kohl allein, sondern all die guten Tage, die schönen Morgen, da er ihn pflanzte, die lieblichen Abende, da er ihn begoß, und da er an dem fortschreitenden Wachstum seine Freude hatte, alle in *einem* Augenblicke wieder mitgenießt«.

Drittens ist da jene hochgestimmte Sensibilität, die Werther nötigt (ebenso wie Edgar Wibeau), als Maler zu dilettieren und sich schwärmerisch in die Lektüre vorzeitlicher Zustände zu verlieren: Homer und Ossian; Robinson und Salinger. Nicht anders spielt die Jugend des Westens mit handwerklichen Kunstformen, entdeckt die sog. »Naiven« wieder und sorgt für den Boom eines Dichters, den die strenge Literaturkritik schon vergessen hatte: Hermann Hesse.

Und viertens jener Kleidermode-Imitationszwang, der sich als optische Demonstration des Solidarisierungswillens erklärt: Jeans, so wurden wir belehrt, sind keine Hosen, sondern eine Einstellung – nicht anders hielt es die Nach-Werther-Generation mit dem blauen Frack, der gelben Weste und den gelben Beinkleidern, die, wie man weiß, die Uniform der Empfindsamkeit wurden.

Parallelen, Entsprechungen, Spiegelungen – sie könnten als unverbindlich erscheinen und beiläufig, wenn sie hier nicht lediglich aufhellende Funktion hätten. Es sei darum erinnert: Am Anfang stand nicht die These. Am Anfang stand der empirische Befund (des Absatzerfolgs der *Werther*-Ausgabe; der Plenzdorf-Variante). Er verlangte nach Aufklärung. Zum Zwecke solcher Aufklärung war es nötig, dem *Werther* nachzugehen unter dem auswählenden Gesichtspunkt der Affinitäten zu gegenwärtigen Zuständen (wobei Plenzdorfs Collage in hohem Maße legitimiert war, heuristische Funktion wahrzunehmen). Isoliert man die aufgezählten Berührungspunkte, mögen sie sich jeweils reduzieren auf das Gewicht einer Arabeske. Lediglich als Ensemble erhalten sie das Format einer – wie immer im einzelnen bedingten – Partnerschaft.

Eine weitere mögliche thematische Berührung wurde bisher nicht erwähnt. Der *Werther* ist – auch – ein Lied vom Tod. Man weiß, daß die Philosophie der Aufklärung, antik-stoische Gedankengänge aufnehmend, den Selbstmord zur Manifestation der Freiheit stilisiert hat. Sehr früh schon, in seinem (siebenten) Brief vom 22. Mai, bekennt Werther sich zu solchem individuellen Freiheitsbegriff: »Und dann, so eingeschränkt er (i.e. der Mensch) ist, hält er doch immer im Herzen das süße Gefühl der Freiheit, und daß er diesen Kerker verlassen kann, wann er will.«[9]

Das Thema durchzieht den ganzen Roman. Für Werther ist der Tod der entschiedene ja notwendige Ausdruck seiner radikalen Verweigerung, die ihrerseits Konsequenz seines individuellen Scheiterns ist. Läßt sich solche Variante der »Krankheit zum Tode« vergleichen mit dem störrischen Willen zum Verderben in der Gefängniszelle? Das Spiel mit dem Sterben um des Lebens willen, das Spiel mit dem Leben um des Sterbens willen – ist es auch Ausdruck einer »Wollust zum Tode«? Oder aber eben doch nur fanatisch eingesetzter Posten in der Rechnung, die auf die Erpressung der Gesellschaft hinausläuft? Ist schließlich die Konstruktion von der polaren Spannung, von der dialektischen Bedingtheit Eros-Thanatos bare Konstruktion? Oder ist sie eine zeitlich begrenzte Größe? Oder doch eine übergeschichtliche, also anthropologische Wirklichkeit, die den Menschen konditioniert auch da noch, wo der Selbstmord das Individuum gar nicht mehr auslöscht, weil es das Individuum gar nicht mehr gibt? *Werther*-Fragen und kein Ende.

VII

Unsere Überlegungen sind an einen Punkt gekommen, den Literaturbetrachtung heute allermeist sehr viel schneller erreicht: bei der Frage nämlich, ob nicht der Konflikt sich am ehesten aus sozialen Voraussetzungen erklären, soziologisch darstellen lasse. Es gibt Stimmen, die Werther die Last aufbürden wollen, ein Sozialrevolutionär zu sein. Lag nicht, als man den Toten fand, *Emilia Galotti* »auf dem Pulte aufgeschlagen«? Also die leidenschaftlichste Anklage feudalistischer Willkür von seiten des Bürgertums? Fühlt er sich nicht gequält durch die »fatalen bürgerlichen Verhältnisse«, erleidet er nicht die übelste soziale Demütigung durch die adlige Gesellschaft, die den wohlwollenden Grafen von C. nötigt, Werther als »Subalternen« aus ihrem Kreis hinauszuwerfen? Neigt er sich nicht mit dem liebevollsten Verständnis den einfachen, den geringen Menschen zu, ihre Nöte und Sorgen teilnahmsvoll registrierend?

Alles das ist richtig, aber es macht keinen Sozialrevolutionär. Im Gegenteil verdrängt Werther, was an Empörung über soziale Ungerechtigkeit in ihm ist, nach innen, »privatisiert« es, erlebt darin seine persönliche Disproportion mit dem Leben – er handelt insofern *anti*revolutionär: denn er verinnerlicht bis hin zur persönlichen Katastrophe, was gemäß revolutionärem Auftrag nach außen sich entladen mußte und sich siebzehn Jahre nach Werthers Tod in Paris gewaltsam und gewaltig entlud.

Werthers Fühlen mit den einfachen Menschen, sein Gefühl für sie entspricht dem Empfinden, das man dumpf lebenden Exoten freundlich zukommen läßt. Z. B. gegenüber einem Geschöpf wie des Schulmeisters Tochter und ihren Kindern, »das in glücklicher Gelassenheit den engen Kreis seines Daseins hingeht, von einem Tag zum anderen sich durchhilft, die Blätter abfallen sieht und nichts dabei denkt, als daß der Winter kommt«. Und wenn er einem Dienstmädchen hilft, sich das schwere Wassergefäß auf den Kopf zu setzen, dann vermerkt er den Vorgang eben als einen Widerspruch zur geltenden, auch ihn einbeziehenden sozialen Wirklichkeit – und: »Sie ward rot über und über.«

Was nun die »fatalen bürgerlichen Verhältnisse« betrifft, so beklagt Werther sie als einer, der weiß, »wie nötig der Unterschied der Stände ist, wie viel Vorteile er mir selbst verschafft«. Keine Kritik am Bürgertum, sondern Beschwerde, die dem Hemmschuh gilt, den Adelshochmut seiner Beziehung zu dem Fräulein von B. entgegenstemmt (das ihn in dem Maße von Lotte ablenkt, als es ihn an sie erinnert). Das aber heißt: Werther affirmiert den bestehenden sozialen Zustand der ständischen Differenzierung, solange er von ihm profitiert; er protestiert gegen ihn in dem Augenblick, wo er ihr Opfer ist. Das aber ist nicht das Holz, aus dem man Revolutionäre schnitzt.

Schließlich *Emilia Galotti*: Der Band liegt auf dem Pult des durch eigene Hand Getöteten, um zu signalisieren: Diesem hier war nicht zu helfen, es gibt Konflikte, deren sittliche Klärung nur mit Hilfe des von der Orthodoxie als unsittlich verdammten Selbstmords möglich ist. Die mangelnde »gesellschaftliche Relevanz« Werthers wird indirekt bestätigt auch durch die Gleichgültigkeit der intellektuellen Protestbewegung der späten sechziger Jahre unseres Jahrhunderts. Die Studenten annektierten ja leichthin jeden Text, der ihren Vorstellungen und Aktionen Bestätigung zuzuwinken schien oder als Appell wirkte. Den *Werther* haben sie, scheint es, nicht falsch verstanden – und also ignoriert.

VIII

Zum Schluß noch einmal der Versuch, die neuen Erfolge der alten Leiden zu deuten. Welten trennen die Gegenwart, das ist offenbar, von diesem jungen Manne, der ungeachtet eingeschränkter Verhältnisse über einen Diener verfügt, der sein Reitpferd so selbstverständlich benutzt wie er seinen Homer liest, der sich schluchzend ausweint am Busen des Freundes, der »unter den wonnevollsten Tränen« die Hand der Geliebten küßt anläßlich der Erwähnung des »so oft entweihten«

Namens Klopstock... Die Frage aber gilt nicht dem Trennen-
den, sondern den möglichen Berührungspunkten. Vielleicht ist
es berechtigt, die aufgezählten Entsprechungen dem Begriff
eines (damals wie heute) »*Neuen Subjektivismus*« zu subsumieren, der nicht die gleichen, aber vergleichbare Äußerungsformen zeigt und vergleichbare Ursachen hat. Die Aufklärung
als europäische Geistesbewegung hat die Voraussetzung für
die Begründung des bürgerlichen Zeitalters geschaffen, also
auch die ideologischen Voraussetzungen für die bürgerlichen
Revolutionen des 18. und 19. Jahrhunderts. Diese mit großer
Verzögerung ausbrechenden Revolutionen sind vorbereitet
durch eine lange Phase der Ungeduld, der »Frustration«. Werther ist ein symptomatisches Produkt dieser vorrevolutionären
Unruhe, die das Gefühl für das Selbstgefühl des Individuums
heftig gesteigert, dessen subjektives Selbstverständnis leidenschaftlich geschärft hat. Solch herrischem Ichgefühl aber ent-
sprach der Kontext der Zeitgeschichte nicht. Es schlug mithin
nach innen, sensibilisierte sich zu privaten Exzessen, wurde
auch wohl tödlich.

Goethe hat, wie man weiß, nur zögernd und gewissermaßen
mit unbewegten Lippen kommentiert, wenn später die Rede
auf seinen *Werther* kam. 1808 ist mittags bei ihm der berühmte
französische Schauspieler Talma und dessen Frau zu Gaste.
Caroline Sartorius, verheiratet mit dem Göttinger Historiker
Georg Sartorius, berichtet, daß Goethe, wieder einmal und
sehr direkt nach dem biographischen Substrat des *Werther* befragt, geschickt mit einem Gleichnis geantwortet habe – übrigens auf französisch. Dann aber setzt er deutsch hinzu, »mit einem unbeschreiblich tiefen Ausdruck«, daß sich »so etwas...
indes nicht mit heiler Haut« schreibe. Eckermann gegenüber
findet er am 2. Januar 1824 das vertraute Bild vom Pelikan,
der sein Geschöpf mit dem Blute des eigenen Herzens gefüttert
habe, und schließt die brisante Charakteristik an: »Es sind lauter Brandraketen!« Im 13. Buch von *Dichtung und Wahrheit*
erläutert er die Wirkung des Romans: »...und die Erschütterung war deshalb so groß, weil ein jeder mit seinen übertriebe-
nen Forderungen, unbefriedigten Leidenschaften und einge-

bildeten Leiden zum Ausbruch kam.« »Ein jeder«, das ist der junge Mensch, der sich abgelöst hat von den alten Bindungen und neue Formationen der Lebensrechtfertigung noch nicht sieht. Solche Diskrepanz zwischen dem (verlorenen) Ideal und dem (noch nicht gefundenen) Leben treibt den Sensiblen in die Empfindsamkeit, den Empfindsamen in den Weltschmerz, in die unverbindlichen Spielgründe des Ich-Sagens (und fast nur des *Ich*). Die Enttäuschung läßt ihre Voraussetzungen nurmehr als Täuschung gelten, der solidarisierende Halt einer gemeinsamen, generationserhebenden und im weiteren Sinne politischen Aufgabe fällt in sich zusammen, die Aggressionsenergien schlagen nach innen und verzärteln sich zur Privaterie – wenn sie nicht zu Schlimmerem sich ballen. Die politisch motivierte oder gerechtfertigte Extraversion wird zur beschaulichen Introversion verkehrt, östliche Weisheitslehren und Versenkungs-Exerzitien kultivieren einen Solipsismus, der zum Rausch der Droge nicht mehr bedarf: »Ich kehre in mich selbst zurück, und finde eine Welt!«

Die Jahre um 1970 werden schneller geschichtlich gesehen, als das gemeinhin mit Jahreszahlen geschieht. Ihr reformerischer Elan und die vielleicht allzu treuherzige Gläubigkeit an die Machbarkeit des sozial Wünschenswerten hat ihnen die Kennmarke »Neue Aufklärung« eingetragen. Der Elan ist dahin, und vieles ist steckengeblieben, als illusionär oder utopisch abgetan, vielleicht entlarvt – vieles, das doch beitragen sollte, den »neuen Menschen« zu wecken. Ungeduld erst, dann Enttäuschung ist mächtig in Vielen, vor allem in jenen, deren Wesen zu Ungeduld und Enttäuschbarkeit neigt: der jungen Generation. Sie scheint sich heute einem neuen Subjektivismus, neuer Innerlichkeit, neuer Privatheit anzuvertrauen, sie pflegt Vergangenheitskulte. Eine Welt, die der Aufhebung ihrer selbst mit technischen Mitteln verstört entgegensieht, sehnt sich sentimentalisch nach dem Gesunden, Einfachen, nach dem Eindeutigen: Der große Techniker Odysseus, als er nach Hause kommt, ist allererst bei dem Sauhirten zu Gaste (*Werther* S. 69). Die technokratische Welt schlägt um in die Idylle.

So wäre es denn erlaubt, von der heutigen Jugend als einer Werther-Generation zu sprechen? Gewiß nicht. Allenfalls in jenem allgemeinen und also ungenauen Sinne, in dem Werther Bestandteil jeder jungen Generation sein mag: »...es müßte schlimm sein, wenn nicht jeder in seinem Leben einmal eine Epoche haben sollte, wo ihm der *Werther* käme, als wäre er bloß für ihn geschrieben« (Goethe zu Eckermann am 2. Januar 1824). Über die prinzipielle, gewissermaßen anthropologisch bedingte Affinität *Werther und Jugend* hinaus haben unsere Überlegungen jedoch wahrscheinlich gemacht, daß derzeit eine spezifische Konstellation besteht. Innerhalb ihrer erhält der Roman eine neue Wertigkeit in seiner Beziehung zum Verhalten unserer Gegenwart und ihrer jungen Generation; erhält eben dieses Verhalten seine historisch erfahrbare Dimension durch seine Entsprechungen in dem Roman.

Was freilich an jedem Einzelnen nicht »Generation« ist, das wird seinen Weg auf die jeweils einzelne Weise machen. Was Werther auf schmerzliche Weise auszeichnet, ist jene tief in ihm angelegte Heillosigkeit, die den Konflikt des Einzelnen mit seiner Gesellschaft – wie er sich in der prinzipiell gesellschaftsfeindlichen Macht des Erotischen offen zeigt – tödlich ausgehen läßt. Denn Werther ist ja nicht nur Generationsgenosse, er ist auch ein klassischer Dritter, ein Außenseiter, ein Einzelner. Ein Bruder der andern Abseitigen: Lenz, Büchner, Kleist, Trakl. So auch sieht ihn 1813 Goethe: »...daß Werthers Jugendblüte schon von vornherein als vom tödlichen Wurm gestochen« erscheint.

»Nein, er ist nicht zu retten!«, sagt der Amtmann, als Werther sich verwendet für den unglücklichen Knecht, der seinen Rivalen erschlagen hat. Werther wiederholt das Motiv auf einem Zettelchen – es wie alles, was ihm begegnet, auf sich und nur auf sich wendend: »Du bist nicht zu retten, Unglücklicher! Ich sehe wohl, daß wir nicht zu retten sind.« Die Rettungslosigkeit wird auch zum Leitmotiv, zum Todesmotiv des DDR-Werther Edgar Wibeau: Dreimal heißt es: »Dem war nicht zu helfen.« Das läßt an einen anderen Selbstmörder denken, der »am Morgen meines Todes« an seine Schwester »Ulrike von Kleist Hochwohlgeb. zu Frankfurt a. Oder« schreibt: »Die Wahrheit ist, daß mir auf Erden nicht zu helfen war.«[10]

Bleibt die Frage an die Zurückbleibenden, die »Gesellschaft« also: War ihm, war ihnen nicht zu helfen? Das müssen die Überlebenden mit sich selber ausmachen. Ausmachen aber müssen sie es.

Anmerkungen

1 Walther Migge: *Goethes »Werther«. Entstehung und Wirkung.* Insel Verlag 1967, wiederabgedruckt im dem Werther-Roman gewidmeten Insel-Almanach auf das Jahr 1973. Die Beiträge dieses Bandes aus der Feder von Jörn Göres, Walther Migge und Hartmut Schmidt liefern vieles Material zur Entstehungs- und Wirkungsgeschichte des Werther.

2 *Goethes Werke*, Hamburger Ausgabe Bd. VI, [8]1973. Ich zitiere auch den Werther-Text nach dieser Ausgabe (die den der zweiten Fassung von 1787 liefert) und verweise auf die reiche Sammlung von Quellen und Daten, die Erich Trunz seinem eindringlichen Kommentar vorausgeschickt hat. Von seinem Material nähren sich unzählige Werther-Artikel.

3 Zwar ist Werther nicht Wilhelm Meister, aber es wäre fahrlässig, aus diesem Kontext den Umstand auszuklammern, daß *Peter Handke* und *Wim Wenders* 1975 aus dem *Meister* einen Kinofilm gemacht haben *(Eine falsche Bewegung)*, der auf seine Weise Parallelen einer Goethe-Existenz zu dem Leben heute in der Bundesrepublik zieht. Bezeichnenderweise überschreibt der SPIEGEL (10. März 1975) seinen Bericht über den Film: *Die Leiden des Wilhelm M.* Nicht minder bezeichnend die Überschrift in der FAZ (29. März 1975): *Die hoffnungslose Jugend der siebziger Jahre.* Da ist, mit anderen Mitteln und zu partiell anderem Zweck, gleichfalls eine Umsetzung versucht, die scheinbar primär die Fabel erneuert, in Wahrheit aber die Fabel nur als Vehikel benutzt, um eine erahnte, empfundene Entsprechung des Lebensgefühls (der Lebensgefühle?) einzufangen und diese vermutete Entsprechung sinnlich (Jargon, Farben, Musik, Landschaft) zu spiegeln. In diesem Film ist es wie bei Plenzdorf, wie im *Werther* das Ereignis Liebe, an dem sich Unvermögen zum Leben, Unmöglichkeit des Lebens erweist – und das unendliche Sehnsucht erweckt nach einer anderen (je besessenen?) Welt.

4 Jedoch sei erinnert an das, was *Wolfgang Harich* aus dem bisher allgemein für biedermeierlich versponnen geltenden Jean Paul gemacht hat.

5 zu Eckermann am 3. Mai 1827 – s. Hans Mayer, *Goethe*, 1973. – Indessen: Hier irrt Goethe, scheint es. Die Formulierung kommt in Ampères *Globe*-Aufsatz nicht vor. Um so gewichtiger ihr Stellenwert im Selbstverständnis des Werther-Autors.

6 Ich zitiere nach dem – wohl die eigentliche Authentizität behauptenden – Text der *Erzählung: Die neuen Leiden des jungen W.*, Suhrkamp 1973. – Zur Debatte um Plenzdorf in der DDR vgl. den Artikel von F.J. Raddatz (MERKUR Dezember 1973, Nr. 307). Übrigens bezeugt auch die Verfilmung der *Lotte in Weimar* 1974 durch die DEFA wohl nicht nur Achtung vor Thomas Mann und seinem Jubiläum, sondern auch das Interesse an *Werther* und seinem Nachleben.

7 Götz Großklaus in seiner Karlsruher Antrittsvorlesung Sommer 1974 über »Literarische Gesellschaftskritik in Texten von Ulrich Plenzdorf: *Die neuen Leiden des jungen W.* und Peter Schneider: *Lenz.*«

8 Bei Plenzdorf in atemlosem Telegrammstil ohne Interpunktion und in Kleinschreibung.

9 Zur Philosophie und Heroisierung des Selbstmordes (so bei Montaigne und Montesquieu) und ihrer Wirkung auf die Werther-Generation s. Migge (oben Anm. 1). Jörn Göres verweist als Parallele auf die Lust einer jungen Generation zur Entrückung mit Hilfe von Rauschgift. Im übrigen sei verwiesen auf die wichtige Arbeit von Wolfgang Buhl: *Der Selbstmord im deutschen Drama*, 1950. Und auf den Tod Jean Amérys im Herbst 1978.

10 Als ein Jahr später Zelter von dem Selbstmord seines Stiefsohnes berichtet, hat dieser Vorfall zur Folge, daß Goethe dem alten Freunde – einzig in seiner Altersphase – die Anredeform des brüderlichen *Du* gewährt.

Kunst, die Leidenschaft zum Ganzen

Überlegungen anläßlich des
hundertsten Geburtstages Rainer Maria Rilkes

»Dinge machen aus Angst«
(an Lou Andreas-Salomé, 18.VII.1903)

I

Zitate leben davon, daß sie zitiert werden. Es gibt indessen Zitate, die sich selbst ruinieren. Zitate, die kraft ihrer Eingängigkeit, ihrer Überzeugungsgewalt derart landläufig und also gefällig und also unverbindlich geworden sind, daß sie sich aufheben. Wie die Schlußverse des »Requiems für Wolf Graf von Kalckreuth« (1908): »Wer spricht von Siegen, – Überstehn ist alles« (Werkausgabe Bd. 2, S. 664). Ein Wort, das populär wurde vor allem durch die Rühmung, die Gottfried Benn ihm hatte zuteil werden lassen, der es für ein Schlüsselwort seiner Generation erklärte. Oder das Wort aus Rilkes großem romanhaft-verschlüsselten Prosabekenntnis, den »Aufzeichnungen des Malte Laurids Brigge« (1910): »Er war ein Dichter und haßte das Ungefähre«. Oder der Gedicht-Eingang: »Ausgesetzt auf den Bergen des Herzens«.

Gelänge es aber einem von uns, diese Sentenzen (und die vielen, die ihnen an die Seite gestellt werden können) wieder zum ersten Mal zu hören: wer wollte ihnen Wahrheit der Empfindung und Entschiedenheit des Gedankens oder die Kraft der Bildlichkeit absprechen, und jenes Moment des überraschend Aufdeckenden, das zum Wesen von Maximen und Reflexionen gehört und sie auszeichnet gegenüber der bloßen klugen oder altklugen Einsicht. Damit ist bereits etwas für Rilke und sein Nachleben Charakteristisches angedeutet: Er wurde zu viel zitiert, und zu wenig gelesen (und das hat er mit Schiller gemein). Aber bevor man solche banale Feststellung dem Publikum und seiner Begrenztheit zur Last legt, hat man über die Gründe solcher einerseits partiellen Allgefälligkeit und solcher andererseits spröden Abseitigkeit nachzudenken; über die Ursachen schwärmend-kritikloser Bewunderung und Verehrung, und die Ursachen einer kühlen ja mokanten Distanz und Ablehnung. Das eine bezeugt – allgemein ausgedrückt – das Vermögen des Dichters, den ›Zeitgeist‹, die ihn bestimmenden und auszeichnenden Regungen aufzufangen, zu reflektieren und im Konzentrat der Literatur zu formulieren. Das andere bedeutet – wieder sehr allgemein – ein Beiseite-Stehen, ein Maß des Abstandes zwischen dem Dichter und eben diesem Zeitgeist. Was sehr wohl heißen kann, daß einer ihm weit voraus ist; was sehr wohl heißen kann, daß einer neben ihm, hoffnungslos hinter ihm zurückgeblieben ist.

II

Jubiläen und die ihnen gewidmeten Feiern sind eine anfechtbare Sache, wer wollte das bestreiten. Sie dienen oft eher der Selbstdarstellung der Feiernden als der lebendigen Erinnerung des Gefeierten, sie degenerieren häufig zum laut-leeren Zeremoniell, zur bewußtlosen Rühmung. Sie haben, andererseits, auch Verdienste, da sie doch dazu nötigen, die Fassade der durch das Datum kommandierten Huldigung zu durchbrechen und somit beharrlich die Frage nach ihrer, also nach des Gefeierten Begründung stellen. Das Jahr 1975 forderte Gedenkfeiern für den Bauernkrieg und Johann Strauß, für Mörike und Jean Paul und Thomas Mann, – und eben für Rilke, den Hundertjährigen. Und das Jahr 1976 setzte ein mit dem Gedenken Hans Sachsens (der vierhundert Jahre zuvor, am 19. Januar, gestorben war), es ging weiter mit Wagners Bayreuther »Ring«, dessen hundertster Erstaufführungsgeburtstag zu feiern war –, es endete aber wiederum mit dem Ende des vorhergehenden: denn am 29. Dezember 1976 war es fünfzig Jahre her, daß Rainer Maria Rilke starb, eben einundfünfzig Jahre alt.

Gedenken löst Vergleichszwänge aus: Thomas Mann hundert Jahre, Rilke hundert Jahre. Der eine gestorben als, wie man wohl sagt, vollendeter Greis, achtzig Jahre alt; der andere gestorben in, wie man wohl sagt, der Blüte seiner Jahre. Der eine im Leben wie im Tode *der* Repräsentant: eben seiner, der bürgerlichen Epoche, modellhaft lebend nach ihrem Habitus, getragen von ihren Traditionen und Neigungen, von ihrem Stil, ihren Selbstzweifeln und ihrem Glauben an ihre Möglichkeiten. Der andere allein, deplacé überall, in ständiger Spannung zu der Gesellschaft und Umwelt seiner Zeit stehend, aristokratischer Lebensform sehnsüchtig verschworen und doch gehalten, sie nur als Geschenk, als Gewährung zu empfangen: Repräsentant lediglich seiner selbst in entlehntem Rahmen. Der eine ein halbes Jahrhundert begleitet von stetig sich mehrendem öffentlichem Ruhm, von der Nachwelt so heftig bewundert, gefeiert und auch gelesen wie von der Mitwelt. Der andere Mittelpunkt immer nur einer zwar großen und leidenschaftlich adorierenden, aber doch sich als abgegrenzt verstehenden Gemeinde, als Dichter der »Weise von Liebe und Tod des Cornets Christoph Rilke« schwärmerisch und über Jahrzehnte hin inbrünstig an- und nachgebetet, als Dichter der »Duineser Elegien« spät erst und durch wenige nur angenommen. Von der Nachwelt anfangs bewahrt und verehrt, etwa zwanzig Jahre lang –, dann von ihr fallengelassen, vergessen, fast vergessen oder eher noch verdrängt als Reaktion auf die bannende Kraft des Einflusses, die Generationen von Lyrikern deformiert, sie gehindert hat, ihren eigenen Ton zu finden: denn Rilkes Ton, dieser melodische, schwebende, sanfte, weiche, die Grenzen des Verses aufhebende, die Dinge ineinanderfließen machende Ton, er war in allem. Das ging nicht an, so wurde er verbannt und hatte denen nichts zu sagen, die auf den acht Jahre jüngeren, der gleichen Stadt Prag entstammenden Franz Kafka hörten, oder auf Brecht, dem es nicht um den Menschen ging, sondern um die Menschen. Man kann den Prozeß auch der wissenschaftlichen Literatur ablesen: Rilke ist heute kein von den jungen Germanisten bevorzugtes Dissertationsthema, die wichtigen größeren ihm gewidmeten Werke, Huldigungen die Menge und gelegentlich (wie von Peter Demetz oder Egon Schwarz) die Einschränkung, stammten zumeist von Autoren der älteren Generation und wurden weniger mit dem Ende der fünfziger Jahre. Hingegen sind allein über ein einziges Buch von Thomas Mann, nämlich über den »Doktor Faustus«, in den lediglich fünfzehn Jahren zwischen 1953 und 1968 etwa 450 Abhandlungen publiziert worden (das macht rund 30 000 Seiten). Und üppig sprießt und unverdrossen die Brecht- und Kafka-Literatur.

Nun stehen wir, so registrieren es die Wächter der Zeit, in einer Phase der gemüthaften und künstlerischen Restauration, sie nennen's Nostalgie und meinen die Hinwendung zu Formen, Themen, Stil und Mode früherer Epochen; oder nennen es »Neue Innerlichkeit« und meinen die Konzentration des Subjekts auf sich selbst. Ein Vorgang, der um so natürlicher scheint, als die Möglichkeit des ganz und gar Neuen sich stetig reduziert und anderseits die Möglichkeit zur Imitation, Kopie und Reproduktion des Alten kraft technischer Mittel sich stetig ausweitet. Auch im Bereich der Literatur beobachtet man eine Wiederkehr des Gewesenen: Wiederkehr von Individuum und Ich, von persönlichem Schicksal und privatem Konflikt, von begrenzten und also übersehbaren Komplexen und ihren in Geschichte und Dokumentation erfahrbaren Eigentümlichkeiten. Eine Wiederkehr auch der *Mittel,* mit denen diese Bereiche einst beschworen wurden: des reinen Tons der Lyrik, des Raunens im Imperfekt des Erzählens. So registriert man, daß Hermann Hesse wieder grüßte, der zwanzig Jahre lang Abgetane, daß die bürgerlichen Dramatiker mit Macht andrängen von Strindberg bis Horváth und Ibsen bis Sternheim, daß die Klassiker sich in Neuauflagen als mehr erweisen denn bloße »Klassiker«. Mithin überrascht es nicht, wenn im Herbst 1975 der Schweizer Historiker und Publizist Jean Rudolf von Salis in der Neuauflage seines Buchs über »Rilkes Schweizer Jahre« unbefangen von einer »bereits einsetzende(n) Rilke-Renaissance« spricht. Das sagt sich so. Bewegt durch die Jubiläumsdaten von Geburt und Tod 1975 und 1976 erschien eine Reihe von Publikationen, verdienstlich vor allem, wo es sich um Primär-Texte handelte wie das »Testament« oder die erste vollständige Ausgabe der Briefe an Nanny Wunderly-Volkart. Da hat Rilkes Verlag, die Insel, sich eindrucksvoll bewährt als Verwalter und Walter seines Erbes, und hohes Lob gebührt auch Ingeborg Schnack für die beiden Bände ihrer schlechterdings nicht auszuschöpfenden »Rilke Chronik«. Im übrigen aber bestätigten Symposien, Festartikel und Radio-Essays den Rang des Dichters als eines Klassikers und damit auch die Gefahr seiner – um es mit Max Frisch zu sagen – durchschlagenden Wirkungslosigkeit. Das Terrain der Begegnungsmöglichkeit mit Rilke muß neu vermessen werden. Als eindrucksvolles Symptom für ein gewandeltes, das heißt auf zweifelnde und melancholische Distanz gehendes Verhältnis zu dem einst so geliebten Dichter will mir die Festrede »Anläßlich der 100. Wiederkehr von Rilkes Geburtstag« erscheinen, die ein Mann gehalten hat, der als wissenschaftlicher Essayist seine innige Verbundenheit mit Rilke nie verleugnet und der die Rilke-Forschung durch manche glänzende Einsicht und einfühlsame Darstellung bereichert hat: Hans Egon Holthusen[1] zitiert nunmehr nicht ohne Grund Wystan Hugh Auden, der einst Rilke für die angelsächsische Welt mitentdeckte: »Langeweile muß nicht unbedingt Mißbilligung einschließen. Ich halte Rilke immer noch für einen großen Dichter, obwohl ich ihn nicht mehr lesen kann.« Holthusens Ausführungen sind ein nobles Zeugnis der Suche nach dem verlorenen Dichter seiner (und wahrlich nicht nur seiner) Jugend, was er einst liebte, kann er heute allenfalls bewundern, es gelten ihm (und gewiß nicht nur ihm) als große Poesie nach wie vor Verse von der kristallenen Einfachheit des

> ...immer wieder gehn wir zu zweien hinaus
> unter die alten Bäume, lagern uns immer wieder
> zwischen die Blumen, gegenüber dem Himmel –

– Überlegungen, die indes nicht die Hilflosigkeit und Befremdung verbergen angesichts von Stilverformungen, für die Holthusen zu Recht »den Begriff der genialen Geschmacklosigkeit« reklamiert, ihn mit schlechthin entsetzlichen Beispielen aus der

»Ode an Bellman« und einem Briefgedicht an eine junge Wienerin begründend sowie mit jener unsäglichen Briefstelle aus Toledo an die Fürstin Marie Thurn und Taxis vom Herbst 1912, der Holthusen nicht von ungefähr den Titel seines Vortrags entnommen hat: »Aber draußen auch wieder, kaum hundert Schritte von dieser unübertrefflichen Stadt, müßte es denkbar sein, auf einem der unverheimlichten Wege einem Löwen zu begegnen und ihn sich durch etwas Unwillkürliches in der Haltung zu verpflichten.«

Die »Rilke-Renaissance« also, für 1975 und danach vorausgesagt, sie fand nicht statt. Das Datum als solches setzt noch nichts in Bewegung, das hinauswirkte über die Feier seiner selbst. Das Ereignis des Erfolgs aber, der Wirkung und des Neuerfolgs ist gebunden an die bestimmte Konfiguration des Kunstwerks zu seiner Zeit, die das eine zu des andern erregendem Partner macht in Bestätigung und Provokation, Beunruhigung und Autorisation. Der »Werther« ist der Modellfall für solche Vorwegnahme und Bestätigung der Gegenwart kraft künstlerischer Ahnung.

Das Datum selbst setzt noch nichts in Bewegung. Rilkes Landsmann Hofmannsthal, nahezu zwei Jahre älter als er und drei Jahre nach ihm gestorben, ein Dichter der Geschichte, der Kultur, bürgerlicher Aristokrat und intellektueller Repräsentant der ›Innerlichkeit‹: seine Jubiläumsjahre 1974 und 1979 haben Huldigung als Pflichtleistung praktiziert –, und ist kein Fest geworden, durchaus keine »Renaissance« hat da ihren Anfang genommen, der Dichter erfreut sich weiterhin der moderierten Begeisterung einer begrenzten Leserschicht: die Theater spielen den »Schwierigen«, ohne ihn zu verstehen, die Philologen arbeiten mit Millimeterschrittchen an der kritischen Gesamtausgabe, die wer weiß wann vielleicht einmal erscheinen wird.

Oder, um den dritten großen Namen der deutschen Lyrik des ersten Jahrhundertdrittels zu nennen: Stefan George war 1969 hundert Jahre alt, und nach wie vor gibt es einerseits seine kleiner werdende Gemeinde (ein auch biologisches Problem) und anderseits den distanzierten Respekt oder eben auch nur die Distanzierung der andern. Die Mode, von einer Mode der Rückwendung zu sprechen; und die Gewohnheit, runde Jahreszahlen zu feiern: sie allein garantieren noch nicht Dichters Wiederkehr. Sie garantieren auch nicht Rilkes Wiederkehr.

III

Es ist wohlfeil, sich über René Rilke den Anfänger zu mokieren. Diese Anfänge, sie sind in der Tat kläglich und von peinlicher Nichtigkeit: Ausdruck formaler Begabung, die zu ihrer Bestätigung und Betätigung nichts hat außer Ambition. Aber nicht dieser Einsatz ist es, der interessieren sollte, sondern das, was aus ihm wird. Rilke ist der große Lernende unter den Dichtern, – und der Fall, daß einer in aller Vollkommenheit plötzlich ›da‹ ist, begabt mit all seinen Möglichkeiten und ihrer scheinbar schwerelosen Umsetzung, dieser Fall ist selten und wird vorbildhaft repräsentiert vor allem durch Mozart, Hofmannsthal und Pallas Athene.

Da dichtet (oder reimt) der kaum Zwanzigjährige (in seinem ersten Gedichtband »Larenopfer«, erschienen Weihnachten 1895):

Der Hradschin

Schau so gerne die verwetterte
Stirn der alten Hofburg an;
schon der Blick des Kindes kletterte
dort hinan.

Und es grüßen selbst die eiligen
Moldauwellen den Hradschin,
von der Brücke sehn die Heiligen
ernst auf ihn.

Und die Türme schaun, die neueren,
alle zu des Veitsturms Knauf
wie die Kinderschar zum teueren
Vater auf.

72

Das ist allererst komisch, – und es bleibt komisch, auch wenn man vermerkt, daß selbst in diesen frömmelnd-andachtsvollen Banalitäten sich schon so etwas zeigt wie wenigstens eine Kralle der Löwenpranke: Denn die Reimkunst, die sich hier in Bindungen wie »verwetterte« : »kletterte« eher als tollkühn denn als kühn vorweist und die ihre Kapriolen wiederholt an den entsprechenden Stellen der beiden anderen Strophen (»eiligen« : »Heiligen« und »neueren« : »teueren«); diese von Gewaltsamkeit nicht freie Eleganz der kraft des Enjambements ineinander fließenden Verse (»verwetterte/Stirn«; »eiligen/Moldauwellen«), sie verweisen doch schon auf den Lyriker, der dieser spröden und sperrigen deutschen Sprache eines Tages hochartistische Ausdrucksqualitäten abgewinnt, die als sprachliche Wirklichkeit auch neue existentielle Wirklichkeiten setzen werden in neuen, bisher unbetretenen Dimensionen der Erfahrung.

Das, wie wir heute sagen: Selbstverständnis des eben zwanzigjährigen Dichters schlägt sich nieder in der »Selbstbiographie«, die er auf dessen Bitte dem Konrektor Brümmer, Herausgeber eines »Lexikons der deutschen Dichter und Prosaisten [!] des neunzehnten Jahrhunderts« unter dem 29. Januar 1896 übersendet:

»Ich entstamme, wenn ich alten Traditionen glaube, einem uradeligen, Kärntner Adelsgeschlecht. Gelehrte oder Dichter gab es unter meinen Vorfahren nicht. – Das Fabulieren hat mich weder Vater noch Mutter, wiewohl letztere poetische Anlagen besitzt, sondern früher Schmerz und herbe Erfahrung gelehrt. Mit zehen Jahren verließ ich das von Zwietracht zerspaltene Elternhaus. Mehr denn fünf Jahre härmte ich mich durch eine mir verhaßte Militärerziehung, um endlich in Hast die 8 Gymnasialklassen in drei Jahren voll unbeschreiblicher Mühsal zu überwinden – mit Auszeichnung, freilich wenig Lohn für die zerrüttete Gesundheit. An den Folgen leide ich immer noch.«

Und weiter folgt die Namenseintragung

»Rilke, René Maria Caesar«. Dann: »Mein Motto: *patior ut potiar*. Für die Gegenwart hege ich heißes Streben nach Licht, für die Zukunft eine Hoffnung und eine Furcht. Hoffnung: Inneren Frieden und Schaffensfreude. Furcht (als erblich nervös belastet): Wahnsinn!«

Folgt das staunenswerte Spektrum selbstverliehener Begabungen und Interessen:

»Ich bin tätig auf dem Gebiet des Dramas [...], Novelle und Skizze (viele Arbeiten zerstreut in mehr denn 20 Zeitschriften. Demnächst gesammelt), Lyrik, Psychodrama, Kritik etc. In Freistunden führe ich den Pinsel. Auch bin ich Improvisator.« (Werkausgabe 12, S. 1525f.)

Diese autobiographische Skizze ist stimmig, obschon vieles nicht stimmt. Wer hofft, daß die Selbsteinschätzung zumindest des »Improvisators« ironisch, gewissermaßen schelmisch mochte gemeint sein, ist auf falschem Weg: der Bereich des Komischen, des Witzigen und vor allem der des Humors waren damals so wenig Rilkes Sache wie sie es je wurden (Selbstironie freilich wird man hier und da in seinen Briefen angedeutet finden). Die Tradition des Seraphischen, des Verkündigens, des Rühmens, der Weisung und Verklärung, sie hat von Klopstock bis George wenig Raum gelassen für Lächeln und Lachen.

Erfunden das »Kärntner Adelsgeschlecht«, erfunden der dritte in der Trias hoheitsvoller Vornamen: Caesar. (Und unwillkürlich denkt man an einen anderen Caesar-Usurpator: »...O Caesar Divus,/Die Leiter leg ich an, an deinen Stern!« Der gedichtete Prinz von Homburg, mögen Welten ihn trennen vom authentischen Prager Bürgerssohn, wird versucht und umgetrieben von einem vergleichbar puerilen Geltungswahn, von vergleichbarer auftrumpfender Vermessenheit, die das vage Gefühl des Berufenseins verwechselt mit der die Berufung rechtfertigenden Würde.) Die Anfälligkeit für Edelmann und Edelfrau, für den hohen und mondänen Klang der großen Namen und das, was sie an Geschichte, Macht, Schönheit, Besitz, an Lebensmut und Lebensmüdigkeit repräsentieren: diese Anfälligkeit wird des falschen Caesar Konstitution lebenslänglich bestimmen und seine Lebensform dazu. Im übrigen fällt schon in diesen Zeilen auf, wie sich Leidensfähigkeit verbindet mit Wehleidigkeit, wie selbstbeklagende Ichversenkung sich verquickt mit Unsicherheit im Bereich des Stils und des Geschmacks. Auch diese Unsicherheit wird ihn lebenslang begleiten und ihn nötigen, jene beharrlich zu verklären, die personale Sicherheit als Haltung wie traumwandelnd praktizieren, weil sie sie mit ihrer Geschichte geerbt haben.

Solcher Mangel an Gewißheit der Balance spricht auch aus dem rührend-aberwitzigen lateinischen Motto (»Durch Leiden zum Herrschen«), spricht aus dem »Streben nach Licht«, der Begründung von Furcht und Hoffnung, der ausschweifenden Beschreibung des bisherigen Betätigungsfeldes. Spricht daraus, daß er zum Vergnügen nicht etwa malt, sondern »in Freistunden den Pinsel führt«. Nicht daß sie epigonal sind, die ersten Verse, nicht daß sie ungefestigt sind aus allzu geschickter früher Fertigkeit, macht sie schwer erträglich – sondern daß sie nichts sind als Schablonen, preziösem Ehrgeiz entstammend und nicht einer – wie auch immer gearteten – Erlebnissubstanz: (Wohl) im September 1896 (diese wie alle Datierungen danke ich Ernst Zinn, dem Herausgeber von Rilkes Werk, ohne dessen hingebungsvolle Genauigkeit des Wissens und Souveränität der Bildung in jeder Angabe verratende Leistung die Rilke-Forschung nicht vorstellbar ist) entstand das Gedicht

Iᴄʜ träume tief im Weingerank
mit meiner blonden Kleinen;
es bebt ihr Händchen, elfenschlank,
im heißen Zwang der meinen.

So wie ein gelbes Eichhorn huscht
das Licht hin im Reflexe,
und violetter Schatten tuscht
ins weiße Kleid ihr Kleckse.

In unsrer Brust liegt glückverschneit
goldsonniges Verstummen.
Da kommt in seinem Sammetkleid
ein Hummel Segen summen…

Neckische Klänge von der Musik-Walze, honigtönend und gefällig. Und der Gefahr, abzustürzen in die Untiefen des nichtstimmigen Bildes, der allzu schmiegsamen Fügung, der verfehlten Nuance wird auch der Rilke ausgesetzt bleiben, der als »später Rilke« bezeichnet wird und als der eigentliche Rilke gelten muß.

IV

Dieser eigentliche Rilke kommt zu sich in einer Kurve von staunenswerter Konsequenz. Über die »Frühen Gedichte« (die überarbeitete Fassung der Sammlung »Mir zur Feier« von 1899), über die rhapsodische Halb-Prosa des von Generationen mit zitternden Lippen psalmodierten »Cornets« (1904, redigiert 1906), über das »Stunden-Buch« (1905) und das »Buch der Bilder« (zuerst 1902) führt diese Kurve mit großer Entschiedenheit auf die »Neuen Gedichte« hin, die 1907 erschienen sind und deren raffiniert-schlichter Titel in einem sehr viel radikaleren Sinn zutrifft, als der erste Zublick vermuten läßt: Da ist in der Tat das Phänomen Gedicht ›neu‹ entstanden, da sind der Tradition der Themen und Formen und der sprachlich-klanglichen Fügung Möglichkeiten abgewonnen und transformiert eben zu »neuen« Gedichten, die bisher unerhört waren und ungehört. Man vergleiche das Kunststoff-Getändel der »blonden Kleinen« und ihres Liebsten im Weingerank mit dem Stoff aus Kunst, den das 1907 auf Capri entstandene »Liebes-Lied« darstellt – und dazwischen liegen Expeditionen und flüchtiges Ansiedeln, liegen München und Berlin, die beiden Rußlandreisen, Worpswede, (ab 1902) Paris, Skandinavien, Capri, und das wiederum heißt: inzwischen gab es Lou Andreas-Salomé; gab es Clara Westhoff und den Versuch einer Ehe; gab es Rodin.

WIE soll ich meine Seele halten, daß
sie nicht an deine rührt? Wie soll ich sie
hinheben über dich zu andern Dingen?

Ach gerne möcht ich sie bei irgendwas
Verlorenem im Dunkel unterbringen
an einer fremden stillen Stelle, die
nicht weiterschwingt, wenn deine Tiefen schwingen.
Doch alles was uns anrührt, dich und mich,
nimmt uns zusammen wie ein Bogenstrich,
der aus zwei Saiten *eine* Stimme zieht.
Auf welches Instrument sind wir gespannt?
Und welcher Geiger hat uns in der Hand?
O süßes Lied.

Gewiß offenbart sich da Zeitverhaftung, die nichtverschämte
Gestik des Jugendstils und ihre unverblümt blümelnde Lust am
Dekorativen und manches Schwebend-Ungefähre. Aber die
Virtuosität der liebend sich verschlingenden Reime, die Triftigkeit des unvergeßlichen Bildes von den zwei Saiten und der
einen Stimme bezeugen einen Dichter, der nunmehr aus der
deutschen Sprache Stimmen ziehen wird, die sie anders machen als sie bisher war, die niemandem erlauben, das hiermit
erreichte Niveau zu unterschreiten, die aber in ihrer Artistik
zugleich die verderblichste Lockung sind, der nachgeborene
Lyriker je ausgesetzt waren.

Wie sieht er sich jetzt, 1906, in seinem »Selbstbildnis« (aus
den »Neuen Gedichten«)? »Des alten lange adligen Geschlechtes« – von dieser mit Fleiß erfundenen Legende seiner
selbst also kann er sich noch nicht trennen,

DES alten lange adligen Geschlechtes
Feststehendes im Augenbogenbau.
Im Blicke noch der Kindheit Angst und Blau
und Demut da und dort, nicht eines Knechtes
doch eines Dienenden und einer Frau.
Der Mund als Mund gemacht, groß und genau,
nicht überredend, aber ein Gerechtes
Aussagendes. Die Stirne ohne Schlechtes
und gern im Schatten stiller Niederschau.

Das, als Zusammenhang, erst nur geahnt;
noch nie im Leiden oder im Gelingen
zusammengefaßt zu dauerndem Durchdringen,
doch so, als wäre mit zerstreuten Dingen
von fern ein Ernstes, Wirkliches geplant.

Narziß, vornübergebeugt schwankend vor selbstverliebter Bespiegelung in schwankender Materie, aber anders ging es aus als mit Narziß, ging aus, wie die letzten dieser raffiniert reimenden Verse prophezeien: mit der Herstellung von etwas Ernstem und Wirklichem.

In das Bild der Verklärung ist offensichtlich doch mancher konkrete Zug eingegangen. Man kann es nachprüfen anhand der Jugendbildnisse, kann es nachprüfen noch in der Schilderung, die Jean Rudolf von Salis gibt, zweieinhalb Jahre vor Rilkes Tod:

»Der große Kopf auf den schmalen Schultern war überwölbt von einer wunderbar geformten Stirn; unter schweren Lidern blickten malvenblaue Augen; die starke Nase lief in breiten Nüstern aus. Ein schütterer dunkler Schnurrbart milderte den Eindruck der fleischigen Lippen; ein kleines Kinn mit einem Grübchen bildete den runden Abschluß der Wangen. Ein bewegliches Mienenspiel, eine anmutige Männlichkeit verrieten die Sensibilität dieses Menschen. Wenn man länger mit ihm zusammen war, konnte man erraten, daß Dämonen hinter diesem ausdrucksvollen Antlitz lauerten[2].«

Die Dämonen werden wir noch klarer zu fassen versuchen. Sie sind gemeint mit dem altgriechischen Motto über dem »Marien-Leben« (1912): ζάλην ἔνδοθεν ἔχων, das heißt:
»Den Sturm innen habend«.

V

Übrigens wird auch eine mit aller Vorsicht verfahrende Physiognomik diesen Zügen einen wesentlichen Beitrag dessen entnehmen, was Mit- und Nachwelt gern ignorierten an diesem

Manne, oft ignorieren wollten: seine Sinnlichkeit. Der ständige, oft qualvolle Versuch ihrer Sublimierung, ihrer Übersetzung in das ›Werk‹ ist ebenso unbezweifelbar, wie unbezweifelbar ist, daß erst einmal vorhanden sein muß, was da sublimiert wird.

Sinnlichkeit, wie sie sich auch ausdrückt in den Lineaturen seiner kalligraphisch organisierten Handschrift. Sinnlichkeit, die, weil als banal empfunden, getarnt und verdrängt wird, wenn es um so schlichte Dinge wie Nahrungsaufnahme geht: Als Rilke, in einem in der Tat wunderbaren Sturm der Kreativität, Februar 1922 auf Muzot nach langem qualvollen Verstummen die »Duineser Elegien« abschließt, ihre »Bruchränder« verfugend und ihren Großteil überhaupt erst verfassend, und die »Sonette an Orpheus« dazu, – da meldet er die Vollendung seiner noblen Mäzenatin, der Fürstin Marie von Thurn und Taxis. Meldet sie in einer Art hymnischer Exklamation, die zum Zweck der Erklärung des Unerklärbaren ihre Zuflucht nimmt zur platonischen μανία-Lehre, der Vorstellung von dem gewaltsamen Musenkuß, der Raserei des Inspirierten, der nurmehr Werkzeug ist und Zunge:
»Endlich,
       Fürstin,
    endlich, der gesegnete, wie gesegnete Tag, da ich Ihnen den Abschluß – soweit ich sehe – der
       Elegien
       anzeigen kann:
       Zehn!
[.....]
    Alles in ein paar Tagen, es war ein namenloser Sturm, ein Orkan im Geist (wie *damals* auf *Duino*), alles was Faser in mir ist und Geweb, hat gekracht –, an Essen war nie zu denken, Gott weiß, wer mich genährt hat.
    Aber nun ists. Ist. Ist.
      Amen.«
Kein Grund zum Spott, Erarbeitung und Vollendung eines Werks sind Vorgänge von der Art, wie sie selbst einen Schwerfälligen rasen machen kann und ihn in Zungen reden lassen.

Bezeichnend freilich ist, wie auch in diesem Zustand der Entrückung und Begeisterung die meißelnde Hand der Selbststilisierung am Werk ist. Der Gott tobt in seinem Erwählten und entringt ihn aller Fleischlichkeit, hier ist nurmehr Prophetie und Sendung und religiöse Inbrunst (»Amen«), – und »an Essen war nie zu denken, Gott weiß, wer mich genährt hat«? Außer Gott weiß es auch Frida Baumgartner, die zur Pflege von des Dichters äußerem Leben engagierte Haushälterin, ein treuherziges Walliser Kind, und so hat sie denn einen sie Befragenden schlicht beschieden:

»Ich [...] habe ihn genährt. Es mag allerdings sein, daß er es kaum gemerkt hat in diesen Tagen. Sein Appetit war aber nicht schlechter als sonst.« (Er war auch sonst nicht schlecht.) Diese Szene ist nicht nur um ihrer drastischen Ironie willen bemerkenswert. Vielmehr ist sie symptomatisch für ein Rilke-Selbstverständnis und -Verständnis, das an den Kern seiner Existenz rührt, und das heißt eben auch: seines Dichtens.

Rilke hat mit beispielloser Konsequenz den Typus des »reinen Dichters« gelebt. Hat zeitlebens danach getrachtet, die Schlakken irdischer, körperlicher Materie abzutun und sie zu transformieren in das Werk, das Kunstwerk. Er hat nicht die Kunst hineingenommen in das Leben, sondern hat das Leben, sein Leben, stilisiert zum Kunstwerk. Die Vita wird zum Artefakt.

Und das ist, bis auf den heutigen Tag, seine Bedeutung.

Das *Mittel* zum Gelingen solchen gewaltigen Umwandlungsprozesses: *Arbeit.*

Der *Preis:* Verzicht auf Mitmenschlichkeit, Verzicht also auf die Verstrickung intensiver und intimer Art, die man »Liebe« nennt; aber auch »Freundschaft«. Verzicht auf fundamentale Kategorien des Humanum.

Rilke, so viele Frauen ihm bis zur Selbstaufgabe angehangen haben, ist nie ein wahrhaft Liebender gewesen. Damit ist gemeint: einer, der um des andern willen sich preiszugeben bereit gewesen wäre; sich mit ihm dauerhaft (und die zugemessene Ration an Welt teilend) vereint hätte. Frauen waren ihm Mütter, waren ihm, was seine eigene Mutter, die ambitiöse und bigotte Bürgerstochter Phia, ihm nicht gewesen war: Modell, Hilfe, Weisung, Bergung. Die beiden wichtigsten Frauen in seinem Leben, die genialisch-schillernde Lou Andreas-Salomé (die auch Nietzsches und Freuds Wege begleitet), und die fürstliche Schutzgöttin Marie von Thurn und Taxis, sie waren fünfzehn und zwanzig Jahre älter als er. Die Ehe, die er 1901 mit der Bildhauerin aus Bremen, Clara Westhoff, einging, redlich die Begründung einer bürgerlichen Existenz suchend, vermag er, vermag ihn nach anderthalb Jahren nicht mehr zu halten. Von nun an wird sein Weg gesäumt sein von Frauen, die ihm allerwege Rosen zu streuen beflissen sind, adlig die meisten, Gräfinnen zumal; die ihn behausen und nähren und ihm Briefe schreiben, dadurch ihn unermüdlich zu Briefen und mehr Briefen stimulierend, – Dokumente, die ihrerseits alles andere sind als private Mitteilungen, vielmehr durchaus Bruchstücke seiner großen Konfession. Man weiß, in welch hohem und peinvollem Maße sein »Malte« autobiographisch grundiert ist, – weshalb er sich fast ängstlich von ihm distanziert hat, und man denkt an die berühmte Verszeile: »Ach, in meinen Armen hab ich sie alle verloren...« Das verzweifelt gesuchte »Du« aber, die Magna Mater, Madonna, Schwester und Geliebte, geht über in eine Mystik der Fruchtbarkeit und des Schoßes, die ihrerseits Werkmystik ist, Sehnsucht, in allem aufzugehen, sich auszubreiten in dem, was er »Weltinnenraum« nennt, in dem, was er »Gott« nennt oder »Engel«. Das ist es, was ihn in seinem »Testament« vom April 1921 (es ist 1974 erst publiziert worden) *Kunst* definieren läßt als »die Leidenschaft zum Ganzen. Ihr Ergebnis: Gleichmuth und Gleichgewicht des Vollzähligen[3].«

VI

Das Grundproblem aller Kunst ist: wie sie ihr Verhältnis zum Leben herstellt. Da sie ja auf keine Weise mit dem Leben identisch ist – was sie überflüssig machen würde. Noch dem Leben, es aufhebend, entgegengesetzt – was das Leben überflüssig machen würde. Vielmehr ist Kunst eine Form von konkurrierendem Leben. Um dieses Thema kreisen die kunsttheoretischen Spekulationen des Abendlands von Platon und Aristoteles über den Universalienstreit der Scholastik, Lessings »Laokoon«, Kants Kritiken der Urteilskraft und der reinen Vernunft, über Wagners artistisch-existentiellen Totalitätsanspruch bis hin zu dem Rilkes. Wie ist der naturgegebene Antagonismus – der doch keine Antinomie ist – von Kunst und Leben zu schlichten, wie ist er auszugleichen oder zu wessen Gunsten kann er entschieden, auf welche Weise ›aufgehoben‹ werden?

Rilkes Versuch, das Leben als Kunstwerk zu führen, sich aufzulösen in der artistischen Materie, sich aufzuheben durch Kunst, ist geknüpft an eine bestimmte Technik der Verwirklichung dieser Vorstellung. Diese Technik führt einen sehr einfachen und durch die Geschichte vor allem der protestantischen Ethik geadelten Namen: Arbeit.

Dieses Konzept hat er nicht selbst entwickelt – wie es denn überhaupt Wesenszug seines Genies ist, daß ihm jeweils zum rechten Augenblick die ihm angemessene, ihm zugemessene Hilfe und Erleuchtung kommt: Er ist, auch in allen Qualen der Retardation, der fruchtlos scheinenden Wartezeiten, ein Virtuos des *Kairós*.

»il faut travailler, rien que travailler. Et il faut avoir patience«: So der große Rodin zu Rilke, der ihn 1902 in seinem Atelier aufsucht. Rodin ist ihm die Materialisation der Arbeit im Umgang mit der Materie, reines Werkzeug, das rein bleibt durch Verzicht auf Leben. Im gleichen Brief an Clara Westhoff vom 5. September 1902 heißt es: »Das erste war, daß er seiner Kunst ein neues Grundelement entdeckt hatte, das zweite, daß er vom Leben nichts mehr wollte, als sich ganz und alles Seine durch dieses Element auszudrücken.« Sich und alles Seine durch das Element Kunst ausdrücken: Das ist die Rilke definierende Formel.

Rilke hat nie ein Verhältnis zu Männern, zum Manne gehabt. Rudolf Kaßner, Philosoph und Essayist und einer der wenigen

Gesprächspartner jenes Mannes, der dem männlichen den Umgang mit Frauen und Kindern vorzog und den mittelbaren Kontakt des Briefwechsels favorisierte, Kaßner stellt schlicht fest: »Er sah überhaupt den Mann nicht ein.« Das ist so richtig, wie ein Aperçu richtig sein kann, – den großen Bildhauer indessen hat Rilke eingesehen. Oder, um genauer zu sein: Er hat präzis eingesehen, was ihm Rodin bedeuten konnte, bedeutete, von dem er sich schließlich hadernd trennte, dem er aber zeitlebens dankbare Verehrung bewahrte. Nämlich die Entdeckung »der Dinge«. *Rilke und die Dinge,* das klingt preziös und wolkig wie so vieles in der Aura dieses Dichters. Es meint aber im Gegenteil etwas sehr Konkretes, nämlich den Verzicht auf die verschwommenen Zärtlichkeiten der gereimten Gefühle, auf die schmeichelnden Orgien der leisen Wortmusik als Selbstzweck, Verzicht auf die künstliche Vorstellung raffinierter Reize und auf das Arrangement dekorativer Visionen, wie sie die frühe Lyrik beherrschen. Das »Ding-Gedicht« der »Neuen Gedichte« von 1907 faßt an, faßt auf, erfaßt den Gegenstand mit einer Genauigkeit, die ihm bisher vorenthalten war und die ihn durch die sensuelle Entsprechung seiner selbst in der ihm einzig treffenden wörtlichen Nuance neu und ›eigentlich‹ erschafft. Rilkes »Element«, die Sprache, ist jetzt zum absoluten Instrument seiner selbst geworden.

Der Panther

Im Jardin des Plantes, Paris

Sein Blick ist vom Vorübergehn der Stäbe
so müd geworden, daß er nichts mehr hält.
Ihm ist, als ob es tausend Stäbe gäbe
und hinter tausend Stäben keine Welt.

Der weiche Gang geschmeidig starker Schritte,
der sich im allerkleinsten Kreise dreht,
ist wie ein Tanz von Kraft um eine Mitte,
in der betäubt ein großer Wille steht.

Nur manchmal schiebt der Vorhang der Pupille
sich lautlos auf –. Dann geht ein Bild hinein,
geht durch der Glieder angespannte Stille –
und hört im Herzen auf zu sein.

Da ist die Genauigkeit der Beobachtung in eine Genauigkeit
der Beschreibung umgesetzt, die nicht mehr Annäherung ist
und nicht mehr Deckung, sondern Neuschöpfung von Materie.
Ein Prozeß, der nicht um seiner selbst willen statthat, sondern
der die Veränderung, Verwandlung, der, religiös ausgedrückt
(was bei Rilke nicht nur erlaubt ist sondern geboten), die Erlösung will. So in einem zweiten berühmten Gedicht, das »Der
Neuen Gedichte anderen Teil« (1908) eröffnet, auf die Widmung »A mon grand Ami Auguste Rodin« folgend:

Archaischer Torso Apollos

WIR kannten nicht sein unerhörtes Haupt,
darin die Augenäpfel reiften. Aber
sein Torso glüht noch wie ein Kandelaber,
in dem sein Schauen, nur zurückgeschraubt,

sich hält und glänzt. Sonst könnte nicht der Bug
der Brust dich blenden, und im leisen Drehen
der Lenden könnte nicht ein Lächeln gehen
zu jener Mitte, die die Zeugung trug.

Sonst stünde dieser Stein entstellt und kurz
unter der Schultern durchsichtigem Sturz
und flimmerte nicht so wie Raubtierfelle;

und bräche nicht aus allen seinen Rändern
aus wie ein Stern: denn da ist keine Stelle,
die dich nicht sieht. Du mußt dein Leben ändern.

Die Schlußwendung ist deshalb genial, weil aus der minutiös
nachtastenden Beschreibung des göttlichen Fragments, die bis

84

zur letzten Halbzeile sich selbst genug ist, in radikaler Entschiedenheit und Wendung schockartig die Konsequenz einer ästhetischen Anthropologie herausbricht: Kunst fordert Leben, Kunst verwandelt Leben.

VII

Versuch, sich als Kunstwerk zu leben, zu erleben. Das kann nicht abgehen ohne Rücksichtslosigkeit, ohne Grausamkeit. Zwar wohl auch gegen sich selbst, gewiß aber gegen andere. Das heißt bei Rilke: gegen Frauen. Nie hat er *sich* die Leidenschaft erlaubt, die er in ihnen oft entzündete (und an der er sich oft genug, um im Bilde zu bleiben, erwärmte). Nie hat er sich dem Rausch, der Lust und der Gefahr einer Passion gänzlich hingegeben. Immer hat er sich zurückgenommen, sich geschont für sich selbst, für sein Werk, seine Vorstellung von seinem Werk. Wenngleich man eine Beigabe von Masochismus, vielleicht auch von Koketterie in jenem Selbstzeugnis mithören muß, das ihn da über Frauen sagen läßt: »Sie können ja nicht wissen, wie wenig Müh, im Grunde, ich mir mit ihnen gebe, und welcher Rücksichtslosigkeit ich fähig bin.«

Es ist aber so, daß der beharrliche und durch nichts beirrte Glaube an Sendung und Werk gewissermaßen organisch jene Haltung verleiht, die unter uns »Rücksichtslosigkeit« heißt. Er, der von peinvoller Gefühligkeit sein kann, wenn es etwa darum geht, die Saiten der Freigebigkeit in einem Partner schwingen zu machen, so daß er am Weihnachtsabend 1919 auf die Chance einer neuerlich gebotenen Gastfreundschaft hin zu schreiben vermag: »Gnädigste Frau, dieser neue Vorschlag... Die Stimme sagt mir innen: das ists, das ists, wenn sie nicht irrt –; aber wie sollte sie irren in der Weihnachtsnacht?«, – also dieser nicht nur das Sentiment, sondern die billige Sentimentalität nicht immer scheuende Mann war sehr unsentimental den Größen gegenüber, die von seinen Zeitgenossen mit freilich allzuviel Gefühl bedacht wurden: Vaterland und Kameradschaft und Heldenmut zum Beispiel. Das Empfinden, Teilhaber eines Generationsschicksals zu sein, hat er allenfalls aus der Distanz gehabt. Das mag auch damit zusammenhängen, daß ihm, wie Kaßner zu Recht feststellt, jedes Gefühl für Geschichte und für das Geschichtliche fehlt: An die Stelle ihres zeitlichen Raumes setzt er seinen »Weltinnenraum« als den zeitlosen Ort des eigentlichen Geschehens. In dem übrigens auch die Musik und der Humor keinen Platz haben: dies die drei großen Defekte seines Sensoriums. (Mag sein, daß auch das gelegentliche Sympathisieren mit Mussolinis Faschismus dem Mangel an geschichtlichem Sinn anzukreiden ist.)

Zu Ausbruch des Krieges 1914 ist er, eigentlich in Paris ansässig, eben in München. Da muß er nun bleiben und tut es ingrimmig und von Produktionshemmungen gefoltert

(An Leopold von Schlözer, 21.1.1920):

»Ich war fast alle Jahre des Krieges, par hasard plutôt, abwartend in München, immer denkend, es müsse ein Ende nehmen, nicht begreifend, nicht begreifend, nicht begreifend! *Nicht zu begreifen:* ja, das war meine ganze Beschäftigung diese Jahre, ich kann Ihnen versichern, sie war nicht einfach!« Das wird man ihm glauben wollen, an seiner Leidensfähigkeit soll nicht gezweifelt werden, dennoch ist man versucht zu fragen, wie wohl des Dichters Landsleute im Graben welcher Front auch immer über dieses »nicht einfach« mögen gedacht haben, oder, wenn dieser Gedanke allzu billig gedacht sein sollte, wie etwa Ernst Jünger, der doch auch ein subtiler Schöngeist war und ein Artist. Von eben dieser Art der ›Rücksichtslosigkeit‹ zeugen auch jene gestelzten Passagen im »Testament«, die der Dichter – von sich in der dritten Person sprechend – seinem Kriegserlebnis widmet:

»Der einzige Versuch zur Wiederaufnahme seiner durch Enteignung des ganzen natürlichen Lebens unterbrochenen Arbeiten fand ein jähes Ende in seiner Einberufung zu einem Landwehr-Regiment, durch welchen Zwang ihm eine widerwärtige und nun erst recht verlorene Frist in der Hauptstadt des über ihn verfügenden Landes zugemutet wurde. Nach vielen Monaten aus diesen untätigen Verpflichtungen befreit und in den Wohnsitz seines Abwartens wieder zurückgekehrt, fehlte es ihm an jener inneren Klarheit und Freiheit, in der allein seine unbeschreibliche Arbeit gedeihen konnte.«

Nur mit verdeckender Gebärde wird hier das Unsägliche gesagt, Wien nicht beim Namen genannt und München auch nicht, und was die »vielen Monate« angeht, so waren es ihrer sechs: Schreibstubendienst, eine Konzession, ihm durch Fürsorge von oben geschenkt. Wie denn überhaupt höhere Fürsorge ihn lebenslänglich vor den banalen Nöten der Realität behutsam abgeschirmt hat, vor den Sorgen um Behausung und Nahrung und Wärme. Weiter verkündet das »Testament«:

»Schließlich, als der Krieg schon in die diffuse Unordnung revolutionärer Zuckungen übergesprungen war und er auch noch diese Sinnlosigkeit, indem er Mallarmé übersetzte, einigermaßen sich vom Körper hielt, gelang es ihm auf die Einladung zu Vorträgen hin, die längst ganz und gar verleidete Stadt und seine dortige, beinah öffentliche Wohnung – so sehr war sie von den Besuchen Fremder und Halbbekannter heimgesucht – zu verlassen, um dem erwünschten Rufe in ein anderes, übrigens in den Wirren der letzten Jahre unparteiisches und hülfreiches Land, zu folgen.«

Das war 1919, und Rilke ist nie wieder nach Deutschland zurückgekehrt. Vor den Widrigkeiten der Zeit verbarrikadiert er sich mit Mallarmé, und über den abenteuerlichen Glücksumstand, aus einem dunklen, hungernden und leidenden Lande mit Hilfe großmächtiger Gönner in ein Friedensparadies übersiedeln zu können, verliert er kein dankfrohes Wort: Ästhetizismus in reiner Egozentrik, darum geschlagen die Robe eines zeremoniösen Kanzlei-Stils (»sein Wohnsitz war ein wechselnder«). Eine Lebensform der Fragwürdigkeit, die in der Tat, *wenn* sie sich rechtfertigen will, nur gerechtfertigt werden kann durch ihre Verabsolutierung und Sakralisierung.

Doch ist das nur die halbe Wahrheit. Denn es wird nötig sein, das »Testament« – wie so viele Selbstzeugnisse Rilkes – als stilisiertes Konzentrat seiner damaligen Existenz und ihrer seelischen, um die Vollendung der »Elegien« ringenden Befindlichkeit aufzufassen. Schon die Versetzung in die dritte Person bezeugt den Abstand zur eigenen Person, der auch einen Abstand zur politischen und sozialen Wirklichkeit der damaligen Gegenwart unterstellt, der nicht der Rilkes war. Im Gegenteil bekunden vor allem seine Briefe jener Zeit, wie sehr ihn die November-Revolution mit pragmatischen Hoffnungen erfüllte, wie engagiert er die politischen Veränderungen verfolgte und daß in Rilkes Wohnung sich oft ein Kreis politischer Idealisten und Ideologen redend und Rat suchend einfand, zu dem etwa auch Ernst Toller und Alfred Kurella gehörten. Nach Eisners Ermordung und dem Sturz der Räterepublik hat offenbar der »weiße Terror« ihn als »Bolschewisten« verdächtigt, drangsaliert und gefährdet, und es scheint, als ob diese Erfahrungen nicht unbeteiligt gewesen seien an der zunehmenden Entfremdung von München, an dem Entschluß, die ungeliebte Stadt und das ungeliebte Deutschland, »mit dem er nur durch die Sprache zusammenhing«, nicht nur zu verlassen sondern endgültig zu verlassen (was am 11. Juni 1919 geschah). (Über Rilkes Lebensumstände in jenen Monaten unterrichtet am besten die Lektüre der entsprechenden Passagen in Ingeborg Schnacks »Rilke Chronik«, Band 2, S. 607–643.)

VIII

Mystisch-magisch verklärende Verunklärung Rilkes und seines Werkes war sein Schicksal. Privat-persönliche Erinnerungsbücher hier wie die sich wissenschaftlich aufführende Literatur da gaben sich lustvoll dem Tempeldienst an dem Gerühmten-Berühmten hin. Seine großen Spätwerke (denn wer wollte von »Alterswerken« reden bei einem, den mit eben 51 Jahren Leukämie qualvoll hinweggraffte) werden nicht nur von Kennern für seine bedeutendsten Dichtungen gehalten, sondern von seinen Verehrern als Botschaft religiösen Ranges glorifiziert: Die »Duineser Elegien« in ihrem an Hölderlin sich aufrichtenden pathetischen Sprachgestus und die zuchtvollpreziösen »Sonette an Orpheus«, ihre Rühmung des Sängers und seines Leben-Tod-Mysteriums. Es gibt eine Reihe, eine Gruppe von Begriffen, die als Schlüsselwörter für Rilke und sein Schaffen gelten und die ihre wichtige Stelle vor allem in diesen letzten Dichtungen einnehmen: *Gott; Tod* (und ›*eigener Tod*‹); *Ding* und *Dinge*; der *Engel* (der kein christlich vorzustellender ist); *Rühmung*; *Dasein*; *Arbeit*; das *Ganze*; *Weltinnenraum.*

Es gibt ferner jenseits der hagiographischen Adoration der Gemeindediener Versuche wissenschaftlicher Aufschlüsselung dieser Dichtungen und der sie tragenden Begriffe: Ich erwähne – für mannigfache Belehrung dankbar – die Werke von Allemann, Fülleborn, Jacob Steiner, Mörchen, Holthusen, Demetz. In den späten Dichtungen Rilkes aber ist wohl mehr Mythos, Mystik und Magie verrätselt und verborgen, als aus ihnen erlöst werden kann. Sie sind, ihrer prophetisch-vereinnahmenden Gebärde zum Trotz, sehr einsame Dichtungen eines Einsamen, und seine Briefe zeigen (vor allem die an seinen polnischen Übersetzer), wie schwer er sich tat mit dem Versuch einer »Erklärung«. Es sind mythische Chiffren, dem zugeschrieben, der sie schrieb. Vielleicht daß sie wie Rumpelstilzchen ihre Wesenskraft verlieren, wenn man sie beim Namen nennt, daß sie in Asche abfallen wie der Feuerreiter, wenn man sie berührt? Wahrsagungen gewiß – doch wahr für wen? Dichtungen, mit deren Hilfe der Dichter nicht die Welt verändern, nicht einmal beeinflussen will – sondern nur sich wandeln, sich selbst vollenden. Das kann groß sein und schön und erschütternd auch, aber es ist der Welt und der Gesellschaft hundert und mehr Jahre nach Rilkes Geburt befremdlich und fern. Sie kennt nicht nur Hekuba nicht, sie will ihr auch die Träne nicht opfern.

IX

Der »späte Rilke« aber ist nicht der ganze späte Rilke. In seinem Nachlaß hat man Gedichte gefunden, die von anderer Art sind, wenngleich auch sie allermeist den letzten Jahren ent-

stammen. Die bar sind jener schwankenden Verschwommen-
heiten, die oftmals, erstaunlich genug, stiltypisch sind für den,
der da doch das eherne Wort von dem Dichter, der das Ungefähre hasse, gesagt hat. Die frei sind von den Schwingungen des
Vagen, des Ambivalenten, des »Irgendwie« und »Irgendwo«,
frei sind von all den verschwimmenden Halbfarben und diffu-
sen Halbwerten, die zum Sprachmerkmal der Rilke-Nachfolge
wurden und ganze Konversations-Modelle hervorgebracht
haben: Das *Wissen um* ...; das *gute Gespräch*. Diese preziösen
Armaturen einer Teegeplauder-Kultur sind weggefegt in Gebilden des direkten Zeigens, Gebilden von souveräner, von
kindlich-raffinierter Unbefangenheit wie den »Sieben Gedichten« aus dem Spätherbst 1915, die kühn das phallische Wunder beschwören[4]; sind aufgehoben etwa in der »Wendung«
(1914: »Lange errang er's im Anschaun«), eben der Wendung
vom »Werk des Gesichts« hin zum »Herz-Werk«: »Denn des
Anschauns ist eine Grenze«, – das kündet von der Preisgabe
mystischer Ichbespiegelung und einer Bereitschaft zur kristallenen Härte der Auseinandersetzung mit dem ganz anderen,
dem Tod. Ihm, dem Tod, gilt ein Gedicht von änigmatischer
Schärfe aus dem November 1915, expressionistische Töne
aufnehmend (die Rilke sonst nicht wesentlich berührt haben):

Der Tod

DA steht der Tod, ein bläulicher Absud
in einer Tasse ohne Untersatz.
Ein wunderlicher Platz für eine Tasse:
steht auf dem Rücken einer Hand. Ganz gut
erkennt man noch an dem glasierten Schwung
den Bruch des Henkels. Staubig. Und: ›Hoff-nung‹
an ihrem Bug in aufgebrauchter Schrift.

Das hat der Trinker, den der Trank betrifft,
bei einem fernen Frühstück ab-gelesen.
Was sind denn das für Wesen,
die man zuletzt wegschrecken muß mit Gift?

Blieben sie sonst? Sind sie denn hier vernarrt
in dieses Essen voller Hindernis?
Man muß ihnen die harte Gegenwart
ausnehmen, wie ein künstliches Gebiß.
Dann lallen sie. Gelall, Gelall . . . . . .
. . . .

O Sternenfall,
von einer Brücke einmal eingesehn –:
Dich nicht vergessen. Stehn![5]

X

Um einen Rilke von Innen bittend, umringte die auf Distanz
gehaltene und doch dringlich benötigte Gemeinde ihr Idol –
und reichlich wurde ihr gewährt. Ein halbes Jahrhundert nach
seinem Tod aber erwartet sich der gemeindefreie Leser nicht
mehr die süßen Wonnen betörender Wortmusik, nicht mehr
den prophetischen Gestus einer mystisch-magischen Hoch-
ton-Hymnik. Vielleicht, daß der neue Rilke dem neuen Leser
nicht im Weltinnenraum begegnen wird, sondern im Raum einer Ausdruckswelt, die ihm »die Dinge« zeigt und ihren Ort,
und sie damit neu zeigt, und damit neu macht.

Anmerkungen

1) Hans Egon Holthusen, »Der Dichter und der Löwe von Toledo«, in:
»Kreiselkompaß. Kritische Versuche zur Literatur der Epoche«, 1976, S.
138–160. – In diesem Zusammenhang verweise ich auch auf Holthusens
Rilke-Darstellung in rowohlts monographien Bd. 22, 1958 u.ö., der meine
Überlegungen vieles verdanken.
2) Jean Rudolf von Salis, »Grenzüberschreitungen. Ein Lebensbericht.« Erster Teil 1901–1939, 1975, S. 200f.
3) 1974 hg. von Ernst Zinn, S. 95
4) »diese fatalen ›Sieben Gedichte‹ aus dem Spätherbst 1915, in denen die
Auferstehungen, die Himmelfahrten und Grablegungen des menschlichen
Phallus – mit bewußt blasphemisch gemeinter Verwechslung der Sphären –

besungen werden: ein Alptraum von Geschmacklosigkeit, den Rilke zwar nie veröffentlicht, aber eben auch nicht vernichtet hat«: Holthusen S. 153. Dagegen vgl. Siegfried Unselds Untersuchung »Das ›Tagebuch‹ Goethes und Rilkes ›Sieben Gedichte‹«, 1978 (= Insel-Bücherei Nr. 1000), die kühn eine Brücke schlägt von Rilkes architektonischer Hymnik zu Goethes anmutig-ironischer Erotik in strengen Stanzen.

5) Hier bleibt vieles rätselhaft, nicht nur die nicht ausgeschriebenen Zeilen. Die große Ausgabe der »Sämtlichen Werke« verzichtet auf eine helfende Anmerkung. – Da übrigens das ganze Gedicht konsequent sich auf Reime stützt, überlegt der Philologe, ob die allein ungereimten Verse 2 und 3 nicht mit Hilfe des »Platz« im Innern von 3 (:»–satz«) hätten gebunden werden sollen?

Das Pathos der Mitte

Thomas Mann oder: Literatur als Leistung

I

Er hatte das Format des neunzehnten Jahrhunderts, dieser Rie-
se, der epische Lasten trug, unter denen das soviel schmächtigere
und kürzer atmende Geschlecht von heute zerknicken würde.

Worte zur Feier des hundertsten Geburtstags. Der sich hier
selber angesichts der Atlas-Mächtigkeit zu den Schmächtigen
zählt, war doch stark genug, um bewundern zu können: Thomas Mann, Leo Tolstoi rühmend (1928). Und was den kürze-
ren Atem angeht, so liefern Zahlen einen nützlichen Kommentar (entnommen dem Band von Wolfgang Mertz: »Thomas
Mann – Wirkung und Gegenwart«, 1975). In der Gesamtausgabe, dreizehn Bände bei Fischer, nehmen Thomas Manns
Werke 11 715 Seiten ein. Die Zahl der von ihm zeit seines Lebens geschriebenen Briefe schätzt man auf 24 000 (davon ist
bisher etwa ein Sechstel publiziert). Was schließlich die Verbreitung angeht, so stehe ein Exempel für das Ganze: Die
»Buddenbrooks« sind deutsch in mehr als vier Millionen Ex-
emplaren unter den Leuten, und fremdsprachige Ausgaben
gibt es in zweiunddreißig Ländern.

Das kann selbst neben der abundanten Masse Tolstoi bestehen.

Ertrag eines achtzigjährigen Lebens, von dem ich nicht wagen würde zu fragen, ob es gemäß eigenem Verständnis köstlich gewesen ist; von dem wir sicher sein dürfen, daß es Mühe
und Arbeit gewesen ist. Ein Bürger, gewiß; ein Besitzbürger
gar, einer Familie entstammend, die etwas hielt von Familie
und Tradition, verheiratet mit einer Tochter aus reichem Hause, zeitlebens unbehelligt von materiellen Nöten.

Denkwürdige Zeitsituation, in der das Mißverständnis sich durchsetzen kann, es sei eines Menschen Leidensfähigkeit eine Funktion seiner sozialen Umstände. Denkwürdig, weil man in der Tat die Einsicht als Fortschritt begreifen muß, die da Leistung und Leiden auch als Funktion der sozialen Position begreift. Denkwürdig, weil eben diese Einsicht ganz offenbar sich anschickt, die nicht minder treffende Erfahrung zu verdrängen, die da Schmerz, Verzweiflung, Einsamkeit und Not sich entfalten läßt unabhängig von ökonomischen Bedingungen, ja auch innerhalb der günstigsten ökonomischen Bedingungen: bis schließlich hin zu der extremen Verfassung dessen, der kraft der Privilegien-Gaben Bildung, Wissen, Kennerschaft einem höheren Maß von Irritabilität, von Schmerzbereitschaft und Leidensdruck ausgesetzt ist. Um es mit dem Prediger Salomo zu sagen, den Schopenhauer liebte: *Eo quod in multa sapientia multa sit indignatio; et qui addit scientiam, addit et laborem.* Was bei Luther heißt: »Denn wo viel Weisheit ist, da ist viel Grämens, und wer viel lernt, der muß viel leiden.« Es ist also richtig, bei Betrachtung Mozarts und Schuberts, Schillers, Büchners, Heines und Hebbels die Dürftigkeit ihrer Lebensumstände in Anschlag zu bringen – so wie es richtig ist, den materiellen Wohlstand sein Wort mitsprechen zu lassen, wenn es um die Würdigung der Voraussetzungen Goethes und Hofmannsthals oder Brechts geht. Unrichtig und durchaus fehlgreifend aber verfährt eine Betrachtung, die Leiden und Größe der Meister klein macht oder erhaben, je nach dem Üppigkeits- oder Armutsgrad ihrer materiellen Lebensführung. Das Sein prägt das Bewußtsein? Oder ist es der Geist, der sich den Körper baut? Vermitteln kann zwischen derart radikalen Positionen nur Ironie – von der noch die Rede sein wird.

Binsenweisheiten – aber es scheint, als ob an sie erinnert werden müsse angesichts einer Urteilsanmaßung, die Wert und Unwert eines Dichters und seiner Leistung abhängig machen möchte von seinem Beitrag zur Lösung der sozialen Frage. Wer so sichtet, mag getrost die Literaturgeschichte auf ein Hundertstel ihres bisherigen Umfangs verkürzen.

Thomas Mann: Er war ein Repräsentant seiner Klasse – wie

wahr, ein beßren findest du nicht. Er war es so sehr, daß er ihr Leben darzustellen vermochte in ihrem Sterben: mit Präzision, Entschiedenheit und Vollständigkeit. Er tat es wie kein anderer. Wer das Bürgertum begreifen will, wie es als Produkt der verstandenen und mißverstandenen Französischen Revolution und ihrer Folgerevolutionen zum herrschenden Stand Europas wurde, wie es sich bewährte im Citoyen, wie es versagte im Bourgeois, wie es sich schließlich aufgab im Prozeß seiner Entbürgerlichung, neue Formationen des Sozialen vorbereitend, ihnen weichend: der wird sich an diesen seiner Heimatstadt, seinem angeerbten Stand entlaufenen Bürger halten müssen, an sein gesamtes die erste Hälfte des zwanzigsten Jahrhunderts füllendes Werk von den »Buddenbrooks« 1901 bis zur »Betrogenen«, bis zu »Felix Krull« 1954. Er war als Repräsentant seiner Klasse zugleich ihr definitiver Analytiker, auf solche Weise nicht zuletzt jenen nützlich, die zum Zweck der angestrebten Überwindung dieser Klasse der genauen Kenntnis ihrer Eigentümlichkeit bedürfen.

Übrigens aber war er auch ein Repräsentant seiner selbst. Auch als solcher hat er Ärgernis erregt.

II

Repräsentant seiner selbst. Das meint: Es stehe hier einer, abgehoben von Klasse, Gruppe, Beruf, Nation, für einen bestimmten Menschentypus. Das meint: Habitus, Tenue, Gestus, Attitüde – es ist kein Zufall, daß sich hier zum Zwecke näherer Charakterisierung vor allem fremde Begriffe anbieten. Denn es handelt sich bei der den Typus dieser Art von Individualität konditionierenden Bestimmung um Fragen der Form, und Form ist im Deutschen eine heikle Sache.

Thomas Mann repräsentiert, und damit ist kein fades Wortspiel gewagt, den Typus des Repräsentanten. Was das meint, erklärt ein Passus aus dem Brief vom 27. Februar 1904 an den Bruder Heinrich: »Zum erstenmal seit den 18 Auflagen war ich in großer Gesellschaft und hatte in der anstrengendsten

Weise zu repräsentieren. Leute gingen um mich herum, beguckten mich, ließen sich mir vorstellen, horchten auf das, was ich sagte. Ich glaube, ich habe mich nicht übel gehalten. Ich habe im Grunde ein gewisses fürstliches Talent zum Repräsentieren, wenn ich einigermaßen frisch bin.«

Das klingt flott, ein bißchen eitel (und überhaupt ist der Briefautor jener Jahre dem Autor der Werke jener Jahre weit unterlegen) und blasiert, und doch hätte der schnelle Ruhm bei einem jungen Menschen Schlimmeres anrichten können als diese zierliche Pose. Indessen das Fürstliche? Greift hier einer im prunkenden Rahmen des großen Hauses Pringsheim nach anderen Kronen als ihm angemessen? Man muß genau lesen, es steht da nichts von einem »Talent zum fürstlichen Repräsentieren«, sondern von einem »fürstlichen Talent zum Repräsentieren«. Hans Wysling führt zu Recht im Kommentar einen Brief an den Jugendfreund Walter Opitz (vom 5.12.1903) an, in dem Thomas Mann als »Dasein, ähnlich einem Fürsten« ein »symbolisches, ein repräsentatives Dasein« bezeichnet.

Das also ist es: Er hat mit bewährter und noch oft zu bewährender Genauigkeit das Spezifische einer ständischen Existenz erkannt, in diesem Falle des Fürsten, der, in ausgehender Fürstenzeit, seine eigentliche Bedeutung reduziert hat von der Ausübung der Herrschaft auf die Symbolisierung der Herrschaft. In solchem Sinne war sich Thomas Mann lebenslänglich des Mandats inne, andere und anderes, ihm Wesensnahes, zu symbolisieren. Heinrich Mann, der Bruder und gerade er, hat das Recht, dieses Mandat sehr viel anspruchsvoller zu interpretieren. 1943/44 erörtert er in seinen Erinnerungen (»Ein Zeitalter wird besichtigt«) die einzigartige Rolle von Thomas in der Bewunderung der Amerikaner, auch der Deutschen: »Damit ein einzelner dieses unbezweifelte Ansehen erwirbt, muß er mehr darstellen als nur sich selbst: ein Land und seine Tradition, noch mehr, eine gesamte Gesittung, ein übernationales Bewußtsein vom Menschen. Eins wie das andere trug bis zu diesen Tagen den Namen Europas. Er war Europa selbst.«

Aus solchem Bewußtsein, und allein aus ihm heraus, lassen sich auch die oft kritisierten Worte verstehen: »Wo ich bin, da ist Deutschland« – was sich natürlich, gleichviel wie es stehen mag um die Authentizität dieses Ausspruchs, deckt mit Heinrichs Fassung des Zitats »Wo ich bin, ist die deutsche Kultur«. Sie war ja in der Tat nicht mehr da, von wo er, von wo die anderen Emigranten fortgegangen waren.

Die »liebenswürdige Haltung im leeren und strengen Dienst der Form«: von ihr spricht Thomas Mann bei Betrachtung der Werke des Dichters Gustav von Aschenbach und denkt dabei an den Prinzen Klaus Heinrich, das aber heißt: natürlich auch an sich, der er sich und seine»Prinzessin« Katia in diese Märchenhoheit mithineinstilisiert hatte. Er, seinerseits, hat dem strengen Dienst der Form, wo sie dem äußerlichen Repräsentieren nicht galt, beharrlich nicht nur die Abschweifung ins Leere verwehrt, sondern im Gegenteil: darum gerungen (anders kann man es nicht ausdrücken), durch Form den Inhalt schließlich nichtig zu machen, also aufzuheben, also mit der Form zu identifizieren.

III

Der Mensch als das Gefäß von Gegensätzen, deren Spannung tödlich sein kann – wenn sie nicht durch Form gehalten, ausgehalten wird. So Tonio Kröger, so Klaus Heinrich, so Aschenbach, so Hans Castorp, so Joseph, so Felix Krull. Ein sehr deutsches Problem, die Antithetik von Chaos und Disziplin, von Durchhalten und Verfall, von Lebenstüchtigkeit und Sympathie mit dem Tode, von Erkenntnisdrang und Erkenntnisekel: sämtlich, wie der Thomas-Mann-Leser weiß, Begriffspaare von großer Bedeutung für die Gestalten dieses Werks. Der das mit sich ausmachte, und vieles andere (wie es sich auch im Schicksal seiner Familie niederschlug), bedurfte, wie leicht einzusehen, der Panzerung. Nicht anders als übrigens sein Bruder Heinrich, dem freilich von früh an mehr Sprödigkeit und Strenge und Abwehr nachgesagt wird als dem durch die Gabe liebenswürdigen Charmes ausgezeichneten »Tommy«. Dergleichen Schutzschirm wirkt, wer will es ihr verargen, auf die Umwelt als Ärgernis. Zum einen der Distanz, der scheinbaren Kühle, des angeblichen Degagements halber. Zum anderen, weil eben diese Haltung zwangsläufig erinnert an eine Goethe-Imitatio. Die aber sieht niemand gern, und wirklich hat Gerhart Hauptmann sich durch sie mehr relativiert als durch dieses oder jenes mißglückte Werk.

Nun scheint mir, daß hier sich einfach ein Topos allzu bequem einstellte, bequem zumal, da unbestreitbar Goethe für Thomas Mann eine unverrückbare, ja nicht zu diskutierende Größe war. Schopenhauer, Wagner, Nietzsche, Fontane: sie hat er bewundert, sich von ihnen bewegen lassen, den Schatten bewegt, den sie geworfen haben – Goethe war unfaßlich-faßbar darüber, war einer der »Drei Gewaltigen«, einer der drei »großen Männer deutscher Nation«, die sich wie »Bergkolosse... unvermittelt aus der Ebene erheben« (1949; die beiden andern: Luther und Bismarck. Luther galten übrigens seine letzten Notizen vor dem Tode). Spröde Selbststilisierung, Goethe-Verehrung (die »Wahlverwandtschaften« hielt er für den größten deutschen Roman, auch mit diesem Urteil in guter Gesellschaft; danach kam für ihn »Effi Briest« – da möchte mancher ihm schon widersprechen wollen und etwa den »Zauberberg« nennen), und zur Goethe-Verehrung dann die »Lotte in Weimar«: das gibt manches her für Spott und Hohn. Nun weiß jeder Kenner der Werke Thomas Manns, daß er in allem ist, was er je gemacht hat; und daß nur auf ihn zukam, was ihm zukam. Er ist in Tonio wie in Castorp wie in Krull, in Joseph wie in Aschenbach, ist in Thomas wie Hanno Buddenbrook, ist in Verdammten wie in Erwählten und natürlich also auch in jenem alten großen mit sich selbst ausstaffierten Manne, dessen Jugendliebe den Fehler begeht, ihn wiederzusehn. So viel Goethe also erbittet er sich von Innen: gerade so viel, wie es braucht, um das Buch zu schreiben, das er schreiben will. Er selber nennt das: seine Mimikry-Befähigung.

Es war viel Histrionisches in ihm, das »Äffische«. Jenes »Pathos der Distanz« (als »Lieblingsformel Nietzsches« von Thomas Mann gern zitiert) aber ist als Überlebensmittel ebenso unentbehrlich für manche kreative Natur, wie es Mißverständnis erzeugt und die Umwelt mißvergnügt stimmt. Das ist auch schwerlich aufzuheben durch die komplementäre, desgleichen nichts anderes als das Glück des Unbehelligtseins anstrebende Haltung: die der empfehlend-vorstellenden Freundlichkeit. Ungezählten hat er sie allzuoft zuteil werden lassen – sie sollten edel genug denken zu sehen, wie schön dieser Fehler war.

IV

Der strenge Dienst der Form, das strenge Glück des reinen Produkts: sie waren ständigen Molesten abgetrotzt, nervösen Affektationen, Beschwerden von Magen und Darm, Unwohlsein, Schwächezuständen, Kopfschmerzen, Neurasthenien. Nur die Gesunden können es sich leisten zu kränkeln, höre ich sagen. Wir haben inzwischen zu viel gelernt über das Verhältnis psychischer und somatischer Zustände, als daß man über die körperlichen Ausdrucksformen einer kreativen Existenz so billig urteilen dürfte. Da war ein handfestes Stück von dem, was man Preußentum nennt, in diesem nicht handfest erscheinenden Lübecker Kaufmannserben, Aschenbachs »Durchhaltewille« – wofür nun wieder der Leistungsethiker Goethe manch treffende Formel gefunden hat.

Vollends seit 1977 und 1978, das heißt seit dem Erscheinen der Tagebücher aus den Jahren 1933 bis 1936 wissen wir, wie dünn die Decke war, der dieses Leben sich auflastete, wie allgegenwärtig Bedrohung und Schmerz, wie beharrlich die Gefährdung einer Konstitution, deren Überempfindlichkeit die qualvoll zu ertragende Voraussetzung künstlerischer Empfindung und stilistischer Empfindlichkeit war. Weniger Ordnung und Regel und Goethesches Gleichmaß, als die Legende bisher wahrhaben wollte, und jede Stunde der Produktivität den Mächten des Chaos tapfer abgetrotzt. Was allzu menschlich scheint in diesen privaten Notizen und zuweilen unmenschlich klingt, ist letztlich dann doch der Gewinn von einem Teil Menschlichkeit aus einer Erscheinung, die sich zum Denkmal zu verfestigen drohte.

»Wer erhält und fortsetzt, hat nichts anderes so sehr zu fürchten wie das Ungefähr. Um aber erst zu gestalten, was dauern soll, muß einer pünktlich und genau sein. Es gibt kein Genie außerhalb der Geschäftsstunden... Man halte seine Stunden ein.« So Heinrich Mann in seinen Erinnerungen. Und er fährt fort: »Wenn ich richtig sehe, wird meinem Bruder, noch mehr als seine Gaben, angerechnet, daß er, was er machte, fertigmachte.« Fertigmachen, eine Sache zum Ende bringen, die nüchtern-norddeutsche Variante des Vollendens. In diesem Sinne einer Formerfüllung als Pflichterfüllung ist auch die erstaunliche Beurteilung Heinrich Manns zu sehen, die behauptet: »Als sein Roman (›Buddenbrooks‹) mitsamt dem Erfolg da waren, habe ich ihn nie wieder am Leben leiden gesehen. Oder er war jetzt stark genug, um es mit sich abzumachen.«

Das Repräsentative als Form. Die Form als Leistung. Es bleibt ein Wort zu sagen über das spezifisch schriftstellerische Pendant dieses Formbegriffs. Wir fassen ihn unter dem Terminus der Ironie.

V

Thomas Mann »mochte es sein Leben lang eigentlich nicht leiden, wenn man ihn einen Ironiker nannte; je älter er wurde, desto mehr meinte er, die Leute könnten Ironie und Humor nicht unterscheiden, und er sei weit eher ein Humorist« (Peter de Mendelssohn im ersten Band seiner kolossalen Monographie).

Die Aversion leuchtet ein. Denn eines ist der Ironiker; ein anderes der Schriftsteller, der sich (auch) des Stilprinzips Ironie bedient. Ironie: ursprünglich nichts als eine Form uneigentlichen Sagens, Verschärfung der Aussage durch Formulierung ihres Gegenteils. Man betrachte sie im Laufe der Geschichte des Redens und des Schreibens in ihren mannigfachen Varianten und Metamorphosen, so bleibt ihr doch durchgängig die Eigentümlichkeit, mit Hilfe formaler Mittel Abstand zu schaffen, einen Sachverhalt und Vorgang, er sei tragisch oder furchtbar oder banal oder lächerlich, auf Distanz zu rücken. Zur spezifischen Form von Thomas Manns Ironie ist viel Kluges gesagt worden, meist ohne die wünschenswerte Distanz (das Beste von Erich Heller, Reinhard Baumgart und Beda Allemann). Festzustellen bleibt, daß sie das schriftliche Komplement jener Haltung der Selbstzucht ist, die leichthin als Selbstsucht ausgelegt wird (und die natürlich auch etwas Selbstsüchtiges, nämlich Selbstbewahrendes, an sich hat). Daß der ironische Deutsche Gefahr läuft, zum ungeliebten Deutschen zu werden, leuchtet ein in einem Volk, dessen literarische Tradition für sich gern den Humor als ein Element des Gemüts reklamiert, Ironie jedoch als ein Produkt des Intellekts den Nachkommen lateinischer Völker zuweist.

Mai 1904 an den ersten Entdecker der »Buddenbrooks«, Samuel Lublinski: »Was eigentlich Ironie ist, das wissen in Deutschland fünf, sechs Menschen, mehr nicht; und daß sie nicht schlechthin ›Herzenskälte‹, sondern nur eine Art geistiger Zucht, Disziplin, ›Haltung‹, artistischer Würde (und noch einiges andere) zu bedeuten braucht, das fällt den Thoren niemals ein.«

Damals hat er dieses sein Musterverfahren zum erstenmal rechtfertigen müssen, so merkt er sich seine Position und wiederholt Aussage und Formulierung fast wörtlich drei Monate später in Briefen an Katia und an Ida Boy-Ed. Ähnlich Ernst Bertram in einer der frühesten Thomas Mann angemessen würdigenden Untersuchungen, und zwar im Essay von 1909 über die »Königliche Hoheit«: »Und genauso steht es auch mit der Technik seiner ›Ironie‹, dieses gelassen spielenden Distanzgefühls, dieses unstofflichen, gleichmütigen, doch nicht gütelosen und zuweilen leise sehnsüchtigen Spottes, der nie Hohn wird, eher Mitleid, und der stets aus der Erkenntnis kommt.«

Versteht man Ironie als ein Distanz haltendes Mittel zum Zwecke schärferer Erfassung und Aufhellung von Situationen und Personen, dann wird man diesem Bereich auch die von Wagner übernommene und ins Epische transponierte Leitmotivtechnik zuschlagen müssen: die Kunst der äußersten Verknappung, der Ersetzung des deskriptiven Aufwands durch die alludierende Kurzphrase; die Kunst der komponierenden Verflechtung, Durchlichtung und Ordnung kraft der assoziierenden Formel. Auch Wagner nutzt diesen genialen Kunstgriff ja nicht ohne Ironie.

1922, in dem weitausholenden Essay »Goethe und Tolstoi«, erörtert Thomas Mann Ironie nicht eigentlich nur mehr als Kunstmittel, sondern als geistige Haltung, als Widerpart der schönen Tugend der Entschlossenheit. Denn nicht Entschlossenheit sei es, die als künstlerisches Prinzip fruchtbar und produktiv sei, sondern das Ritardando, der Vorhalt (musikalisch), der Vorbehalt (stilistisch), der »zwischen den Gegensätzen spielt und es mit Parteinahme und Entscheidung nicht sonderlich eilig hat: voll der Vermutung, daß in großen Dingen, in Dingen des Menschen, jede Entscheidung als vorschnell und vorgültig sich erweisen möchte, daß nicht Entscheidung das Ziel ist, sondern der Einklang«.

Ist das liberale Indifferenz, die der Not des Urteils timide ausweicht? Ich meine, es ist eher jene Form der Gerechtigkeit, die bei Betrachtung des Geschichtlichen und seiner Bedingungen den Aufweis wichtiger nimmt als die Zensur, die Feststellung höher wertet als das Prädikat. Eine Haltung zögernder Zurückhaltung, die sehr bezeichnend ist für das wissenschaftliche Denken, das, geübt, alle Seiten einer Sache zu betrachten, dazu neigt, allen Seiten Gerechtigkeit widerfahren zu lassen – und das heißt: keiner. Ein Verfahren, das also in der Schwebe läßt und Entscheidung, Urteil und Richtspruch recht eigentlich für einen inhumanen Akt hält. Solches darf sich leisten, wer der Betrachtung verschrieben ist, wem es um Goethe und Tolstoi, um Schiller und Dostojewskij geht. Goethe nannte das: Gewissen –, und der Handelnde, meinte er, könne sich dergleichen nicht erlauben, er sei notwendig gewissenlos.

VI

»Seine Natur«, sagt er, sei gewesen, »zu repräsentieren, nicht zu verwerfen.« So Heinrich Mann über den Bruder, und das ist es: Die Ironie als die Kunst des Mittelns repräsentiert eine Form der Gerechtigkeit, durch Vorenthaltung des raschen, des voreiligen, vielleicht überhaupt des Urteils. Denn es kann kein Urteil, kann kein Rechtsspruch ohne Ungerechtigkeit sein. Die Haltung des betrachtenden, des sammelnden, des wägenden, aber nicht wagenden Gelehrten: Erasmus von Rotterdam, »dessen Bildnis schon vor Zeiten, als Vorahnung, neben dem Schreibtisch meines Bruders hing« (Heinrich Mann). Sehr zu Recht attestiert Hans Wysling Thomas Mann »erasmische Versatilität«, er muß selber etwas von dieser Ambivalenz gespürt haben, die dem Geist durch Betrachtung zugeführt wird, ihn ermächtigt, Gewissen zu fühlen, oder die Aktion verwehrt. »Thus conscience does make cowards of us all«, Hamlet, der Ironiker. Als Thomas Mann am 22. Juni 1917 Ernst Bertram brieflich dankt, der ihm passende Zitate für die »Betrachtungen« beigebracht hatte, da charakterisiert der Schreiber sich: »In Erasmi Haltung habe ich sie, die Brille auf der Nase, klug und fein in meine Humanistenarbeit eingetragen.«

Humanistenarbeit? Das mag man, will man es nicht als Ausdruck objektiver Ironie nehmen, gelten lassen um des radikal polemischen Charakters willen, der dem »Untier«, den »Betrachtungen«, allerdings eigen ist und sie den Streitschriften des Humanismus vergleichbar macht. Mit dem Humanen freilich hat das eine wie das andere wenig zu schaffen – allenfalls mit dem Menschlichen. Übrigens wird man es auch nicht als äußerliches Faktum abtun wollen, daß einer der letzten Arbeitspläne Thomas Manns dem Zeitalter der Reformation, des Humanismus galt. Am 7. Juni 1954 schreibt er an Erika Mann: »Mir schwebt etwas vor wie eine kleine Charakter-Galerie aus der Reformationsepoche, Momentbilder von Luther, Hutten, Erasmus, Karl V., Leo X., Zwingli, Münzer, Tilman Riemenschneider, und wie da das Verbindende der Zeitgenossenschaft und die völlige Verschiedenheit der persönlichen Stand- und Blickpunkte, des individuellen Schicksals, bis zur Komik gegeneinanderstehen.«

Da ist sie wieder, die ironische Betrachtungsweise, die nach ihrer Art gerecht ist dadurch, daß sie allen gerecht wird: Gegensätze sind aufgehoben durch Komik.

»Ironie ist das Pathos der Mitte.« Wie sehr Thomas Mann sich auch diesem verhaltenen Pathos mag zugehörig gefühlt haben – die Mitte stetig einzuhalten war nicht sein Weg, wenn vielleicht auch sein Ziel. Sich selber blieb er diese »nach beiden Seiten gerichtete« Haltung, »welche verschlagen und unverbindlich, wenn auch nicht ohne Herzlichkeit, zwischen den Gegensätzen spielt«, nicht selten schuldig. Da ist der Brief an Heinrich vom 8. November 1913, innere und körperliche Schwäche beklagend, Sorgen, die Unfähigkeit, »mich geistig und politisch eigentlich zu orientieren.« Dann Sätze, die niemand ohne Bewegung lesen wird. Sätze eines, der früh mit Erfolg und Berühmtheit belehnt wurde und der sich jetzt an einem Wendepunkt sieht, einem persönlichen, der aber – das deutet wieder seine Repräsentativ-Funktion an – einen gewaltigen allgemeinen Wendepunkt ankündigt. Freilich erahnt wird er, in der Haltung der Hilf- und Hoffnungslosigkeit, vorerst als Endpunkt: »Ich bin ausgedient, glaube ich, und hätte wahrscheinlich nie Schriftsteller werden dürfen. ›Buddenbrooks‹ waren ein Bürgerbuch und sind nichts mehr fürs 20. Jahrhundert. ›Tonio Kröger‹ war bloß larmoyant, ›Königliche Hoheit‹ eitel, der ›Tod in Venedig‹ halbgebildet und falsch.«

Eine radikale Position, mit Einsprengseln nicht von Gerechtigkeit, wenn auch von Richtigkeit. Wo aber ist das Pathos der Mitte?

VII

»Unwahr wie ein Festredner« – das Strindberg-Wort, an Björnson gerichtet, zitiert Thomas Mann 1949. Wie immer seine Welt, die vielleicht schon seine Nachwelt ist, über ihn denken mag, er hat ein Anrecht auf wahre Festredner. Ein Anrecht, das sich berufen kann auf ein sehr schlichtes Argument: die Qualität seines Werks. Man schlage einfach das Kapitel »Der Mann auf dem Felde« auf, die Beschreibung des Engels im »Jungen Joseph«. Oder man schlage viele, sehr viele andere Kapitel des ganzen, großen weltträchtigen Oeuvres auf.

Eine Zentenarfeier im Jahre 1975.

Keine anderen Sorgen? Ja, ein Volk wie das deutsche hat, laut oder leise, immer auch noch andere Sorgen als die der Wirtschaftskrise entstammenden. Zum Beispiel bin ich fest überzeugt, daß es noch heute die Sorge teilt, die dem zu Feiernden seiner ausdrücklichen Erklärung nach einzig am Herzen lag: die Sorge um Kultur oder Barbarei. Hier wäre ein Gesichtspunkt, unter dem das Fest zu begehen wäre.

So auf eine Anfrage zum Goethe-Jahr 1932.

Ödön von Horváth
und seine »Geschichten aus dem Wiener Wald«

Dem Andenken Peter Szondis gewidmet*

I

Er liebte die Berge, überhaupt alles, was »Natur« war. Er haßte steife Hemdenkragen und steife Manieren, verachtete feine Lokale und feine Redensarten. Er mißtraute der Technik und benutzte nie einen Lift. Er liebte Jahrmärkte und Liliputaner und ging vertraut um mit nächtlichen Erscheinungen, die ihm weiß und lautlos kamen und deren Gespensterqualität ihm so wenig zweifelhaft war wie die Wirklichkeit von Ahnungen und Vorzeichen, Träumen und Weissagungen, von Gaukler- und Zigeunerwesen und allerlei Dingen, die nicht Lehrstoff der Schulweisheit sind: So sah er denn im Normalen das Abnorme, im Durchschnittlichen das Aberwitzige, im Gängigen das Abwegige, und gläubig zu sein und dazu abergläubisch, war ihm kein Widerspruch. Alle hatten ihn gern, die Freunde liebten ihn, und vor allem die Frauen, auf die er wunder welche Anziehungskraft ausgeübt hat, – dieser Mann, den Beschreibungen und Bilder zeigen als mit ausladendem Körper versehen, mit einem Hang in die Breite, mit fülligem Knabengesicht und schwermütigen, leicht vorstehenden Augen. Er saß in Beiseln und Caféhäusern und erzählte mit leiser, sanfter und eindringlicher Stimme Geschichten ohne Pointe, deren Gemüthaftigkeit das Blut erstarren ließen: so gelassen und behäbig gaben sie sich, aber der Blick, der die Personen und Gescheh-

*Vom 21. bis 24. Oktober 1971 veranstaltete die West-Berliner Akademie der Künste ein Horváth-Colloquium (von dessen Debatten und Referaten einiges auch in meine Darstellung eingegangen ist). Zu ihm lud Peter Szondi ein, Vizepräsident der Akademie und Ordinarius der Vergleichenden Literaturwissenschaft an der Freien Universität.
Wenige Tage vor dem Beginn des Kongresses ging er aus dem Leben, 42 Jahre alt.

106

lisse erfaßte, und in dem »eine merkwürdige sanfte Ruhe« lag, »war ein erbarmungsloser Blick« (so hat es Franz Werfel gesehen). Er war ein Dichter, schrieb viel, schnell und bedrängt, und als er 36 Jahre alt war, starb er, gefällt durch den herabstürzenden Ast eines stürzenden Baumes. Ödön von Horváth starb einen Horváth-Tod, ein Ende, so wirklich, als sei es einer seiner Dichtungen entnommen. Denn in seinen Dichtungen ist nichts, das erfunden wäre.

Ein sinnloser Tod? Was ist das? Was ist das: ein sinnvoller Tod[1]?

II

Ödön von Horváth würde 1981 achtzig Jahre alt. Am 9. Dezember 1901 erblickte er den Dämmer der Welt, und zwar in Fiume – und dieser ungarische Edelmann und deutsche Dichter empfand sich immer als ein typisch donaumonarchisches Produkt. Man hat aus dem Blickwinkel jener Lande die deutschen Fragen von je sehr scharf empfunden, gesehen und wiedergegeben – vom Nibelungenlied über Nestroy (der fast auf den Tag genau 100 Jahre vor Horváth geboren wurde) und Karl Kraus und Hofmannsthal bis hin zu den Frischlingen der Grazer Genieschule, die derzeit mit ihrer Halbwelt die Bretter schüttern machen: und das durchaus in den Spuren Horváths.

Sein Leben war das, was man ›unstet‹ nennt. Schuljahre in Budapest, in München, in Wien (der Vater war im diplomatischen Dienst tätig, das fordert Beweglichkeit), und dann fand er für etwa 7 Jahre so etwas wie eine Heimat: Sie hieß Berlin, das zwischen 1925 und 1932 gewiß für einen Dichter das stimulierende Air hatte, eine trockene Rauschhaftigkeit, die auch das trunkene Irresein noch mit einer Art von preußischer Denkzucht disziplinierte.

In Berlin öffneten sich ihm der bedeutende Ullstein-Verlag, die großen Bühnen und die Arme der literarischen Welt. Hier schrieb er in dichter Folge seine wichtigsten Dramen: *Die Bergbahn* und *Sladek* (beide nach mehrfacher Umarbeitung

1929 uraufgeführt), die *Italienische Nacht* und die *Geschichten aus dem Wiener Wald* (uraufgeführt 1931 in Berlin, die *Geschichten* ein triumphaler Erfolg unter der Regie von Heinz Hilpert mit einer – stark Wienerisch gefärbten – Star-Besetzung) und *Kasimir und Karoline* (uraufgeführt 1932 in Leipzig unter der Regie von Francesco von Mendelssohn, der in Berlin bereits die *Italienische Nacht* in Szene gesetzt hatte: auch diese beiden Ereignisse wurden zu solchen nicht zuletzt dank der Besetzung mit den prominenten Schauspielern der Zeit); überdies die Komödie *Zur schönen Aussicht* (1927) und die Posse *Rund um den Kongreß* (1929, beide erst nach dem Krieg uraufgeführt) und den »kleinen Totentanz« *Glaube Liebe Hoffnung* (1933; uraufgeführt 1936 in Wien), die Komödie *Die Unbekannte aus der Seine* (1933) sowie den Roman *Der ewige Spießer* (1930).

Das war viel in wenig Jahren, und der Erfolg tat, was er oft schuldig bleibt: er stellte sich ein. 1931 erhielt Horváth zusammen mit Erik Reger die damals vornehmste deutsche Literaturauszeichnung: den Kleist-Preis. Er erhielt ihn auf Vorschlag Carl Zuckmayers, der ihm ein guter Freund wurde und dessen Laudatio von großer Achtung und einigem Fehlurteil zeugt. Die großen Kritiker wie Kerr oder Polgar kargten nicht mit Bekundungen ihrer Zustimmung, ja Begeisterung – und die nationalsozialistische Presse wütete angesichts des Erfolgs und der Wirkung dessen, was sie für »wertloseste, dürftigste und platteste Tendenzliteratur« halten mußte: 1931 äußerte sich derart ein Rainer Schlösser und bekannte schließlich: »Und wir wissen, daß Horváth deutschen Menschen nichts, aber auch gar nichts zu sagen hat« (Schlösser hingegen hatte bald viel zu sagen, denn er machte, was wunder, Karriere und wurde »Reichsdramaturg«).

Glaube, Liebe, Hoffnung waren dahin: Hilpert muß 1933 die Uraufführung absetzen, und Horváth setzt sich ab: Ist heute in Wien, morgen in Salzburg, in Budapest, in der Schweiz und gelegentlich in Deutschland, das ihm, dem ungarischen Staatsbürger, 1936 endgültig die Aufenthaltserlaubnis entzieht. Zwei Jahre später ist es dann wieder so weit, Horváth muß aus Wien fliehen, er und seine Freunde; kommt auf verschlungenen Wegen über Prag, über Budapest, Jugoslawien, Triest, Venedig, Mailand und wieder Prag schließlich nach Zürich und versucht dort, vage Amerika-Pläne erörternd, eine flüchtige Bleibe zu finden. Mitte Mai 1938 reist er über Brüssel nach Amsterdam, besucht dort seinen Verleger, es geht um seinen letzten Roman. Aber er kehrt nicht direkt in die Schweiz zurück, wie ursprünglich geplant, – und das Hotelzimmer, das die Zuckmayers, flüchtig wie er, ihm vorbereitet hatten in ihrem Fluchtpunkt Chardonne ob dem Genfer See, blieb unbenutzt:

Ein Wahrsager hatte die Hand im Spiel[2]. Horváth besuchte ihn vor seiner Abreise in Amsterdam, und er ließ sich davon überzeugen, daß er nach Paris fahren müsse: denn dort erwarte ihn das entscheidende Ereignis seines Lebens. Er fuhr; es gab sachliche Gründe: z.B. Besprechungen mit Siodmak, die der Verfilmung seines Romans *Jugend ohne Gott* gelten sollten. Man verabredete sich zum nachmittäglichen Kinobesuch (Disney's *Schneewittchen*), Horváth war von merkwürdiger gehetzter Unruhe, er ahnte, wußte sich bedroht: das sein Leben entscheidende Ereignis erwartete ihn an diesem fünften Pariser Tag, am nächsten Morgen wollte er weiter – da war er schon weit.

»Warum fürchten die Menschen sich im finsteren Wald? Warum nicht auf der Straße?« So hatte er Hertha Pauli eben noch gefragt. Straße und Baum machten ihm sein Ende. Ein Unwetter zog auf, er suchte Schutz vor der Natur unter der Natur, unter einem Baum, der aber war hohl, stürzte, ein Ast traf Horváth und zerschmetterte seinen Hinterkopf. Das war am 1. Juni 1938 auf den Champs-Elysées, das meint: den elysischen Gefilden.

Beim Leichenbegängnis auf dem Friedhof St. Ouen im Norden von Paris drängte sich, im fadenscheinigen Rock unter dem Regen, die literarische Emigration, ein makabrer Tanz ellenbogenflinker Geltungsgier – der Tote hätte es als eine rechte Hetz empfunden und wie von ihm entworfen.

III

Gezeiten Horváths: Ein erfolgreicher Autor einst; dann verfemt; dann vergessen; dann ein Geheimtip; und heute eine theatralische Sendung, Spielpläne, Seminare, Doktoranden, Regisseure und Verleger heftig bewegend. Horváth verleiht Doktortitel und gibt Kongressen ihren, d.h. seinen Inhalt; und auf Dünndruck liegt die vierbändige Prachtausgabe vor. Und es gibt die Stimmen Urteilsfähiger, die ihn für größer erklären denn den armen, den großen B.B.; die ihn nicht nur für die stärkste dramatische Begabung der deutschen Bühne in der ersten Hälfte des 20. Jahrhunderts halten, sondern für ihren stärksten Dramatiker.

Es ist ein Topos, und so scheut man sich, auf ihn zurückzukommen: aber als Horváth seine ›Heimat‹ verlassen muß, als er Berlin verliert, da versiegt etwas in ihm, da wird die dramatische Energie matter, die Schärfe der Konturen verblaßt, die Präzision des Ungefähren schwächt sich ab. Immer noch entsteht ein Stück nach dem andern: Schauspiele, die sich auch »Lustspiel« nennen oder »Komödie« (nicht aber mehr »Volksstück«): *Hin und her, Der jüngste Tag, Figaro läßt sich scheiden* und *Don Juan kommt aus dem Krieg.* Weiter das »Historische Lustspiel« *Ein Dorf ohne Männer*, und dann das letzte Bühnenstück: *Pompeji* (»Komödie eines Erdbebens«). Was aber ist ein Dramatiker ohne Bühne? Denn die deutschsprachigen Bühnen außerhalb Deutschlands und die Emigrationstheater waren, allem Eifer zum Trotz, nicht Horváths Bühne – es fehlte ihnen ja Horváths Publikum. So erklärt sich die fast gewaltsame Hinwendung zur Prosa, zum Roman: Nach dem *Ewigen Spießer* von 1930 dann 1937: (»Ich muß dieses Buch schreiben. Es eilt, es eilt!«)[3] *Jugend ohne Gott* und, bevor dieses Manuskript noch gänzlich vollendet ist, im gleichen Jahr *Ein Kind unserer Zeit.* Neue Pläne kurz vor seinem Tod sind auch Ausdruck einer Distanzierung vom bisherigen Werk.

Die Romane wurden – damals oder später – sämtlich übersetzt in die wichtigsten Kultursprachen; die Dramen hingegen nur sehr zögernd. Denn sie sperren sich der Übertragung in andere Sprachräume, und das hat seinen Grund. Dennoch werden auch auf diesem Feld die Bemühungen intensiviert und man wird künftig auch im Ausland den Dramatiker Horváth entdecken (soweit nicht schon geschehen).

IV

20 Jahre nach Horváths Tod sprach kaum ein Mensch von ihm. Um der Gerechtigkeit willen seien die wenigen Ausnahmen notiert: Heinz Hilpert inszenierte 1952/53 in Göttingen *Himmelwärts* und *Glaube Liebe Hoffnung*. Franz Theodor Csokor publizierte im Monat 1952 (Nr. 33) einen mehrseitigen Aufsatz über seinen Freund. Erich Neuberg setzte sich, zusammen mit Helmut Qualtinger und Michael Kehlmann, in den Wiener Studenten- und Kellerbühnen nachdrücklich für Horváth ein, und ihnen glückte eine Reihe wichtiger Inszenierungen. Doch blieb alles dies ohne die erwartete Breitenwirkung. Als das auslösende Jahr hingegen mag etwa 1957 bezeichnet werden. Da formulierte Hans Weigel eine *Aufforderung, Ödön von Horváth zu spielen*[4]: »Welch eine gedankenlose und desorientierte Zeit, die nach den Dramatikern dieses Jahrhunderts schreit und an einem der wesentlichsten vorbeigeht!« Weigel hatte zur rechten Zeit gescholten: Es begann das, was man halb verwundert, halb verschreckt die »Horváth-Renaissance« genannt hat – und noch nennt, denn sie ist nicht abgeschlossen, wir stehen noch in ihr: Buchte man in den frühen 60er Jahren etwa drei oder vier Horváth-Inszenierungen pro Jahr, so stieg die Zahl rapide auf 6, auf 14 und erreichte in der Spielzeit 1970/71 die stattliche Größe von 25 Inszenierungen deutschsprachiger Bühnen. (Inzwischen ist die Kurve wieder sanft abgesunken, der stattliche Nachholbedarf fürs erste befriedigt.) Die Zahl kommt vornehmlich auf das Konto der nahezu klassischen Trias *Italienische Nacht, Geschichten aus dem Wiener Wald* und *Kasimir und Karoline* – doch wagte man sich, ermutigt durch das große Interesse, langsam auch auf weniger er-

probtes Terrain vor, auf Späteres wie den *Figaro* oder den *Don Juan,* auf Früheres wie die *Schöne Aussicht* oder den *Sladek*[5]. Weigels Prophezeiung hat sich üppig erfüllt, die »Herren Intendanten« haben den ersten und den zweiten Horváth durchgesetzt »um des dritten bis achtzehnten willen« und sich dadurch »ergiebiges Terrain« erobert für ihre Spielpläne, und nun können sie »mit Stolz« sagen: »Damals in den fünfziger Jahren begab sich die Horváth-Renaissance, und ich bin dabeigewesen.«

Nun sind sie alle dabei, das Œuvre wird gelesen, dem Verlag sei gedankt für seinen Mut des Risikos; und die Stücke werden gespielt, die gerechten wie die ungerechten, die Erben haben ihre Freude dran, nicht immer die Kritik. Denn 17 Dramen in 10 Jahren (die umgearbeiteten Fassungen nicht gezählt), zu schweigen von drei Romanen, Lyrik und kleiner Prosa: wie sollte da alles den gleichen Grad der Dichtigkeit haben? Wenn Zuckmayer noch 1966 vermutet: »Aber ich fürchte, daß der Name dieses Dichters, der sich nicht vollenden durfte, heute in weiten Kreisen unbekannt ist« – so liefert er mit dieser Besorgnis ein nahezu rührendes Zeugnis des Irrens (das sich freilich einfach erklärte, wenn man die Niederschrift dieser Partie der Lebenserinnerungen um 10 Jahre vorverlegte). Wenn er dann jedoch fortfährt: Es sei von Horváth, obwohl er nach Brecht »die stärkste dramatische Begabung in dieser Zeit« gewesen sei, »kein Werk zurückgeblieben, das auf die Dauer zum klassischen Bestand der deutschen Literatur zählen wird« – dann wird man Zuckmayer nicht mit eben der gleichen Selbstverständlichkeit widersprechen wollen:

Größe und Begrenzung von Horváths Dramen ist, daß sie nicht zeitlos sind, sondern zeithaft. Sie sind gebunden an einen spezifischen soziologischen Zustand. Sie liefern die oft beschworene »Dämonologie des Kleinbürgertums«, sind dessen Produkt und Analyse, und sind in dem Maße aktuell und also »auf die Dauer«, als ihre Schilderung von Bedingungen einer präfaschistischen Gesellschaft noch als Gegenwart empfunden wird. In solchem Sinne also wird man Zuckmayers Einschränkung mißtrauen, denn insbesondere die Trias der drei großen

»Volksstücke« beglaubigt auch für heute und, wie zu fürchten steht, noch fürs nächste die Existenz eines Bewußtseinszustandes, der nicht die Herrschaft hat, aber vorherrschend ist.

Es handelt sich um den Zustand der Dummheit.

V

Die Bühne Horváths:

Eine Gesellschaft im Vorfeld der Gewalt, im Vorfeld ihrer eigenen – möglichen – Deformation zum Faschismus. Ein Staat, angesiedelt im Herzen Europas, voller landschaftlicher und gemüthafter Reize, reich versehen mit seelischen Werten und traulichen Traditionen, darüber gebreitet eine Art von leicht faßlichem Humor. Die Menschen darin bewegt von jener Form süddeutscher Herzigkeit, die eine besonders mörderische Variante des Deutschen ist.

Denn ihre Sprache verrät sie. Nicht in Beschreibung und Schilderung, sondern durch ihre besondere Art, sich selber auszudrücken. Was die Dichtung, vor allem Lyrik, der 60er Jahre entdeckt hat und wiederum nicht von ungefähr (nächst Gomringer) in der Wiener Schule und bei Jandl und Handke herausarbeitet: daß nämlich die Sprache sich selber zum Problem und Gegenstand wird, – das hat Horváth in seinen Figuren vorweggenommen. Nicht das Was, sondern das Wie ihres Sagens ist identisch mit ihrer Art des Seins. Sprache als das Feld der Auseinandersetzung von Bewußtsein und Unterbewußtsein: so hat es Horváth mehrfach und ausdrücklich formuliert. Sprache als Demaskierung des Bewußtseins. Die markanten Augenblicke dieser Auseinandersetzung, dieses Kampfes sind jene Szenen, die Horváth immer wieder seinen Dialogen interpoliert (seine Dramen bestehen aus Dialogen), und die er mit »Stille« bezeichnet. Das sind keine Pausen, das ist kein Appell an pantomimisches Mühen, sondern das sind Signale der Fortsetzung des verbalen Krieges mit anderen Mitteln.

Das besondere verbale Mittel, zugleich ein in der Dramatik

einzigartiges Mittel, dessen sich Horváth zur Realisierung dieser Auseinandersetzung bedient, ist die Stilisierung des Dialekts. Er gibt, sagt er, die Menschen wieder, wie sie sind. Sie sind aber, wie sie sind, zu 90% Kleinbürger. Das Kleinbürgertum wiederum offenbart sich in der ihm eigenen Sprachform: »der völligen Zersetzung der Dialekte durch den Bildungsjargon«[6]. Es handelt sich also um eine enteignete Sprache, die eben deshalb wahr, d.h. entlarvend ist, weil sie nicht deckungsgleich ist mit dem Sprechenden: Die Disproportion als das Maß. Diese Sprache hat doppelten, d.h. sie hat keinen Boden. Wer ihrer polierten Oberfläche vertraut, bricht ein. Aufs erste Hören scheint sie den Alltagsjargon des Volksmauls wiederzugeben, auf das der Dichter hellhörig geschaut hat. In Wahrheit aber haben diese Menschen ihre eigene Sprache verloren, das Medium also ihrer Person, ihrer Menschlichkeit. Nicht daß sie schwiegen, – sprechend sind sie ohne Artikulation ihrer selbst. Insofern als sie sich einer ihnen ungemäßen, übergestülpten, einer artistischen und artifiziellen Plastiksprache bedienen, eines »Jargons der Uneigentlichkeit« (so, Adorno kontrapungierend, Dieter Hildebrandt). Solches niedere Hochdeutsch demonstriert, skelettiert seine Sprecher, legt sie bloß in ihrer Erbärmlichkeit und Armseligkeit, in ihrer Einsamkeit und Verlorenheit. Da ist nichts von Parodie, wenig von Satire – und Ironie allenfalls in jenem poetologischen Sinne, der die Intensivierung der Aussage kraft der uneigentlichen Formulierung anstrebt.

VI

Es stellt sich aus der Frage nach der Sprache die nach der Bedeutung des Begriffs »Volksstück«. Daß hier nicht bayrisches Bauerntheater gemeint ist, nicht »Krach im Hinterhaus« oder »um Jolanthe« oder die Ohnsorg-Lustbarkeit, liegt auf der Hand. Horváth selbst hat folgende Hinweise gegeben (die man als ungenügend empfinden mag)[7]: Er habe bewußt das »alte« Volksstück zerstören, ein neues schaffen wollen, um als »dra-

matischer Chronist« des Volkes zu figurieren, um »Fragen des
Volkes« darzustellen, »seine einfachen Sorgen, durch die Augen des Volkes gesehen«. Das hat technisch-stilistisch ein stär-
keres Mittun des schildernden, des epischen Momentes zur
Folge, eine Form, die »mehr an die Tradition der Volkssänger
und Volkskomiker« anknüpft als an die frühere Volksstück-
dramaturgie. Es verhält sich hier wie auch sonst mit den theoretischen Äußerungen Horváths (den mit Lessing eher die
Sensibilität im Bereich des Sozialen als in dem der theoretischen Systematik verband): sie sind unzulänglich und der
Stringenz ihres Gegenstandes nicht gemäß, ja scheinen ihn
eher zu unterschätzen oder zu verharmlosen (es mag aber auch
ein Moment der Moquerie in diesen saloppen Ansätzen zur
Selbsterhellung stecken). Überzeugend freilich: »Alle meine
Stücke sind Tragödien – sie werden nur komisch, weil sie unheimlich sind.« Durch sanfte Paradoxie will dann die Bemerkung provozieren, d.h. überzeugen: »Um einen heutigen Menschen realistisch schildern zu können, muß ich also den Bildungsjargon sprechen lassen.« Das heißt nicht, daß damit des
Menschen Sprache »realistisch« im Sinne von »naturalistisch«
wiedergegeben sei. Es heißt vielmehr: »der heutige Mensch«
wird realistisch, d.h. wahr wiedergegeben dadurch, daß man
ihn eine sein Wesen bloßlegende, damit notwendigerweise stilisierte Sprache sprechen läßt (s. die Bemerkungen zum »stilisiert gesprochenen Dialog« in der *Gebrauchsanweisung*).

Hier stellt sich die Frage des Dialekts.

Einige und nicht die leichtestgewichtigen von Horváths
Dramen sind unverkennbar grundiert vom österreichisch-bay-
rischen Idiom. Dem steht scheinbar das Axiom der *Gebrauchsanweisung* entgegen: »Es darf kein Wort Dialekt gesprochen werden!«

An dieses Postulat klammern sich die Hierophanten der reinen Lehre unter Regisseuren und Souffleusen[8]. Wer indessen
hier auf Meisters Worte schwört, übersieht, daß nicht wenige
dieser Worte im blanken Dialekt geschrieben worden sind –
wie könnte es also Aufgabe des Regisseurs sein, sie ins Bühnenhochdeutsch zu transferieren? Dies gilt vor allem für die
Geschichten aus dem Wiener Wald (wozu mehr unten S. 127 f.).

Wenn nun etwa ein Regisseur argumentiert, es könne die Sprache ihre verratende, ihre demaskierende und bewußtseinsaufdeckende Funktion erst wahrnehmen, wenn sie sich vernehmlich mache als von den Schlacken der Mundart gereinigtes Kunstwelsch: dann gibt man die vom Dichter präzis formulierte Einsicht preis, daß die Korrumpierung des Dialekts (also der ›Heimat‹ des Sprechenden) durch den »Bildungsjargon« eben den Akteur dieser Dramen charakterisiere, den Kleinbürger nämlich (der natürlich nicht standesgebunden ist, sondern Arbeiter, Kleinhändler, Rittmeister und Hofrat sein kann). Der Kleinbürger also beglaubigt sich durch den Rückverweis auf die noch hörbare, aber eben nicht mehr tragende, also »verdrängte« Mundart. Das sind Menschen, die ihren Ursprung verloren haben – und dieser Verlust muß noch merkbar sein im Vorzeigen, hörbar sein im Nachklingen des Ursprungs. Sprache von Menschen, deren Sein und Wollen sich nicht mehr deckt, Menschen der Entfremdung. Menschen, deren Bewußtsein hörbar durch ihr Sein geprägt ist. Durch ein Sein, das ausgezeichnet, gezeichnet ist durch den Defekt des Wissens, den Mangel an (lernbarer) Fähigkeit, mit der Umwelt fertigzuwerden – anders sie einen fertigmacht. Horváths Dramen sind Tragödien der Dummheit – in solchem Sinne »Bildungstragödien« (Günther Rühle).

VII

Dummheit des Tragischen: *Die Geschichten aus dem Wiener Wald* schmückt ein Motto. Es lautet: »Nichts gibt so sehr das Gefühl der Unendlichkeit als wie die Dummheit.«

Dieses Motto hat seine unmittelbare Entsprechung im Text der Handlung selbst, und zwar in jener knotenschürzenden Szene, die den ersten Teil abschließt:

Marianne, das liebe Kind, und Alfred, der Filou, haben ihre Liebe entdeckt. Sie zu ihm:

Laß mich aus dir einen Menschen machen – du machst mich so groß und weit –

ALFRED Und du erhöhst mich. Ich werd ganz klein vor dir in seelischer Hinsicht.

MARIANNE Und ich geh direkt aus mir heraus und schau mir nach – jetzt, siehst du, jetzt bin ich schon ganz weit fort von mir – ganz dort hinten, ich kann mich kaum sehen. – Von dir möcht ich ein Kind haben –

Die Dummheit des Argen und die Dummheit der Arglosen verbinden sich, und ein Jahr später ist das Kind da, um dann ein weiteres Jahr später schon wieder nicht mehr da zu sein. Denn zum Ende ist alles wie zum Anfang:

Oskar, der Fleischhauer, wird die Marianne heiraten.

Alfred, der Fallott, läßt sich von der Trafikantin aushalten.

Der Rittmeister liest die Ziehungslisten.

Der Zauberkönig grantelt mit den andern und bedauert sich selbst.

Und draußen in der Wachau wird die Großmutter die Tochter kujonieren bis ans Ende der einen von beiden.

Darüber aber in der Luft ist ein Klingen und Singen im Takt der ewigen Walzerseligkeit...

Zwischen Anfang und Ende aber ist geschehen: ein kleiner Mord, begangen an einem unschuldigen Baby von der kirchenfrommsten, sittsamsten und ehrbarsten Person des ganzen Stücks. Und noch ein Mord, aber das Opfer überlebt, es ist nur kaputtgemacht worden von solchen, die ihrerseits längst kaputt waren: Marianne, der einzig gute Mensch unter lauter Korrupten, wird als einziger straffällig. Nun ist sie wie die anderen und wird mit ihnen gehen – ist ihnen gar ein wenig voraus, Dirne unter Ehrbaren, Kriminelle unter Unbescholtenen.

Und alle sind ohne Einsicht in das Böse, das Verwerfliche, das Schäbige, das Lächerliche, das Sinnlose ihres Tuns, ohne Fähigkeit zur Kontrolle ihrer Handlungen, ohne die Kraft zum Abstand von sich und dem Eignen. Ohne Maß, ohne Proportion, – im Gefühl der Unendlichkeit erleiden sie ihre Endlichkeit: aus unendlicher Dummheit.

Das Motto der *Geschichten* gilt für alle Geschichten in Horváths Werk[9]. Er könnte über die Bewohner der stillen Straße im 8. Wiener Bezirk gesagt sein, der Satz: »Sie sehen sich alle so fad gleich und werden gern so eingebildet selbstsicher.« Aber er steht in der *Italienischen Nacht* und gilt für alle.

VIII

Horváths Dramaturgie ist statisch. Sie kennt keinen »Plot«, keinen »Fall«, sie läßt das Drama sich nicht »dramatisch« entwickeln, ausfalten, sich nicht in kalkulierten Handlungsvorgängen steigern. Vielmehr setzt Horváth Bild an Bild, wie die einzelnen Positionen eines Filmstreifens. Personal, Statisterie, Requisiten und Kulissen scheinen die gleichen in der einen Szene wie der andern, aber in der Abwandlung eines Details stecken Teufel oder Lieber Gott (vornehmlich der Teufel): *Es scheint überhaupt alles beim alten geblieben zu sein, nur auf der Puppenklinikauslage klebt ein Zettel »Ausverkauf«* (Szenenanweisung zur »Stillen Straße« vor III,3).

»Vieles hat die Leichtigkeit der Improvisation«, sagt Polgar über die *Geschichten*. Der Schein solcher Improvisation ist hart erarbeitet, ist scharf kalkuliert. Wie ist die Machart dieses Stücks?

Die *Komposition* ist von strenger Symmetrie. Drei »Teile«, jeder Teil untergliedert in (unterschiedlich lange) Szenen:

Der erste hat deren vier; der zweite sieben; der dritte wieder vier.

Damit ist eine gewisse quantitativ meßbare Rahmung gegeben, die jedoch als solche eine künstlerische Funktion erst annimmt, wenn sie sich als Entsprechungsmuster erweist. In der Tat geht das Prinzip der rahmenden Entsprechung durch das ganze Drama. Etwa in bezug auf die *Orts*-Einheiten: Seine erste Szene spielt: *Draußen in der Wachau* – und eben dort spielt seine letzte: Der Endpunkt ist der Ausgangspunkt, alles wird sein wie es war – und in diesem Rahmen, in diesem Gehäuse des Dauernden geht der Mensch, geht das Menschliche vor die Hunde.

Insgesamt spielt die Szene an 9 Handlungsorten. Davon

kommen 7 nur je einmal vor. 2 hingegen sind Konstanten, sind einander kontrapunktisch zugeordnet und funktionieren als die eigentliche Bühne des Geschehens, als giftreicher Nährboden der Handelnden und Arena ihrer Kämpfe: Das Häuschen *Draußen in der Wachau*, darin Alfreds schwache Mutter und seine starke Großmutter, die eine so gutwillig wie schwach, die andre so stark wie bös; und die *Stille Straße im achten Bezirk*, darin Oskar, Besitzer der gediegenen Fleischhauerei; Valerie, Kanzleiobersekretärswitwe und Trafikantin; der Zauberkönig mit seiner Puppenklinik voller Spielwaren und Skurrilitäten; bei ihm seine Tochter Marianne, Puppenklinikfee. Hindurchstreifend: der Rittmeister, wie sein Gegenspieler, der Preuße Erich, das überständige Prinzip »Staat« als Parodie repräsentierend. Dazu ein paar Statisten.

Und: Alfred, der, bodenlos, zwischen beiden Orten hin und her pendelt und sie als Objekt seines parasitären Wesens nutzt.

Der erprobte Gegensatz Stadt-Land, 8. Bezirk und Wachau freilich erweist sich hier als Scheinopposition: korrupt sind sie im einen wie im anderen Areal, tückisch, schwach und fleischfressend, nur daß die einen es unter Zithermusik tun und die anderen unter Walzerklängen.

Nun liefert jede dieser beiden konstanten Szenerien insgesamt 4 Mal den Spielplatz:

Im ersten Teil jede je einmal; im zweiten Teil einmal *Wachau*, zweimal *8. Bezirk;* im dritten Teil (proportional entsprechend) zweimal *Wachau*, einmal *8. Bezirk*.

Dabei ist im letzten Teil die Szene im 8. Bezirk sehr konsequent in die Zange der beiden Wachau-Szenen genommen:

III,2: Wachau mit Kinderwagen und angedeuteter Mordabsicht.

III,3: 8. Bezirk mit der großen allumfassenden Versöhnung: Oskar versöhnt sich mit Alfred; Valerie sich mit Erich, Valerie sich mit Alfred; der Zauberkönig sich mit Marianne, Marianne sich mit allen (man mag dabei den Begriff der Versöhnung in Anführungsstriche setzen oder nicht – es steht ohnehin in Horváths Dramen alles in mitzudenkenden Anführungsstrichen).

119

Und nach dieser Versöhnung aller mit allen ist das Stück reif für die letzte Szene:

III,4: Wachau ohne Kinderwagen, alles ist wie es war, alles ist wie es ist, ewig fließt die Donau, ewig klingt eine Melodie...

Auch der *zeitliche Ablauf* unterliegt dem kalkulierten Prinzip der konsequenten Entsprechung und Proportion: Es beginnt in frühsommerlicher Sonne. Dabei wird die Zeit im Spiel zurückverlängert um genau ein Jahr ins Vorfeld der Erinnerung: Oskars »armes Mutterl selig« ist »heut vor einem Jahr fort« – und zwar »Nach dem Essen um halb drei – da hatte sie unser Herrgott erlöst« (I,2). – Am Sonntag nach diesem Beginn finden Alfred und Marianne im Wiener Wald zueinander.

Der zweite Teil setzt ein mit der stillen Straße im 8. Bezirk, und die *Sonne scheint wie dazumal*, überhaupt ist alles wie dazumal – nur Marianne fehlt, und im nächsten Bild erwähnt sie's: Es spielt exakt ein Jahr nach der ersten Begegnung der (einst) Liebenden.

Der dritte Teil scheint zeitlich inkonsequent einzusetzen – er tut es insofern nicht, als er sich über etwa ein halbes Jahr hinzieht (während Teil I und Teil II jeweils nur die Spannweite einiger Tage [oder Wochen?]umfassen). Teil III beginnt beim Heurigen, im Herbst des gleichen Jahres. Die *Abendsonne* jedoch der nächsten Szene (Wachau) ist die des nächsten Frühjahrs, und so endet denn das Stück offenbar recht genau wiederum ein Jahr nach dem zweiten Teil, d.h. zwei Jahre nach dem Beginn.

(Es ist nahezu beruhigend, daß in diese strenge Kalkulation doch ein Traditionsmoment österreichischer Schlamperei eingedrungen zu sein scheint:

Szene 2 von Teil I legt sich deutlich fest:

RITTMEISTER Es wird Frühling, Herr Zauberkönig.

ZAUBERKÖNIG Endlich! Selbst das Wetter ist verrückt geworden.

Da wirkt es denn ein bißchen pressiert, wenn die nächste Szene *Am nächsten Sonntag im Wiener Wald* spielt – und in ihr ausgiebig entkleidet und gebadet wird.)

Es zeigt sich also, daß die Größen Zeit und Ort mit Konsequenz gehandhabt und als Rahmen und Entsprechungswerte komponiert sind. Wiederkehr der Jahreszeit, des Jahrestages, der Szenerie: das Leben, – ein Karussell.

Diese Figur: Konstanz im Gleitenden, Beharrung im Wechsel wird (drittens) auch *akustisch* ausgedrückt. Die Auftritte in der stillen Straße des 8. Bezirks sind von Klaviermusik unterlegt. Die Szenenanweisung sagt anfangs dreimal, es spiele »jemand«. Dann erfährt es der Rittmeister durch den Zauberkönig: da spielt *eine Realschülerin im zweiten Stock* – nun darf auch der Autor es wissen und entsprechend ankündigen: *Jetzt spielt die Realschülerin im zweiten Stock ...*

Was denn spielt sie? Konsequent Walzer. Die musikalische Signatur Wiens also, seine Erkennungsmelodie, eine Art von Musik, die zum Kreislauf auffordert, zum Wirbel, die schwindlig macht, ein Tanz ohne strenge Figuren und Ausführungsregeln, ein Tanz monotoner Bewegung, alles dreht sich, dreht sich um sich selbst, Kreisbogen ohne Anfang und Ende: Ein antirationaler Tanz, mit ihm verbindet sich eine spezifische Art von Bewußtlosigkeit, also Seligkeit, vor allem die der Verliebten, im Walzertakt tanzt man in den Himmel hinein, nicht in dem von Menuett oder Fox oder Rock. Der Tanz überdies einer animalischen Nähe, einer leiblichen Verbundenheit, die nicht auf Distanz gehen darf, sonst ist der Dreh zerstört, der Wirbel halt kein Wirbel mehr.

Also die Realschülerin spielt konsequent Walzer, durch sämtliche vier in der stillen Straße spielenden Szenen hindurch. Und zwar in dieser Abfolge:

Geschichten aus dem Wiener Wald von Joh. Strauß; *Über den Wellen; In lauschiger Nacht* von Ziehrer. – Zum Einsatz des zweiten Teils: wieder die *Geschichten aus dem Wiener Wald.* In der entsprechenden (6.) Szene des zweiten Teils: den *Frühlingsstimmen-Walzer* von Joh. Strauß; der wird abgelöst von (wieder) *Über den Wellen.* Im dritten Teil dann die eine Szene in der stillen Straße bringt lediglich *einen* Walzer von

Johann Strauß. Absicht? Lässigkeit? Wie auch immer, es zeigt sich zweierlei:

Zum einen: Die einzelnen Szenen werden akustisch verknüpft wie gegeneinander abgesetzt durch Wiederaufnahme bereits gespielter Melodien (*Geschichten aus dem Wiener Wald* I,1 wie II,1; *Über den Wellen* I,1 wie II,6; neu hingegen in II,6: der *Frühlingsstimmen-Walzer*).

Zum andern: Horváth bestimmt mit großer Akribie, wann der Walzer einsetzt, wann er abbricht (und zwar oft *mitten im Takt*), wann er wieder einsetzt. Bezeichnend etwa: Erste Begegnung Marianne-Alfred, stummes Spiel durch das Schaufenster, Marianne erschrickt vor dem, was da auf sie zukommt, *läßt rasch den Sonnenvorhang hinter der Fensterscheibe herab – und der Walzer bricht wieder ab, mitten im Takt* (I,2). – Oder die akustische Spiegelung der Repetition: Erst Szene I,2:

Der Rittmeister hat Oskars gestrige Blutwurst gepriesen. Dann:

VALERIE *erscheint in der Tür ihrer Tabak-Trafik.*

RITTMEISTER *grüßt.*

VALERIE *dankt.*

RITTMEISTER Dürft ich mal die Ziehungsliste?

VALERIE *reicht sie ihm aus dem Ständer vor der Tür.*

RITTMEISTER Küß die Hand! *Er vertieft sich in die Ziehungsliste; plötzlich bricht der Walzer ab, mitten im Takt.*

VALERIE *schadenfroh:* Was haben wir denn gewonnen, Herr Rittmeister? (usw.) –

Nun die Szene II,6:

Der Rittmeister hat Oskars gestrige Blutwurst gepriesen. Dann:

VALERIE *erscheint in der Tür ihrer Tabak-Trafik.*

RITTMEISTER *grüßt.*

VALERIE *dankt.*

RITTMEISTER Dürft ich mal die Ziehungsliste?

VALERIE *reicht sie ihm aus dem Ständer vor der Tür.*

RITTMEISTER Küß die Hand! *Er vertieft sich in die Ziehungsliste, und nun ist der Walzer aus.*

(Folgt Einschiebsel Zauberkönig – Gnädige Frau [auch seinerseits eine Spiegelungs-Szene], danach:)

122

VALERIE *boshaft:* Was haben wir denn wieder gewonnen, Herr Rittmeister?

Der einzige Unterschied, wiederum den Wechsel-Akzent über die Wiederholung des Gleichen setzend:
Im ersten Teil ist es der Walzer *Über den Wellen,* der die Szene untermalt; im zweiten der *Frühlingsstimmen-Walzer.*

Kontrolliert man sämtliches Einsetzen und Abbrechen der walzerspielenden Realschülerin in allen Szenen des 8. Bezirks, so läßt sich zwar kein starres Entsprechungssystem Handlung– Musik herausarbeiten, wohl aber skandiert das Klavier die Unter-Szenen, und es ergibt sich der entschiedene Eindruck der musikalisch artikulierten *diskontinuierlichen Kontinuität,* die des ganzen Stückes Lehre ist. Es ist das spezifische Geräusch des Wiener Herzens, das da in deformierter mechanischer Form klopft oder schlägt oder hämmert.

Damit ist die Walzer-Leitmotivik nicht durchgespielt. Auch andere Szenen werden von ihr beschwingt (das ganze Stück trägt schließlich einen Walzertitel):
Die Picknick-Szenen im *Wiener Wald* werden untermalt von Musik, die sich *der lieben Tante ihrem Reisegrammophon* verdankt. Und zwar spielt es:
Anfangs den »göttlichen Puccini«. Dann spielt es an der schönen blauen Donau den Walzer *An der schönen blauen Donau.* Und schließlich, als die badende Marianne aus der schönen blauen Donau und in Alfreds Arme steigt, den *Frühlingsstimmen-Walzer* des Johann Strauß.
Hier zeigt sich neben der leitmotivischen wiederum eine bedeutende Verknüpfungsfunktion der Musik:
In der 6. Szene des II. Teils wird der 8. Bezirk wie immer vorgeführt – aber eben ohne die »arme Mariann«. Die arme Mariann ist Alfreds Weg gegangen – und die Realschülerin im zweiten Stock spielt jetzt just jene Musik, unter deren Klängen sich Alfred und Marianne in die Arme gesunken waren: den *Frühlingsstimmen-Walzer.*
Mit dessen Klängen also verweist die *Wiener-Wald-*Szene zu

ihrem Ende auf das Künftige und läßt es vorklingen. Zuvor aber, bevor der lieben Tante Grammophon seine Walzer drehte, hat es schon einen Walzer gegeben. Oskar singt ihn – alles hat sich im Wald gelagert – zur Laute. Er singt: »Sei gepriesen, du lauschige Nacht. Hast zwei Herzen so glücklich gemacht« usw. Er nimmt also Ziehrers Walzer *In lauschiger Nacht* wieder auf, unter dessen Klavierklängen sich (I,2) Marianne und Alfred zum ersten Mal gesehen haben – und der abbrach, als Marianne erschreckt die Jalousie herabläßt, mitten im Takt (s.o.S. 122).

Als jetzt aber Oskar die erste Strophe gesungen hat, summen alle das Lied noch einmal – *außer Alfred und Marianne.*

Schließlich die Musik zur Katastrophe, die Musik also im *Maxim* in der großen, den III. Teil einleitenden Szene. Die Töne eskalieren: zuerst *erklingt der Walzer »Wiener Blut« von Johann Strauß, der Vorhang hebt sich und einige Mädchen in Alt-Wiener Tracht tanzen den Walzer –.*

Der zweite Bühnenauftritt deutet nun musikalisch wie optisch die Katastrophe an – durch einen Rückverweis: Die Kapelle spielt den Walzer *An der schönen blauen Donau.* Dort war er zuletzt erklungen – und dann schwamm Marianne im Wasser, Donaunixe, um zu Alfred zu klimmen, ans Land...: »Von dir möcht ich ein Kind haben –«. Jetzt also teilt sich zu diesen Walzerklängen *der Vorhang und man sieht drei halbnackte Mädchen, deren Beine in Schwanzflossen stecken.*

Die Katastrophe ist vorbereitet, sie findet statt, als sich der Vorhang das übernächste Mal öffnet:

Die Szene stellt – zu Schumanns *Träumerei* – »Die Jagd nach dem Glück« dar. Das Glück steht auf einer Kugel, es ist nackt und heißt Marianne.

Walzerunseligkeit, – Hans Weigel sagt von den *Geschichten aus dem Wiener Wald,* daß sie »den landesüblichen Dreivierteltakt durch das meist totgeschwiegene vierte Viertel ergänzen«.

IX

Die Kunst der Machart verfährt gelegentlich ganz selbstgenüg-
sam, d.h. so »werkimmanent«, daß die Zuschauer es nicht, die
Leser es kaum gewahr werden. (II,4:)

Marianne stellt sich der Baronin vor, die sie an das Cabaret
verkuppeln wird. Stellt sich vor mit dem *Lied von der Wachau.*
Die beiden letzten Verse lauten:

> *Die Augen sind veilchenblau*
> *Vom Mädel in der Wachau.*

Damit endet Szene 4. Das Mädel, das da singt, von einer Blinden am Spinett begleitet und selber verblendet, wird in der
Wachau sein bißchen armseliges zerstörerisches Schicksal erleben, sein Kind verlieren. Die nächste Szene beginnt mit der
Ortsanweisung: *Draußen in der Wachau.*

Wiederkehr des Gleichen, der Mensch im Netz: die Brutalität des Banalen, die Infamie des Alltäglichen sind seine Domp-
teure und Henker. Marianne ist dem 8. Bezirk entflohen, seiner Enge, der grantelnden Wehleidigkeit des Vaters und seiner
Dummheit, die sie, obschon selber dumm, durchschaut hat
(s.I,4). Und sie erwacht: im 18. Bezirk, *Der Tag ist grau und
das Licht trüb,* das also ist die Erfüllung des Wunsches, mit dem
die große Liebesszene schloß, jetzt hat sie ihr Kind von diesem
Mann, aber sie, der Engel, ist abgestürzt, sie machen sich ihre
kleine schäbige Hölle – und wie?

ALFRED Wo stecken denn meine Sockenhalter?

Diese idiotische Frage ist ihr vor genau einem Jahr gestellt
worden, der cholerische Vater hat sie vom Balkon her gebrüllt
(und sie hat ihm, dem Zauberkönig, mit – vermutlich – unbe-
wußter Ironie geantwortet: »Ich kann doch nicht zaubern!«).

Sie kann nicht zaubern – und so weicht sie denn aus in die
monströse Trivialität, in die Sentimentalität, die ihr von je ein
lieber Zufluchtsort war: »Über uns webt das Schicksal Knoten
in unserem Leben.« Aber so banal die kleistrige Materie dieser
Aussage ist – sie ist doch ein Symptom für das Lebensgefühl

dieser Menschen, zu denen auch Marianne gehört, wenngleich (noch) auf der Stufe einer höheren Unschuld: Das Bewußtsein der mangelnden Autonomie, der Unfähigkeit, mit eigenen Mitteln Eigenes zu schaffen, drängt sie ab in einen Vulgärfatalismus der plattesten Art. Die Sterne sind's, »halt alles Naturgesetze« und »Schicksal«, und die Planeten – alle fühlen sie sich der anonymen Gottheit und ihrem blinden Walten unterworfen, und immer wieder heißt es: »Es hat halt nicht sollen sein...«.

Halt Naturgesetze – der eine geht, der andre kommt, und alles bleibt beim alten:

(II,6:) Erich, flüchtiger Mieter und Schlafbursch der Valerie, geht ins Colleg, in der Hand: »Fünf Memphis«. Wenige Minuten später tritt Alfred auf, ehemaliger Liebhaber der Valerie und künftiger: »Könnt ich fünf Memphis haben?« – Alfred, der hohlste Sprüchklopfer unter all diesen hohlen Sprüchklopfern, findet schließlich gar für die totale Absenz aller Charakterfestigkeit ein poetisches Alibi: »Nur wer sich wandelt, bleibt mit mir verwandt« – indessen, hier wandelt sich nichts, auch das ist eine Art Naturgesetz. Allenfalls erklimmt das Bewußtsein eine Erkenntnisstufe, von der aus primitivste Formen ökonomischer Abhängigkeit einsichtig werden. Alfred, der Parasit par excellence, formuliert dann auch die zynische Maxime par excellence: »eine rein menschliche Beziehung wird erst dann echt, wenn man was voneinander hat« (I,1). Das sagt er zu Valerie, und die praktische Verwirklichung exerziert dann sie beim Heurigen, als sie den von ihr ausgehaltenen Preußen Erich hindert, auf den Rittmeister loszugehen: »Daß du parierst – und halt's Maul, sonst schmier ich dir eine. – Wenn du schon meine Salami frißt, dann kannst du mir auch entgegenkommen –« (III,1). Sie haben etwas voneinander, und sind also eine rein menschliche Beziehung[10].

X

Die kleinen Leute mit den großen Worten: Ihre Ent-Eignung wird manifest im *Verlust der Sprache,* der eigenen Sprache. In gewisser Vereinfachung kann man bei Horváth drei Sprachschichten diagnostizieren:

Da ist zum einen der »Hohe Ton«: das pathetische Sprichwortgut, die sentimentfeuchte Maxime, der Talmi-Glitzer des fremdsprachigen Zitats.

Da ist zum zweiten der »Mittlere Ton«, die große Masse der gewechselten Worte, scheinbar eine geläufige Umgangstonart, in Wahrheit ein verkrängtes, gestelztes, artifizielles Reden von gequälter Selbstverständlichkeit: Die eigentlich uneigentliche Sprache und das bedeutendste Kunstmittel Horváths überhaupt, eine Mixtur aus Zeitung und Kanzel und Rednerschule und Sprachecke und Börsenbericht und Buchmachernotiz und Boxring, eilig, adaptiert und niemals ganz passend – insbesondere dann nicht, wenn dieses Sprechen das ›Unpassende‹ meiden möchte.

Die Sprache der Entfremdung – eben das, was Horváth als die eigentliche Signatur des Kleinbürgers erkannt hat: dieses Medium ist das Produkt des Prozesses, der den Dialekt zersetzt durch den Bildungsjargon. Ein Medium, das nicht mehr ›mittelt‹, Worte als Stangen im Nebel, Wortblasen, losgelöst von des Sprechers Person.

Dieser stilisierte Jargon, die eigentliche Materie der »Volksstücke« Horváths, wird gelegentlich durchbrochen durch (drittens:) den Rückfall in die eigentliche Sprache, also in die Mundart als die Heimat des Sprechenden (ein klassischer Akt der Regression, um es mit der Psychoanalyse zu sagen): »einige Sätze, nur ein Satz manchmal, der plötzlich ganz realistisch, ganz naturalistisch gebracht werden muß«. Das also ist die dritte Schicht (und natürlich sind die Ebenen nicht chemisch rein voneinander gesondert, gehen gelegentlich ineinander über).

Die *Geschichten* sind das Drama Horváths, das für alle drei Sprachtypen die reichsten Belege liefert, es ist sein sprachlich mannigfaltigstes Stück. Da ist der »Hohe Ton«: Er ist zur Stelle in den Szenen der großen Gefühle, vor allem also in den Liebesszenen Marianne–Alfred, und denunziert Mariannes naive Torheit, Alfreds gelenkige Dummheit (I,4):

MARIANNE Ach, wir armen Kulturmenschen! Was haben wir von unsrer Natur!
ALFRED Was haben wir aus unserer Natur gemacht? Eine Zwangsjacke. Keiner darf, wie er will.
MARIANNE Und keiner will, wie er darf.
Stille.
ALFRED Und keiner darf, wie er kann.
MARIANNE Und keiner kann, wie er soll –

und so weiter. Sie setzen sich, und dann fällt Mariannes ungeheuer komische Bemerkung: »Ich bin nur froh, daß du nicht dumm bist –«, von Alfred quittiert durch die noch grotesker klingende Replik: »Du denkst zuviel.«

Wenn dann zur Sprache der Lebensweisheit (»Hörigkeit ist eine Blutfrage«) die Billard-Terminologie und das französische Klischee kommen (»cherchez la femme!«), wie etwa in der Szene Alfred : Hierlinger Ferdinand im Café (II,3): dann klingt es wie perfekter Hinterhof-Hofmannsthal.

Den hohen Ton als *Zitat* meistern vor allem der Hochstapler Alfred und der Sadist Oskar, Figuren, die mit Schablonen arbeiten, mit versetzter Stimme hantieren, als Bauchredner agieren. Die totale Verlogenheit, die blutige Verliebtheit ins Schöne, die Liaison von Brutalität und Schatzkästchen läßt ihre Art zu reden gerinnen zur Redensart und das (korrekte oder falsche) Zitat als Eideshelfer fungieren. So vor allem in der makabren Versöhnungsszene (III,3), die das Werk der Wiederherstellung einer heilen Halbwelt schmückt mit Tortengußrhetorik wie »Gang nach Canossa« und »Ich bin eine geschlagene Armee« und »Nur wer sich wandelt, bleibt mit mir verwandt« bis zu Oskars, des Fleischhauers, professionsbezogenem Goethe-Verständnis: »Denn so lang du dies nicht hast, /Dieses ›Stirb und Werde!‹,/ Bist du noch ein trüber Gast / Auf der dunklen Erde!«

128

Marianne aber, nach wie vor die natürlich fühlende Brust unter den Larven, *grinst* und nötigt Oskar zur Öffnung des Visiers: »Das sind doch nur Kalendersprüch!« –

Für den »Mittleren Ton« sodann bedarf es keiner Belege, das Stück in seiner Hauptmasse besteht aus Dialogen dieser Schicht, dem eigentlichen Horváth-Deutsch (s.o.S.127).

Was schließlich die dritte Sprechschicht, den Dialekt, anbetrifft, so müssen selbst die Ideologen der reinen Lehre (»Es darf kein Wort Dialekt gesprochen werden!«, s.o.S.115) vor den *Geschichten* in diesem Punkte kapitulieren. Denn es ist unabweisbar: Das Stück ist vom Dichter im Dialekt, jedenfalls dialektelnd geschrieben! (Das gilt vor allem für den Zauberkönig, aber in jeweiliger Modifizierung für alle Wiener Figuren.) Die (unbestrittene) These von der Allgemeingültigkeit der hier dargestellten Vorgänge darf nicht als Vorwand dafür dienen, die spezifische Wiener Bonbonniere durch eine neutrale Verpackung zu ersetzen. Das Stück spielt in der Wachau, im Wiener Wald, im achten Hieb…, es verliert ein gut Teil seiner Bissigkeit, und seine Giftzähne werden stumpf, wenn seine böse wahnsinnige Trostlosigkeit nicht formuliert wird von der im goldnen Wiener Herzen schlagenden Wiener Zunge. (Im übrigen sage einmal einer »Küß die Hand« auf Bühnenhochdeutsch[11].)

Angesichts der verkrampften Debatte um die Frage des Dialekts bei Horváth sei an einige seiner Selbstaussagen erinnert: Cronauer spricht im Interview von der »deutschen, ja absolut süddeutschen Art« Horváths. Im gleichen Interview erklärt Horváth, er nenne seine »Volksstücke« nicht willkürlich so, »d.h. nicht einfach deshalb, weil meine Stücke mehr oder minder bayerisch oder österreichisch betonte Dialektstücke sind«[12]. Zur gleichen Frage in der *Gebrauchsanweisung* mit dem Blick auf *Die Bergbahn:* Volksstück »nicht einfach deswegen, weil das Stück ein bayerisches Dialektstück ist«.

Es ist wahr, und der kluge Kerr hat es prompt erkannt: Wie könne man sich »den Musiklaut der herrlichen Horváthrede« denken? »Real? Ja. Doch, mit fast rhythmischer Versfärbung, mehr unbewußt parodistisch; mehr ungebildet feierlich; mehr mit gesuchter Feinheit... im Gegensatz zu dem Mist, den sie reden[13].«

An dem Gesetz der Stilisierung als dem Sprachhabitus von Horváths Personen soll nicht gerüttelt werden. Indessen hebt man sein fundamentales Konzept auf, wenn man seine eben durch ihren Argot (d.h. das Produkt aus Dialekt plus ihn korrumpierendem Bildungsjargon) definierten Kleinbürger deren ursprünglichem Sprachgrund total entzieht: Diese Sprache, dieses Sprechen muß ein dem Dialekt entrungenes Sprechen bleiben, das sich im stetig hörbaren Rückverweis auf den Dialekt als Signatur der Entfremdung denunziert.

XI

Wie führt Horváth seine Figuren? Die *Geschichten* sind ein Dreiecksspiel. Das verlobte Paar stellt die Antipoden: Marianne und Oskar. Dazu, Ferment der Dekomposition: Alfred.

Alfreds Schäbigkeit und Infamie haben jenen Grad der Niedrigkeit erreicht, der selbst die Möglichkeit der Scham ausschließt. Er lügt und trügt und camoufliert, und das nur zum Zweck des kalkulierten Betrugs. Im übrigen ist er sich über seine Verworfenheit im klaren und gibt sie, wenn es sich so ergibt, auch zu.

Insofern entspricht er, da wirklich böse und durchaus mies, am ehesten einem Klischee: Landbub, in die Großstadt verschlagen und in der Wirtschaftskrise unter die Räder gekommen.

Schwerer steht es mit Oskar. Auf den ersten Blick mag es scheinen, als sei er so »gediegen« wie seine Fleischhauerei. Freilich signalisiert schon sein erster Auftritt den Pakt von fehlgeleitetem Schönheitssinn und Brutalität: Er steht in der Tür seiner Fleischhauerei, die Schürze weiß, und maniküurt sich – mit seinem Taschenmesser. (Nicht anders in II,6.)

Der unbeholfene Junge, des Mutterl selig herzlich gedenkend, fast eine Honoratiorenfigur: er ist schlichtweg ein Sadist und dazu bestimmt, Marianne zu metzeln. Und das Motiv ist sein klares Empfinden dafür, daß Marianne ihn verachtet:

⟨I, 2:⟩
OSKAR Ein Bussi, Mariann, ein Vormittagsbussi –
MARIANNE *gibt ihm einen Kuß, fährt aber plötzlich zurück:* Au! Du sollst nicht immer beißen!

Er behauptet, es nicht gemerkt zu haben, zweimal *Stille,* dann die hellsehende Marianne: »Manchmal glaub ich schon, daß du es dir herbeisehnst, daß ich ein böser Mensch sein soll –«.

Es ist so. »Glücklich«, d.h. mit ihr auf gleicher Ebene vereint ist er erst, nachdem sie »bös« geworden – von ihm (und anderen) dazu getrieben ist, kriminell zu werden.

Jetzt aber fürchtet er, sie beleidigt zu haben: »Ich wollte dich nicht beleidigen. Ich weiß, daß du mich verachtest.«

Ob sie ihn liebe? Er solle »nicht immer so herumbohren« in ihr, bitte! Er darauf: »Jetzt möcht ich in deinen Kopf hineinsehen können, ich möcht dir mal die Hirnschale herunter« usw. Er bleibt bei seinem Leisten – und da sein Wunsch sich vorerst nicht erfüllen läßt, geht er den Fluchtweg in die sentimentale Platitüde: »Man ist und bleibt allein.«

Dann *Stille.* Dann Likörbonbons.

So erledigt er denn Marianne sehr bald schon »spielerisch«, beim Pfänderspiel im Wiener Wald. Er demonstriert einen Jiu-Jitsu-Griff: »Wie man seinen Gegner spielend kampfunfähig machen kann –« *er stürzt sich plötzlich auf Marianne und demonstriert an ihr seine Griffe.* Sie stürzt und klagt – aber er hat ja nur »markiert«.

Ein »Kindernarr« ist er, gruppiert die lieben Kleinen unermüdlich zu Photoszenen und küßt das Kleinste – zu Marianne aber, so wird er immer wieder hart greinen, versperrt ihm beharrlich deren Kind den Weg.

Er ist der Jäger, der Hund, der, auf ihre Fährte gesetzt, sich selber bestätigt nur durch den Fangbiß: Als Marianne und Alfred nach ihrer ersten Liebesszene entdeckt sind: »Mariann, ich wünsch dir nie, daß du das durchmachen sollst, was jetzt in mir vorgeht – und ich werde dich auch noch weiter lieben, du entgehst mir nicht – und ich danke dir für alles.« *Ab.*

Das Wort findet sein Echo am Schluß:

»Ich hab dir mal gesagt, Mariann, du wirst meiner Liebe nicht entgehn –«. Darauf sie: » Ich kann nicht mehr.« Darauf er (konsekutiv!): »Dann komm –« *Er stützt sie, gibt ihr einen Kuß auf den Mund und langsam ab mir ihr –.* Jetzt kann er die Strecke verblasen.

Konsequent äußert sich sein Sadismus auch als Masochismus: Der primitive Havlitschek, ein Oskar auf reiner Tierstufe, sieht es richtig: »Nein, das ist etwas Ungesundes! Schauns doch nur, wie er ausschaut, er quält sich ja direkt selbst« (usw.). »Akkurat auf die läufige Bestie hat er sich versetzt« (II, 1).

Oskar jedoch singt sich nahezu frei in einer sadistischen Arie, die bedeutsam von seiner Profession orchestriert, d.h. eröffnet und beschlossen wird:

Zu Beginn des zweiten Teils sagt er seinem Gesellen Havlitschek: »Daß du es nur ja nicht vergißt: wir müssen heut noch die Sau abstechen. – Stichs du, ich hab heut keinen Spaß daran.«

Dann, *am späten Nachmittag,* Oskar zu Valerie (II,6):

Ich hab sie noch immer lieb – vielleicht stirbt das Kind –(…) Wer weiß! Gottes Mühlen mahlen langsam, mahlen aber furchtbar klein. Ich werd an meine Mariann denken – ich nehme jedes Leid auf mich, wen Gott liebt, den prüft er. Den straft er. Den züchtigt er. Auf glühendem Rost, in kochendem Blei –

VALERIE *schreit ihn an:* Hörens auf, seiens so gut!

OSKAR *lächelt.*

In dieses Lächeln steigt Havlitschek mit der Frage, ob er nun die Sau abstechen solle oder nicht.

Und nun die klassische Aggressions-Ableitung, nun metzelt Oskar seine geliebte Mariann stellvertretend: »Ich werd sie jetzt schon selber abstechen, die Sau –« *Jetzt läuten die Glokken.*

»Ich bin doch kein Sadist!«, sagt Oskar zum Ende. Grad zuvor hat er verhindert, daß Marianne die mörderische Großmutter mit der Zither erschlägt. Und zwar so: *Oskar drückt ihr die Kehle zu.* Er beherrscht sein Handwerk. Die Glocken aber, die da den Sauabstich einläuten, kommen vom Stephansdom, in dem Marianne beichtet (III, 7). Fast will die Szene als Inkonsequenz erscheinen, fast als ein Akt der mangelnden Kontrolle seiner Figur durch den Autor, denn hier legt Marianne durchaus alles ab, was Horváths Geschöpfe als Zeichen ihrer Erniedrigung und Nichtigkeit an sich tragen, das falsche Pathos und die Dummheit und die Heuchelei und den Selbstbetrug, hier ist dies Mädchen von sehr einfacher Größe. Was ihr das Leben verwehrt, nämlich die Verwirklichung ihres autonomen Willens, das proklamiert sie in geradezu heroisch anmutendem Stolz, als sie ihr Schicksal annimmt und dem Priester die Reue verweigert, die Reue darüber, ihr Kind »im Zustand der Todsünde empfangen und geboren« zu haben. Sie sagt das große Wort: »Nein, davor hab ich direkt Angst, daß ich es bereuen könnt.«

Dann wendet sie sich unmittelbar an ihren lieben Gott, in einer Szene, die vielleicht nicht den lieben Gott, gewiß aber einen Menschen erschüttert:

Lieber Gott, ich bin im achten Bezirk geboren und hab die Bürgerschul besucht, ich bin kein schlechter Mensch – hörst du mich? – Was hast du mit mir vor, lieber Gott?
Stille.
(Spiegelung dieser Szene: in II, 4).

Es liegt nicht an den Goethe-Zitaten des Stücks, daß man hier an Gretchen denkt: Kleinbürgerkind, Halbwaise, verführt durch einen Hochstapler, gebiert ein uneheliches Kind... Die Berührungen sind nicht bewußt und nicht eng, aber sie sind da, und man hört bei der Szene im Dom die eine wie die andere. In beiden Fällen wird ein Mädchen, unschuldig gewiß, und schuldlos wohl auch, kaputtgemacht, weil es den Mut hat, seinem Gefühl absolut zu vertrauen und ihm zu folgen.

Beider »Schuld«: Arglosigkeit, Dummheit.

Horváth gegen Ende seiner *Gebrauchsanweisung:*

»Die realistisch zu bringenden Stellen im Dialog und Monolog sind die, wo ganz plötzlich ein Mensch sichtbar wird – wo er dasteht, ohne jede Lüge, aber das sind naturnotwendig nur ganz wenig Stellen«.

Marianne im Dom ist eine solche Stelle.

Und dies unterscheidet sie von allen anderen Figuren des Stücks: Während ihre Umwelt bereits das Produkt der Verhältnisse ist und sich entsprechend verhält, versucht Marianne noch, ihrem eigenen Gesetz treu zu sein und entsprechend zu handeln. Eben darum muß sie (in dieser Umwelt an dieser Umwelt) scheitern. Die *Geschichten* sind die Schilderung des Prozesses einer Integration, d.h. einer Korruption.

Diese Verwandlung vom Subjekt zum Objekt, diese Demonstration einer Deformation kann gelingen, weil es Marianne an dem einzigen tauglichen Abwehrmittel fehlt: der Einsicht; der Intelligenz. Ihre Tragödie ist die der vorenthaltenen Lehre.

Horváth sagt das nicht ausdrücklich, er kommentiert es nicht, er klagt nicht an und zeigt auch nicht die bessere Möglichkeit: er zeigt nur was ist. Das unterscheidet ihn von Brecht. Aber Mariannes:»Nein. Das kann ich mir nicht leisten, daß ich mich schäm« – das könnte auch von Brecht sein.

Der Bestand einer solchermaßen korrumpierten Welt wird gesichert dadurch, daß sie sich akzeptiert. Sie durchschauen sich alle in ihrer Schwachheit, Erbärmlichkeit und Feigheit: Valerie den Zauberkönig, der Zauberkönig Valerie, und beide den Rittmeister und der Rittmeister sie...

Aber sie rühren nicht an die Oberfläche der Maske, die unter der Berührung zusammenfallen könnte. Sie verfahren nach dem Muster, das Valerie vorweist: Der Zauberkönig ist betrunken an die Bar getorkelt, wohin »Mausi« ihn gelockt hat (III,1). Valerie, seit Jahren Zeugin seiner Geilheit, seiner Heuchelei, seiner Wehleidigkeit, über ihn zu dem Mister: »Ja. Sonst ist er ja ein seltener Mensch, bescheiden und anständig, der echte Bürger vom alten Schlag. – Diese Sorte stirbt nämlich aus.« Heuchelei, in der Tat. Auf höherer Stufe nennt man sie auch wohl Toleranz.

XII

Zu Horváths *Stilmitteln* gehört auch das der *Komik*. Kaum je die einer unbefangenen Heiterkeit. Bei Horváth lacht man befangen. So etwa über das Groteske, das entsteht aus der harten Fügung, dem Zusammenzwingen von kategorial einander ausschließenden Dingen. Da ist die Logik des Alogischen:

Marianne zu Alfred (I,3): »Papa sagt immer, die finanzielle Unabhängigkeit der Frau vom Mann ist der letzte Schritt zum Bolschewismus.«

Das ist in sich derart blöd, daß es in der Tat schon zum Lachen zwingt. Komisch aber wird es erst durch die Vergewaltigung der Logik in Alfreds Antwort. Denn syllogistisch angemessen wäre allein die Replik:

Es sei auch die finanzielle Abhängigkeit der Frau vom Manne nicht unproblematisch. Er aber sagt:

»Ich bin kein Politiker, aber glauben Sie mir: auch die finanzielle Abhängigkeit des Mannes von der Frau führt zu nichts Gutem.«(Und natürlich reagiert er, der von der Trafikantin Ausgehaltene, da autobiographisch.)

Oder: Oskar, eifersüchtig auf Alfred, zu Marianne (II,3): »Er beneidet mich um dich – ein geschmackloser Mensch.«

Oder (I,4): Marianne wirft mit hektischem Pathos »Jetzt bricht der Sklave seine Fessel – da!« Oskar den Verlobungsring hin. Und die Puppenklinik könne ihrethalben verrecken! Ihr Vater: »Das einzige Kind! Das werd ich mir merken!«

Diesen Skandal zu vermeiden, hatte der Zauberkönig Alfred kurz zuvor noch angefahren: »Daß mir keine Seele was erfährt, Sie Halunk –« (und nun fordert er vom »Halunk«:) »Ehrenwort!« – Oder Marianne deutet in Stichworten ihre Gefängnishaft an (III,3). Valerie: »Waren es wenigstens weibliche Kriminalbeamte?« Marianne: »Teils.« Darauf Valerie: »Na also!« (*Stille*).

Diese alogischen Fügungen, Bruchstellen des Denkens sind aber nicht primär um ihrer komischen Wirkung willen konstruiert. Vielmehr reflektieren sie auch zu ihrem Teil das Gesetz dieser Kommunikation: Das der Kommunikationslosigkeit, des Aneinandervorbeiredens, – und die ~~Hinnahme dieses An~~einandervorbei.

Von massiverer Komik dann Stellen wie Alfreds Beteuerung in bezug auf das von ihm gezeugte Kind (II,3):»Gott ist mein Zeuge[!], daß ich nie ein Kind hab haben wollen« (usw.) Oder: Die blinde Schwester der Baronin begrüßt den Gast mit den Worten (II,4):»Ach guten Tag, Herr von Hierlinger! Das freut mich aber, daß wir uns wieder mal sehen –«.

Oder in der Peripetie (III,1): Der Zauberkönig ist bei Darwin und erklärt dem Rittmeister, es stehe doch »felsenfest, daß wir Menschen mit der Tierwelt verwandt sind!« Der Rittmeister ist dagegen. Dann ist Marianne von der Kugel gestürzt, der Vater verstößt sie, der Rittmeister zu ihm:

»Sie sind kein Mensch!« Zauberkönig:»Also das hör ich gern! Schon sehr gern! Was soll ich denn schon sein, wenn ich kein Mensch bin, Sie?! Vielleicht ein Vieh?! Das tät Ihnen so passen! Aber ich bin kein Vieh und hab auch keine Tochter, bitt ich mir aus!!«

Da sind Anklänge an grimmige Formen des österreichischen Volkshumors hörbar, die etwa auf die oft beachtete Nestroy-Nachfolge Horváths hinweisen (den man freilich ebensowohl mit Raimund wie mit Büchner wie mit George Grosz und Karl Kraus in Zusammenhang gebracht hat).

Zu den Stilformen gehört auch die Nutzung der *Symbolik*. [15] Man weiß, wie sensibel der Arzt Schnitzler in seiner Dichtung den Arzt Freud moduliert hat, und wenn der Wiener Alfred Polgar in den *Geschichten* »Geschlechts- und Geldgier« notiert, so hat er gewiß recht mit dem Hinweis auf diese Moventien des »Affentanzes«. Wie aber zeigt Horváth »Geschlechtsgier«, vielmehr: wie zeigt er, daß die Menschen von ihr getrieben werden? Keine einzige Szene in dem Stück, die wir als »Sex-Szene« bezeichnen würden (das bißchen Korsett-Schnüffelei des Zauberkönigs ist ja eher rührend, allenfalls abgeschmackt). Wohl aber steckt das Drama voller vor allem (oder jedenfalls auch) dem Sexus zugehöriger Symbole.

Das erste auf die Bühne gebrachte Requisit ist (ohne äußeren Anlaß) *ein schärferes Messer*. (Die Mutter bringt es dem essenden Alfred.) – Mit seinem Taschenmesser manikütt sich Oskar. – Während des Picknicks im Wiener Wald hantiert Erich in der Badehose ausladend mit dem Luftdruckgewehr: Er lädt, zielt und schießt während des koketten Kuppeldialogs mit Valerie – als sie ihm dann das Zimmer in ihrer Wohnung angeboten hat, will auch sie schießen: *Sie nimmt ihm das Gewehr ab.* Schießt ihrerseits. Krümmt sich dann und wimmert, kann »das Ziel nicht mehr sehen«, – Umarmung, Kuß.

Oder Mariannes Liebes-Geständnis-Metaphorik (I,4): »Du – wie der Blitz hast du in mich eingeschlagen und hast mich gespalten – jetzt weiß ich es aber ganz genau.«

Oder: Der Hierlinger Ferdinand, der Marianne an das Nacktkabarett verkuppelt, *nähert sich mit seinem Queue langsam Marianne und setzt sich an ihren Tisch.* – Nicht minder eindeutig Erich, der Valerie beim Heurigen mit verschüttetem Wein bespritzt (was der Zauberkönig sogleich täppisch aufnimmt).

»Gott Amor«, mit dem Alfred in der Caféhausszene brilliert, Gott Amor hat wenig Pfeile zu verschießen in diesem Stück – allenfalls den einen, den irrenden, auf Marianne. Wirksamer bewegt sich Brudergott Sexus, wenn auch vor allem hinter der Szene. Auf ihr erscheint er nicht zwar versachlicht, aber eben: verdinglicht.

XIII

Es war vor wenigen Jahren und kann sich alle Jahre wieder ereignen, daß zur Stunde Null das Deutsche Fernsehen seine Zuschauer auf den Klängen eines Walzers in das neue Jahr hineintanzen läßt. Es handelte sich 1972 um den Walzer *An der schönen blauen Donau* von Johann Strauß. Klänge aus dem Wiener Wald. Dem Personenregister hat Horváth die Bemerkung angehängt: »Das Stück spielt in unseren Tagen«.

Anmerkungen

1 Das Material zu den Darlegungen vor allem der Abschnitte I bis IV danke ich vornehmlich den *Materialien zu Ödön von Horváth,* hg. von Traugott Krischke, edition suhrkamp 436, 1970. – Einige Passagen habe ich, teils verändert, von mir abgeschrieben: *Publik 47 vom 19. XI. 1971, S. 23.*

2 Und ich halte mich bei der Darstellung von Horváths letzten Tagen an Carl Zuckmayers Darstellung in *Als wär's ein Stück von mir,* 1966, S. 109–115. Andere berichten anders, lassen den Wahrsager eine Wahrsagerin, vor allem aber den Paris-Besuch einen Einfall Horváths sein – womit sie freilich nicht ganz unrecht haben können, denn noch am 7. Mai 1938 heißt es in einem Brief Horváths aus Zürich: »... muß bald weiter nach Amsterdam und vielleicht nach Paris.« S. im übrigen die Berichte von Hertha Pauli und Klaus Mann bei Krischke S. 113–115 und 117–124. Es ist bezeichnend, daß dieser von Magie umgebene Tod magisch Legendenbildung nach sich zog, und wenn ich Zuckmayer vertraue, so vor allem seiner ausdrücklichen Beteuerung halber, er wolle, was geschehen ist, »genau« berichten, »da so viele falsche oder halbwahre Darstellungen darüber verbreitet sind«.

3 Krischke S. 193.

4 Krischke S. 136–139.

5 Ich verdanke die Angaben Henning Rischbieter.

6 Zur Programmatik von Horváths Dramaturgie in seinen Selbstaussagen s. sein Rundfunkinterview mit Willi Cronauer sowie die *Gebrauchsanweisung,* beide (wohl) 1932, s. Krischke S. 42–50 und Ausgabe Bd. IV, 1971, S. 659–665.

7 Im Cronauer-Interview und in der *Gebrauchsanweisung.*

8 Siehe z. B. Hans Hollmann in der FAZ vom 11.12.1971, Beilage.

9 In welchem Maße die Thematik der *Geschichten* für Horváth in jenen Jahren ein Generalthema war, dafür liefert der 4. Band der Gesamtausgabe aufschlußreiches Material: Handlung und Figuren der *Geschichten* sind mannigfach verflochten mit anderen Dichtungen, Fragmenten und Arbeitsplänen der Jahre 1929–31. (Bei Horváths gedrängter Arbeitsweise sind 3 Jahre für die Entstehung übrigens eine lange Zeit.)

10 Zu der Verflechtung von *Liebe, Tod und Kapital* als einem Hauptthema Horváths siehe Dieter Hildebrandt bei Krischke S. 161–172.

11 Man vergleiche Hilperts Uraufführungsensemble vom 2. November 1931 in Berlin (!): Paul Hörbiger, Hans Moser, Carola Neher, Lucie Höflich, Frieda Richard... usw. Auch Erich Neubergs frühe Verfilmung am Beginn der Horváth-Renaissance arbeitet mit ›typisch‹ Wiener Schauspielern; und es fällt schwer zu glauben, daß Horváth nicht den Oskar auf Qualtinger und den Zauberkönig nicht auf Moser hin sollte entworfen haben.

12 Krischke S. 43; S. 45. – Sobald übrigens ein Stück dem regionalen Tableau entrückt ist, nennt Horváth es nicht mehr »Volksstück«. Die »Komödie« etwa *Zur schönen Aussicht* enthält viele Elemente (bis zu wörtlichen An-

klängen) aus den *Geschichten* und aus *Kasimir und Karoline* oder der *Italienischen Nacht,* – aber eben ohne »folkloristische« Momente, ohne Zither und Heurigen und Riesenrad und Sopran-Solo. (Das Ende jedoch scheint eine gelinde bessere Aussicht zu eröffnen: Komödie...)

13 Bei Krischke S. 40, anläßlich von *Kasimir und Karoline,* 1932.

14 Beim Heurigen singen und summen alle – der Mister als Vorsänger – »Donau so blau, so blau, so blau« – und sind es, auch dies ein Sprachwitz Horváths, vor allem selbst.

An der schönen blauen Donau: »der heute gesungene Text des Donau-Walzers (›Donau, so blau‹)stammt von Franz Gernerth her; er macht diese Komposition zum Loblied der Donau und zur Wiener Hymne. Strauß hat mit seiner Schöpfung dem Walzer ein neues Gebiet erschlossen; dieser ist der erste Gesangswalzer mit Chorbesetzung« (Wilhelm Kosch, Deutsches Lit. Lex., Bern 1949, Bd. I, S. 35).

15 Der Hinweis auf Horváths Symbolgebrauch bleibt notwendigerweise skizzenhaft und unzulänglich, da dieser Themenbereich nicht isoliert, nicht also abgelöst von entsprechenden Stilfiguren der anderen Dramen untersucht werden dürfte.

Hiob

Leben und Werk des Joseph Roth

I   Das Viele in dem Einen

Ein Sozialist – ein Monarchist.
Ein Wundergläubiger – ein Realist.
Ein Samariter – ein Zyniker.
Ein Don Quichote – ein Odysseus.
Einer aus dem *Schtetl* – einer aus Paris.
Ein Atheist – ein jüdisch-katholischer Mystiker.
Ein Journalist – ein Poet.
Ein Rebell – ein Patriot.
Ein Gaukler – ein Registrator.
Ein Träumer – ein Jäger –,

und: zart und brutal, sentimental und sarkastisch, romantisch
und kalkulierend: die Liste der Gegensatzpaare ließe sich
(fast) beliebig, ließe sich (fast) bis ins Unendliche fortsetzen.
Denn jeden Typus dieser Aufstellung vertrat er: Joseph Roth,
ein deutscher Dichter, der auch polnisch sprach, und der aus
dem Grenzland der Donaumonarchie kam, von den Huzulen,
aus Wolhynien, und ein wenig weiter beginnt Rußland.

Ein Proteus, ein Maskenspieler, ein Mann der vielen Zungen. Aber diese vielen Zungen sprachen die reinste deutsche
Prosa in der ersten Hälfte des zwanzigsten Jahrhunderts.

II   Der Tod in Paris

Am siebenten Juni 1938 versammelte sich in Paris auf einem
Friedhof, was dort in der deutschen Emigrationsliteratur einen
Namen hatte: Alfred Neumann, Piscator, Werfel, Hermann

Kesten... Am Grabe war mancherlei zu hören, was innerster Erschütterung entsprang, aber gerade der Erschütterte ist der Konvention zuweilen nicht gewachsen: »Ach, die Redner soll der Schlag treffen!«, stöhnte einer, der dabei war. Das war kein Zynismus, das war der Versuch, sich zu schützen. Denn eben der gleiche Mann hatte vier Tage zuvor sehr traurige und trauernde Worte über den Toten und seinen Tod geschrieben: »einer der besten österreichischen Schriftsteller« (so ist in der »Pariser Tageszeitung« vom 3. Juni 1938 zu lesen) sei vorgestern in Paris gestorben. Gemeint ist: Ödön von Horváth, und der da den Nachruf schrieb und sein Herz am Grab erleichterte durch jenen unfrommen Wunsch, er wurde noch kein Jahr darauf das Opfer eines »Schlags« und starb, »einer der besten österreichischen Schriftsteller«, in Paris, 44 Jahre alt: Joseph Roth sein Name. Und so viel ihn auch unterschied, den kleinen Judensohn aus dem galizischen Brody, von dem adligen Diplomatensohn aus Fiume an der Adria, so bleibt doch anderseits die Fülle der Gemeinsamkeiten staunenswert:

»Ich bin eine typisch altösterreichische Mischung, ungarisch, kroatisch, tschechisch, deutsch, nur mit semitisch kann ich leider nicht dienen«...

So Ödön von Horváth über sich selbst – und was Roth anbetrifft – auch er eine typisch altösterreichische Mischung –, er konnte mit semitisch dienen.

Ein Jahr also noch nicht vorbei, da waren es zum guten Teil die gleichen Menschen, die wieder um ein Grab in Paris standen, – auf einem anderen Friedhof (in Thiais, in der Banlieue, südöstlich): die emigrierten, die geflohenen Schriftsteller, Künstler, Wissenschaftler aus Berlin, Wien, Prag. Am Grab von Joseph Roth.

Horváths Tod war merkwürdig genug, gezeichnet von Ahnung und Vorahnung, von Geheimnis und willkürlichem Walten des absurden Zufalls. Am 1. Juni 1938 abends um halb acht ging er die Champs Elyseés hinunter, ein Gewittersturm kam auf, er stellte sich unter einen Baum, der Baum tötete ihn, den Schutzsuchenden, durch einen herabstürzenden Ast. Das »Opfer eines jener Zufälle, die wir als ›sinnlose‹ zu bezeichnen

pflegen, weil uns das Unerklärliche sinnlos erscheint« – so
Roth. Sein eigener Tod unterschied sich von dem hier beklag-
ten. Denn von ›Zufall‹ wird niemand reden wollen angesichts
des Vorgangs einer bewußten Selbstzerstörung. Joseph Roth
hat sich hinweggetrunken, hat sich weggesoffen aus einer Welt,
die ihm schließlich nurmehr das Wort »ekelhaft« entpreßte.
Wenige Monate später brach ein Krieg aus, den er in jedem
Fall nicht überlebt hätte. Ein Krieg, der auch die Erinnerung
an jene Welt zerstörte, die er im Stadium ihrer Agonie erlebt,
der Roth bei allen proteushaften Wandlungen unverwandelt
angehangen hatte.

III Trinker und Poet dazu

Roths letzte Erzählung ist die »Legende vom heiligen Trin-
ker«, und sie ist gewiß eine der schönsten Erzählungen unserer
Literatur, Kleist und Tolstoi sind darin. Sie endet mit dem Satz,
dem Wunsch, der fast ein Gebet ist: »Gebe Gott uns allen, uns
Trinkern, einen so leichten und so schönen Tod!«
Es gehört nicht viel kriminalistischer Spürsinn dazu, um das
Maß an selbstporträtierenden Zügen aufzuzeigen in diesem
Stück. Roth aber ist das Gebet nicht erhört worden. Er ist einen schweren Tod gestorben, im Hospital Necker, einem Ar-
menkrankenhaus, am 27. Mai 1939. Lungenentzündung, so
die Diagnose, aber schlimmer war wohl der Schock der plötzli-
chen, der rücksichtslosen Entziehung. Er hinterließ nichts als
beschriebenes Papier, im übrigen fand sich weder Geld noch
sonstiges Besitztum in dem kleinen Zimmer des »Hôtel de la
Poste«, das er zuletzt bewohnt hatte und in dessen Café er bis
zuletzt gearbeitet hatte, fünf und sechs und acht Stunden am
Tag schreibend, mit bis zuletzt klar gestochener, zierlicher
Handschrift: Es war dieser Chaotiker (um noch ein letztes Ge-
gensatzpaar zu zitieren) auch ein höchst disziplinierter Asket.
Diszipliniert, – das meint nicht »genau« oder »exakt« in des
Wortes landläufigem Sinn. Er war ein Mythomane. Das wie-
derum heißt nicht »Lügner« im landläufigen Sinne. Es heißt:

dieser Mann ergänzte, korrigierte, bereicherte die Wirklichkeit mit Hilfe der ihm jederzeit auf wunderbare Weise zufliegenden Partikel seiner, einer ihm übergeordneten Phantasie. »Er war ein Dichter und haßte das Ungefähre« – dieses große Rilke-Wort ist sehr präzis auf Roth anwendbar. Nur handhabt man es falsch, wenn man es im Sinne einer angestrebten Deckung von Lebensrealität und schriftstellerischer Aussage nähme. Und Roth hätte, angesprochen auf die peinliche Diskrepanz zwischen »Wirklichkeit« und seiner der Wirklichkeit geltenden Aussage, sehr wohl antworten können: »Um so schlimmer für die Wirklichkeit.« (In solchem Sinne ist es auch keine Berichtigung, wenn wir den letzten Satz des schon zitierten Roth-Nachrufs auf Horváth zitieren: »Ödön von Horváth war 35 Jahre alt«, heißt es da, – und hinzufügen: er war 37...)

Übrigens aber hätte jeder dieser beiden Dichter, den Schauder vor dem eigenen Tod abschüttelnd durch schreckliches Lachen, jene Geschichte erfinden können, die sich mit Roths Begräbnis und seiner Grabsteinplatte zutrug:

Die Juden nämlich unter seinen Freunden wollten, daß am Grabe der *Kaddisch* gesprochen werde, das hebräische Totengebet. Andere indessen behaupteten, Roth sei übergetreten zum christlichen Glauben, es müsse also ein katholischer Priester den Toten einsegnen. Die Stimmung wurde feindlich, man einigte sich auf einen Kompromiß: Katholisches Ritual, aber keine Reden. Der große Mythomane hat dafür gesorgt, daß noch über seiner Leiche die Ungewißheit flimmerte: Er hatte zu Lebzeiten einmal sich als Juden im Sinne der Orthodoxie bekannt, ein andermal behauptet, er sei getauft. Die Wahrheit freilich ist, daß für ihn der Gott der Atheisten zuständig war.

Das Grab deckte eine Platte (alles bezahlt von treuen Freunden übrigens, bei denen der Tote ohnehin Schulden und die selber nicht viel Geld hatten), auf der in antikischer Manier eingemeißelt war:

JOSEPH ROTH
Poète Autrichien
Mort à Paris en Exil
2.9.1894–27.5.1939

Dreißig Jahre später sorgte die österreichische Regierung für die Erneuerung dieser Platte. Nun aber wurde, und das ist merkwürdig, aus dem »*Poète* Autrichien« ein »*Écrivain* Autrichien«, aus dem Dichter ein Schriftsteller. Und sein Geburtsdatum wurde »korrigiert« – in Richtung auf den *Irrtum*. Da steht nun: »26. September 1894« (statt: 2. September). Die Realität, so zeigt sich wieder, ist ein schwankender Boden. Roth war ihr schwankend-sicherer Dichter.

Mit dem Dichter Heinrich von Kleist aber, dem er gelegentlich verglichen worden ist, hatte er gemein, daß ihm auf Erden nicht zu helfen war.

IV Das äußere Leben

Geboren am zweiten September 1894 in Brody. Einer Stadt von damals etwa 20000 Einwohnern – und von ihnen nicht weniger als rund 70% Juden. Einer von ihnen Moses Joseph Roth, und das »Mosès« in seinem Namen gibt er etwa seit 1914 auf, als er in Wien studiert, als er ein Literat und (1916) Soldat wird.

1930, als sein Verleger Gustav Kiepenheuer seinen fünfzigsten Geburtstag feiert, widmet sein Autor Roth ihm einen Lebensabriß:

»Nirgends, in keinem Kirchenbuch und in keinem Gemeindekataster, wurde der Tag meiner Geburt eingetragen, mein Name vermerkt... Geboren bin ich in einem winzigen Nest in Wolhynien, am zweiten September 1894, im Zeichen der Jungfrau, zu der mein Vorname Joseph irgendeine vage Beziehung unterhält. Meine Mutter war eine Jüdin von kräftiger, erdnaher, slawischer Struktur (...) Sie hatte kein Geld und keinen Mann. Denn mein Vater, der sie eines Tages nach dem Westen nahm, wahrscheinlich nur, um mich zu zeugen, ließ sie in Kattowitz allein und verschwand auf Nimmerwiedersehen.«

Das klingt nicht übel – und nichts davon stimmt. Nicht das »winzige Nest«, nicht die versäumte Katastereintragung, nicht der flüchtige Vater. Roth aber war hier nur konsequent, die

Lesart für den Verleger ist eine von vielen, er wurde nicht müde, seine Geburt und Herkunft mythologisch zu verbrämen, seine Person sich im Ungewissen der ostischen Nebel auflösen zu lassen. Ein Ostjude, der aus seinem *Schtetl* nach Westen, in die großen Städte zieht, verliert nicht nur seinen Geburtsort. Er verliert mit seiner ländlich-kargen Herkunft, mit der Welt, die ihn eng, aber eben auch schützend umschloß, auch sich selbst. Wo immer er ankommen mag, er bleibt ein Jude auf der Wanderschaft, ein ewiger Jude, bleibt auf der Flucht ohne Ende. Das ist das eine große Thema von Roths Werk, das Thema der Romane »Hotel Savoy« (1924) und »Zipper und sein Vater« (1928); des Romans »eines einfachen Mannes«: »Hiob« (1930) und des Romans »Tarabas« (1934). Zu ihnen gehört der große Essay »Juden auf Wanderschaft« von 1927, für den er zehn Jahre später ein neues Nach- und Vorwort schrieb, – aus gegebenem Anlaß: denn inzwischen hatte eine jüdische »Wanderschaft« eingesetzt, verglichen mit der die verzweiflungsvollen Irrfahrten, die des Essays Inhalt bilden, noch gelinde genannt werden konnten.

Das eine große Thema, so sagten wir: das Schicksal, Jude zu sein, Ostjude zu sein. Das andere aber: das Schicksal der k.u.k.-Monarchie, des österreichisch-ungarischen Doppelreichs, seines Erzhauses, seiner apostolischen Majestät.

Das Wesen dieses erstaunlichen Reiches, das zum Beginn des zwanzigsten Jahrhunderts Europas Schicksal geworden ist, wird der Geschichtsschreibung schwer faßbar: seiner heteronomen Elemente wegen, die sich jeweils geistig, ethnologisch, historisch, ökonomisch, sozial und national so leidenschaftlich widersprechen – und die doch einmal die Mitte dieses alten Erdteils waren und so etwas wie wenn nicht eine Nation, so doch ein Reich machten. Was aber von dieser gewaltig ausladenden und explosiven historischen Wirklichkeit in spätere Zeiten vermittelt werden wird, das ist nicht zuletzt den Dichtern zu verdanken, die im 20. Jahrhundert das untergehende geographisch-politische Gebilde verlängerten in die Existenzform des Berichts, der Dichtung. Und zwar auch dann, wenn ihr Thema nicht eigentlich das alte Österreich war: Die Dichtung selbst war das alte Österreich, eine seiner mannigfachen Erscheinungsformen. Diese Dichter heißen: Trakl und Hofmannsthal, Rilke und Broch, Kafka, Musil, – und Joseph Roth. Auch: Ernst Weiß oder Alexander Lernet-Holenia, Heimito v. Doderer oder Friedrich Torberg oder Hilde Spiel, – und Thomas Bernhard. Denn was immer sie trennen mag, was immer sie unterscheiden mag von sozialer und geographischer und religiöser Abstammung her: sie alle tragen als Erbe den *morbus austriacus* in sich, die Last großer Schwermut und schmerzlicher Trauer, die Unlust, an der Lust des Lebens anders teilzuhaben als in spielerischem Spott, in sanfter Wehmut oder bitterem Hohn. Sie alle, von dieses Lebens Wirklichkeit zurückgestoßen, abgestoßen, suchen ihren Fluchtpunkt: etwa in der ästhetischen Überhöhung des Lebens zu symbolischer Vollkommenheit (Hofmannsthal und Rilke), in gleichnishafter Modellzeichnung von metaphysischer Präzision (Kafka, Musil, Bernhard), in nobel-melancholischer Verklärung des Vergangenen, die nach Proustscher Manier durch die Beschwörung des Wortes die Zeit anhalten will: Alexander Lernet-Holenia, und Joseph Roth.

Dieses zweite Thema, das alte Österreich also, ist auch Roths bleibendes Sujet gewesen. Es ist das seines letzten Romans »Die Kapuzinergruft« (1938); und es ist keine Äußerlichkeit und kein Zufall, daß »der Kaiser«, nämlich Otto von Habsburg, einen Kranz mit schwarzgelber Schleife an Roths Grab niederlegen ließ. Die österreichisch-ungarische Monarchie, sein »einziges Vaterland«, war das Thema auch seines berühmtesten Romans: des »Radetzkymarschs« (1932). Der Dichtung wird man mit mehr Genauigkeit als Roths hochstaplerisch-spielenden Selbstbeglaubigungen entnehmen können, wie es aussah in seiner Heimat, oder richtiger: seinem Geburtsort. Der Held des Romans, der Leutnant Carl Joseph von Trotta, Enkel des »Helden von Solferino« und ein an sich selbst zugrundegehendes Wesen, in dem bildlich die ihn begründende Welt zugrunde geht, eben die k.u.k.-Monarchie – dieser Trotta ist »transferiert« worden zu einem anderen Regiment:

»Siebzehn Stunden saß Leutnant Trotta im Zug. In der achtzehnten tauchte die letzte östliche Bahnstation der Monarchie auf. Hier stieg er aus. Sein Bursche Onufrij begleitete ihn. Die Jägerkaserne lag in der Mitte des Städtchens. Bevor sie in den Hof der Kaserne traten, bekreuzigte sich Onufrij dreimal. Es war Morgen. Der Frühling, lange schon heimisch im Innern des Reiches, war erst vor kurzem hierher gelangt. Schon leuchtete der Goldregen an den Hängen des Eisenbahndamms. Schon blühten die Veilchen in den feuchten Wäldern. Schon quakten die Frösche in den unendlichen Sümpfen. Schon kreisten die Störche über den niederen Strohdächern der dörflichen Hütten, die alten Räder zu suchen, die Fundamente ihrer sommerlichen Behausung.

Die Grenze zwischen Österreich und Rußland, im Nordosten der Monarchie, war um jene Zeit eines der merkwürdigsten Gebiete. Das Jägerbataillon Carl Josephs lag in einem Ort von zehntausend Einwohnern. Er hatte einen geräumigen Ringplatz, in dessen Mittelpunkt sich seine zwei großen Straßen kreuzten.

Die eine führte von Osten nach Westen, die andere von Norden nach Süden. Die eine führte vom Bahnhof zum Friedhof. Die andere von der Schloßruine zur Dampfmühle. Von den zehntausend Einwohnern der Stadt ernährte sich ungefähr ein Drittel von Handwerk aller Art. Ein zweites Drittel lebte kümmerlich von seinem kargen Grundbesitz. Und der Rest beschäftigte sich mit einer Art von Handel.

Unter den Händlern, von denen wir gesprochen haben, waren viele Juden. Eine Laune der Natur, vielleicht das geheimnisvolle Gesetz einer unbekannten Abstammung von dem legendären Volk der Chasaren machte, daß viele unter den Grenzjuden rothaarig waren. Auf ihren Köpfen loderte das Haar. Ihre Bärte waren wie Brände. Auf den Rücken ihrer hurtigen Hände starrten rote und harte Borsten wie winzige Spieße. Und in ihren Ohren wucherte rötliche, zarte Wolle wie der Dunst von den roten Feuern, die im Innern ihrer Köpfe glühen mochten.

Wer immer von Fremden in diese Gegend geriet, mußte allmählich verlorengehn. Keiner war so kräftig wie der Sumpf. Niemand konnte der Grenze standhalten. Um jene Zeit begannen die hohen Herren in Wien und Petersburg bereits, den großen Krieg vorzubereiten. Die Menschen an der Grenze fühlten ihn früher kommen als die andern; nicht nur, weil sie gewohnt waren, kommende Dinge zu erahnen, sondern auch, weil sie jeden Tag die Vorzeichen des Untergangs mit eigenen Augen sehen konnten. Auch von diesen Vorbereitungen noch zogen sie Gewinn. So mancher lebte von Spionage und Gegenspionage, bekam österreichische Gulden von der österreichischen Polizei und russische Rubel von der russischen. Und in der weltfernen, sumpfigen Öde der Garnison verfiel der und jener Offizier der Verzweiflung, dem Hasardspiel, den Schulden und finsteren Menschen. Die Friedhöfe der Grenzgarnisonen bargen viele junge Leiber schwacher Männer.

Die Kaserne lag hinter dem Stadtpark. Links neben der Kaserne war das Bezirksgericht, ihr gegenüber die Bezirkshauptmannschaft, hinter deren festlichem und baufälligem Gemäuer lagen zwei Kirchen, eine römische, eine griechische, und rechts ab von der Kaserne erhob sich das Gymnasium. Die Stadt war so winzig, daß man sie in zwanzig Minuten durchmessen konnte. Ihre wichtigen Gebäude drängten sich aneinander in lästiger Nachbarschaft. Wie Gefangene in einem Kerkerhof kreisten die Spaziergänger am Abend um das regelmäßige Rund des Parkes. Eine gute halbe Stunde Marsch brauchte man bis zum Bahnhof. Die Messe der Jägeroffiziere war in zwei kleinen Stuben eines Privathauses untergebracht. Die meisten Kameraden aßen im Bahnhofsrestaurant. Carl Joseph auch. Er marschierte gern durch den klatschenden Kot, nur um einen Bahnhof zu sehen. Es war der letzte aller Bahnhöfe der Monarchie, aber immerhin: auch dieser Bahnhof zeigte zwei Paar glitzernder Schienenbänder, die sich ununterbrochen bis in das Innere des Reiches erstreckten. Auch dieser Bahnhof hatte helle, gläserne und fröhliche Signale, in denen ein zartes Echo von heimatlichen Rufen klirrte, und einen unaufhörlich tickenden Morseapparat, auf dem die schönen, verworrenen Stimmen einer weiten, verlorenen Welt fleißig

148

abgehämmert wurden, gesteppt wie von einer emsigen Näh-
maschine. Auch dieser Bahnhof hatte einen Portier, und dieser
Portier schwang eine dröhnende Glocke, und die Glocke bedeutete Abfahrt, Einsteigen! Einmal täglich, just um die Mit-
tagszeit, schwang der Portier seine Glocke zu dem Zug, der in
die westliche Richtung abging, nach Krakau, Oderberg, Wien.
Ein guter, lieber Zug! Er hielt beinahe so lange, wie das Essen
dauerte, vor den Fenstern des Speisesaals erster Klasse, in dem
die Offiziere saßen. Erst wenn der Kaffee kam, pfiff die Lokomotive. Der graue Dampf schlug an die Fenster. Sobald er an-
fing, in feuchten Perlen und Streifen die Scheiben hinunterzu-
rinnen, war der Zug bereits fort. Man trank den Kaffee und
kehrte in langsamem, trostlosem Rudel zurück durch den sil-
bergrauen Schlamm. Selbst die inspizierenden Generäle hüte-
ten sich hierherzukommen. Sie kamen nicht, niemand kam. In
dem einzigen Hotel des Städtchens, in dem die meisten Jägeroffiziere als Dauermieter wohnten, stiegen nur zweimal im
Jahr die reichen Hopfenhändler ab, aus Nürnberg und Prag
und Saaz. Wenn ihre unbegreiflichen Geschäfte gelungen waren, ließen sie Musik kommen und spielten Karten im einzigen
Kaffeehaus, das zum Hotel gehörte.«

Ich habe bewußt und bedacht ein langes Textstück zitiert.
Denn es soll nicht nur »illustrieren«, nicht also nur die (durch
die dichterische Darstellung authentischer als durch das Amts-
register beglaubigte) Herkunft anzeigen; sondern den Dichter,
den Epiker Joseph Roth vorstellen. Den straffen Gang der
Worte, die federnde Biegsamkeit der Sätze, die Transparenz
der Bilder. Alles ist stimmig und präzis, und kaum einer vermochte wie er Atmosphäre herzustellen ohne in Wendungen
des Gefühls oder gar das Gefühlige abzugleiten. Roth
schreibt, wie ein Fechter ficht. Anmut, aber diszipliniert. Gefühl, aber reguliert. Und die Last des Gedankens aufgehoben
in der schwerelosen Sinnlichkeit der Eindrucksschilderung:
Erde und ihre Geräusche; Luft und ihre Farbe; dazu die hu-
mane Funktion der Technik: Bahnhof und Eisenbahn als Ga-
rantie für das Vorhandensein der großen, der eigentlichen
Welt.

Die »eigentliche Welt«, sie nahm den jungen Joseph Roth auf, nachdem er – als Primus – das Gymnasium absolviert hatte in Brody. Er studierte, und zwar aus Liebe zur deutschen Literatur studierte er Germanistik, saß wenn nicht wie ein Dandy so doch wie ein Bonvivant gekleidet, geschniegelt und gebügelt und mit eingeklemmtem Monokel im Colleg des Wiener Germanisten Professor Walther Brecht (dessen Assistent Kindermann, später Professor der Theaterwissenschaft im gleichen Wien, ihm vielleicht das Modell für den »Vorzugsschüler« abgegeben hat, eine seiner ersten Novellen [1916, in erweiterter Fassung erstmals 1973 gedruckt]) – und wurde dann, 1916, Soldat. Offenbar tat er an der Ostfront Dienst, offenbar im Kriegsarchiv und als Berichterstatter.

Es kann nicht verwundern, daß der Krieg, mag er auch nicht der Vater aller Dinge sein, so doch der Vater eines Komplexes Rothscher Privat-Mythologeme wurde. Der kleinwüchsige Jude aus Galizien sah hier die Chance seiner konkreten Umwandlung in die Linien des Entwurfs, den seine Träume sich von ihm machten. So erfand er sich denn eine russische Kriegsgefangenschaft, erfand sich Orden und Medaillen, erfand sich den Offiziersrang: Erst machte er sich zum Fähnrich, dann zum »ehemaligen kaiserlich-königlichen Leutnant«. Als solchen empfand er sich, als solcher gab und trug er sich, und er sprach laut Zeugen den charakteristischen Tonfall dieser Kaste. Hochstapelei? Weniger, und mehr. *Weniger:* denn natürlich war das spielerisch-schauspielerische Element in solcher Verwandlung wirksam. Und *mehr:* Er gab sich eine Rolle, um sich mit ihr zu identifizieren, um über ihr gänzliches Aufgehen in seiner Natur zu seiner eigentlichen, gewünschten und vorgesehenen Natur zu kommen. Der Offizier, das war die exemplarische Verwirklichung der Monarchie. War öffentliches Ansehen, war der gesicherte Ort im Gefüge der Gesellschaft, war Schneid und Schick, war die Stabilisierung durch Sitte und Comment (Hacken zusammenklicken; Monokel einklemmen; Handkuß widmen; Stereotypie der Rede, die unmittelbare Verständigung erzeugt). Und es war die Vorstellung der sicheren Geborgenheit in einem unbezweifelten und ungefährdeten

Pflichten- und Rechte-Codex. Da versuchte also einer, auf in solchem Sinne hochstaplerische Weise, das aus sich zu machen, wofür er sich gemacht glaubte, gemacht wußte.

Der Journalist in Wien, nicht ohne frühe Erfolge, heiratete nach mancherlei nicht deutlich durchschaubaren Erlebnissen mit Frauen (aber was ist durchschaubar in diesem durch sich selbst ständig mythisierten Leben?) im Jahre 1922 nach mosaischem Ritus die junge und ausnehmend hübsche Friederike (Friedl) Reichler, ging mit ihr nach Berlin und schrieb dort für die interessantesten Zeitungen als einer ihrer interessantesten Mitarbeiter. So fand er zu dem Blatt, das unter den deutschsprachigen das berühmteste und nobelste war, hatte teil an dessen Glanz und Würde und gab ihm wiederum zurück, was er davon auffing: die »Frankfurter Zeitung«. In ihrem Auftrag reiste er durch Europa und – 1926 – durch Rußland, in ihrem Auftrag berichtete er aus Paris. Dann kam das Jahr 1933, – und der Nachfolger Roths als Pariser Korrespondent wurde Friedrich Sieburg.

Roth aber schrieb nun im Exil für das Exil.

Und er trank. Schon früh hatte er wohl gern und oft das getan, was in der Sprache bürgerlicher Behutsamkeit heißt: dem Alkohol zugesprochen. Nun aber wurde er zum Trinker, zum Säufer im klinischen Sinn des Wortes. Woran wesentlich die Erkrankung seiner Frau mitbeteiligt ist. Seit 1928 verstörte sich ihr Geist und verlor sich immer tiefer in die Vernebelung der Schizophrenie. Roth gab sich zumindest die Mitschuld an dieser Zerstörung einer Persönlichkeit, – und rettete sich in die Unrettbarkeit des Alkoholikers.

Nur der Bereich seines Schreibens blieb ungestört, blieb unangetastet inmitten der Auflösung seiner Person.

Friedl Roth jedoch, Insassin einer Heilanstalt, wurde 1940 »liquidiert«: Euthanasie...

V Das Werk und die Editionen

Es gibt bis zum heutigen Tage keine vollständige, mit Recht also den Titel »Gesamtausgabe« tragende Edition des Werks von Joseph Roth. Das hat mit der Kurve seines Erfolgs zu tun. In seiner großen, also erfolgsbelohnten Zeit, vor 1933, war er der höchstbezahlte Feuilletonist der deutschsprachigen Presse. Man riß ihm aus den Händen, was immer er schrieb. Und natürlich war nicht alles Gold, was da aus glänzender Feder kam, vieles war Tagwerk und ging nach Brot. Als Romancier aber, in der Eigenschaft also, um deretwillen wir ihn heute zu den größten deutschen Schriftstellern des 20. Jahrhunderts rechnen, war er nicht erfolgreich. So wenig wie ihm gegeben war, jeweils Größe zu erkennen (z. B. hat er Sigmund Freud, gleichfalls ein glanzvolles Produkt der sich auflösenden Doppelmonarchie, aus persönlichem Ressentiment gegen die sich Friedl gegenüber als hilflos erweisende Psychiatrie schmählich verkannt) – so wenig also ihm ein unstörbarer Sinn für Größe eingegeben war, so wenig hat seine Zeit wirklich zu erkennen vermocht, welch ein Epiker ihr mit ihm geschenkt war. Seine Umgebung hat er fasziniert, hat er um den Café-Tisch gebannt (auch darin Horváth vergleichbar) – aber wo der unmittelbare Charme seiner Persönlichkeit nicht austrahlt, da wird auch sein Werk nur begrenzt wirksam.

Sein Werk. Ich zähle in der neuen, von Hermann Kesten bei Kiepenheuer & Witsch edierten und eingeleiteten Ausgabe der »Werke« (4 Bände, 1975/76) nicht weniger als 15 Romane; dazu 17 Erzählungen; weiterhin Essays von ausladendem wie auch kleinerem Format; und hunderte von Feuilletons der unterschiedlichsten Art. Insgesamt rund 4160 Seiten. Das Ergebnis von zwanzig Jahren Arbeit. Roth selber fürchtete das Odium des Vielschreibers. Er war kein Vielschreiber. Er war einer, der vieles schrieb, und viel. Denn Schreiben war für ihn eine Lebensform, gewissermaßen organisch bedingt. Die Disziplin im Chaos, Schreiben als Kunst, Schreiben als Technik, täglich neu zu üben, täglich neu zu erproben:
»Der Schriftsteller muß täglich mindestens einen Satz

schreiben«, sagte er, und schrieb deren sehr viel mehr. Solches Postulat aber rückt das Tun des Schriftstellers deutlich in die Nähe dessen, was darstellende Künstler tun: in die Nähe der vielen Läufe, die ein Pianist täglich üben muß, um ein Pianist zu bleiben. Die erste Ausgabe von Roths Werken ist 1956 erschienen. Ein Risiko, denn billig war sie auch damals nicht, und wer kannte Roth? Er war nach 1945 vergessen, und nur die kleine Schar von Kennern und Freunden (weitgehend identisch) tradierte sein Andenken. Allen voran Hermann Kesten, von Roths Freunden gewiß einer der ihm Nächsten, und dies zumal in den letzten zehn Jahren seines Lebens. Kesten hatte, nachdem Roths erste Romane in weniger prominenten Verlagen erschienen waren, als Cheflektor, der er 1928 bis 1933 war, dafür gesorgt, daß der »Radetzkymarsch« bei Kiepenheuer erschien (den die »Frankfurter Zeitung« zuvor schon als Fortsetzungsroman gedruckt hatte): Roths erster großer Erfolg – und sein letzter zu seinen Lebzeiten. Denn fortan publizierte er bei den großen Namen der deutschsprachigen Emigration, in Amsterdam bei Allert de Lange zum Beispiel, und bei Emanuel Querido (der von den Deutschen deportiert und ermordet wurde). Nach 1945 aber war Roth vergessen. Für diesen Umstand ist bezeichnend eine eher beiläufige Bemerkung, die David Bronsen macht. Dem Zitat dieser Bemerkung muß man freilich vorausschicken, daß eben diesem Autor, Jahrgang 1926, Professor der Germanistik an der Washington University St. Louis/USA, die erste aufschlußreiche und aufschlüsselnde Roth-Biographie zu danken ist (1974), – ein Buch von mehr als 700 Seiten, das in mühsamen Millimeterschrittchen und unter Verzicht auf die geistvolle Deutung das Leben dieses umgetriebenen Mannes rekonstruiert und allen Roth-Freunden und -Lesern und auch -Kennern erst die Augen geöffnet hat: nämlich für die selbstgewollte und selbstveranstaltete Inszenierung eines Lebenslaufes, der immer anders war als er sich selbst vortrug: ein Spiel mit den Möglichkeiten, die, in die erinnerte Vergangenheit versetzt, zu Wirklichkeiten wurden. Hier kommandierte nicht das Leben die Poesie, sondern Poesie kommandierte das Leben; hier formte nicht das

Sein das Bewußtsein, sondern Bewußtsein formte das Sein: Was wunder, daß in die seriöse Berichterstattung über den Menschen das einfloß, was sich doch dem ungebändigten Fabulierwahn des Dichters verdankte. Vieles davon hat Bronsen zurechtgerückt, vor allem mit Hilfe von ungezählen (d. h. von hundertsechzig) Interviews mit Zeitgenossen: Freunden und Freundinnen, Gefährten und Kollegen. Der entmythisierte Mythomane aber, er wird nicht geringer dadurch, daß nunmehr die Machart seiner selbstgewirkten Legende offenliegt.

Bei Bronsen also kann man lesen:»Als Student in Wien fielen mir an einem schicksalhaften Tag im Jahre 1954 beim Besuch eines Antiquariats einige Bücher eines Autors auf, dessen Name mir kein Begriff war. Ich blätterte in den Romanen Joseph Roths, las hier und da ein paar Seiten, fühlte mich angesprochen... Und nirgends war eine Biographie aufzutreiben, die mich über sein Leben und Zusammenhänge seines Lebens hätte aufklären können. Ich frage meine Studienkollegen über Roth aus – die meisten antworteten ausweichend oder gestanden ihre Unkenntnis...«

Zwei Jahre später, 1956 also, gab Hermann Kesten Roths »Werke« heraus – so gut es damals ging, so weit sie damals übersehbar waren. Die drei Bände sind heute vergriffen. Sie umfaßten 2670 Seiten. Die Neuausgabe 1975/76 in vier Bänden zählt rund 1500 Seiten mehr, und auch sie ist weit davon entfernt, das »gesamte« Werk anzubieten. Hermann Kesten formuliert im Vorwort so etwas wie eine »salvatorische Klausel«:

»Dies ist keine historisch-kritische Ausgabe, weil immer noch Zeitungen und Zeitschriften bekannt werden können, für die Roth schrieb, weil immer noch vergessene und verschollene Texte von Roth auftauchen...«

So ist die Lage; und sie ist gegeben durch den Nachlaß Roths, der – wie denn auch nicht – verschlungene Wege nahm und – wie denn auch nicht – nur durch Zufall und Fürsorge guter Freunde den Krieg in Paris überlebte. Heute lagert er in New York, im Leo-Baeck-Institut.

Da also warten noch hunderte von unausgewerteten Doku-

VI Zweifel

Zweifelhaft bleibt auch, ob man im Detail nicht mehr hätte für die Unterrichtung des Lesers tun sollen und können. Denn auch heute, da Roths Ruf von der Literaturkritik und -wissenschaft in hohen Ehren gehalten wird, kann man nicht von einer populären Größe, kann man nicht von einer Roth-Renaissance reden. Warum also nicht den vielen Druckseiten noch wenige hinzufügen, die einige Informationen geben über das vorliegende Stück, seine besonderen Entstehungsumstände, seine Eigentümlichkeiten? Und sei es, daß man sich begnügt hätte mit dem, was Bronsen zu den einzelnen Werken aufführt (sein Buch hilft dabei mittels eines Titelregisters). Warum dem Leser vorenthalten, daß der (jetzt neu aufgenommene) erste Roman »Das Spinnennetz« zuerst erschienen ist als Fortsetzungsroman, und zwar vom 7. Oktober bis 6. November 1923 in der »Wiener Arbeiterzeitung«, dem offiziellen Organ der Sozialistischen Partei Österreichs? Und daß ebenso der »Radetzkymarsch« sich der Entstehung in Partikeln, in Fortsetzungsteilen für eine Tageszeitung verdankt, in diesem Falle die »Frankfurter Zeitung«? Denn eine solche Entstehungsweise läßt ja Rückschlüsse zu auf die »Poetik« des Werkes – dies zumal, da Roth nach gut Balzacscher Manier das Unternehmen fortschrieb während die einzelnen Kapitel schon sukzessiv erschienen.

Oder: Im Band IV entdeckt der faszinierte Leser das »Vorwort« zu einem »Deutschen Lesebuch«. Ein Thema, das heute, in reformhektischer und reformgeschreckter Zeit, von bedeutendem Interesse ist, Schulen und Eltern und Schüler haben den Einfluß des Lesebuchs auf Lehren und Lernen und Bildung begriffen, die Veranstaltung eines solchen Werkes ist mit dem pädagogischen Zweck auch ein Stück Inventur, ist archivarisierende Kulturgeschichte, so hat es Hofmannsthal gehalten, so hielten es einst Suhrkamp und Loercke, so später Walther Killy, und so jetzt Hubert Fichte und Stephan Hermlin, Alfred Andersch und Heinrich Böll. Ein bestechender Gedanke, daß auch Roth eine solche Sammlung publiziert hätte, denn dieses sein »Vorwort« spricht mit Ernst und Nachdruck von der Arbeit des »Verfassers«, und es verdient um seiner grundsätzlichen Gewichtigkeit willen in Gänze zitiert zu werden: »Dieses deutsche Lesebuch ist leider nicht für die deutschen Schulen bestimmt, obwohl der Verfasser sich redlich Mühe gegeben hat, verständlich zu sein, und obwohl er die Hoffnung hegt, daß ihn auch Kinder begreifen können. Redlich wie diese Hoffnung ist auch die Überlegung, die den Verfasser dazu geführt hat, ein ganzes Lesebuch zu schreiben: die Überlegung nämlich, daß die Herrschaft der falschen Begriffe schon in den ersten Schulklassen mit den ersten Lesebüchern beginnt, von den schlechten Büchern gelehrt wird, die schlechte Autoren für Erwachsene schreiben, und von den hastigen Zeitungen gezüchtet, deren Artikel noch falscher sind als ihre Nachrichten. Lange Jahre hat der Verfasser diesen Zuständen traurig und ohnmächtig zugesehen. In ironischer, aber dankbarer Erinnerung behielt er selbst die alten Lesebücher, aus denen er seine ersten falschen Ansichten und die ersten Täuschungen über die wahren Zustände dieser Welt bezogen hatte. In ironischem und trotzdem dankbarem Gedenken behielt er selbst diese falschen Anschauungen, die noch der letzte Rest einer verbleichenden Tradition zuweilen zu legitimieren schien. Schließlich erlebte der Verfasser die Zeit, in der die falschen Begriffe sich auflösten und von selbst ihre Verkünder desavouierten, in der neue Verkünder auf den Plan traten und neue falsche Begriffe in die neuen Lesebücher setzten und überhaupt das Alte mit dem Falschen verwechselten und das Ehrfurchtgebietende mit dem Lächerlichen. Ihr billiger Hohn setzte das Gewesene herab, nur weil es gewesen war, und ihr billiger Optimismus begrüßte das Kommende, nur weil es kam. Also schien es dem Verfasser an der Zeit, den verworrenen Hausrat der Begriffe zu sichten; endlich die alten, guten Bilder wieder an ihre Wände zu hängen, damit man sehe, wie sie sich von den alten schlechten, von den neuen schlechten und schließlich von den neuen guten unterscheiden; an Beispielen zu beweisen, daß die Ironie (die nur eine Form der Analyse ist) sich neben der ernsten Darstellung behaupten kann und darf, ja, daß sie sich in diesem Falle nur neben ihr behaupten kann, darf. Kurz: Es handelt sich darum, das Ehrwürdige von der törichten und falschen Würde zu befreien, mit der es dargestellt worden war, aber auch von dem törichten und falschen Hohn, mit dem es heute behandelt wird. Noch ist das lächerliche Pathos von gestern nicht verschwunden, und schon kündet sich ein lächerliches Pathos von morgen an. Zwischen beiden bewegt sich ein spitzbübischer Spott, der das Gestrige angreift, das Morgige anpreist und der noch nicht weiß, wie ähnlich das Morgen dem Gestern zu werden droht. Vom falschen Pathos entstellt, vom billigen Witz bespuckt, irren also die Begriffe umher, aus einem Lesebuch ins andere. In dem hier vorliegenden hat der Verfasser den Versuch unternommen, sie zu reinigen.

Von keiner Schulbehörde verstanden, geschweige denn unterstützt, übergibt er sein deutsches Lesebuch in die Hände der erwachsenen Deutschen, damit sie in einem fortgeschrittenen Alter revidieren, was sie in einem früheren zu verwechseln und zu verkennen gezwungen waren. Der Verfasser hegt die bescheidene Hoffnung, daß sein Lesebuch den Großen willkommener sein wird als die üblichen Lesebücher den Kindern.«

Gewiß doch wird es uns »willkommen« sein – wo aber ist es? Als Quelle des Textes gibt der Abdruck Bronsens Biographie an, und schlägt man da nach, so erfährt man, was man andernfalls nie erfahren würde: »Übriggeblieben von den Plänen zu diesem nie erschienenen Buch ist einzig und allein Roths Vorwort«. Das ist immerhin bemerkenswert – auch im Sinne einer Erinnerung an den torsohaften Charakter dieses Lebens und seines Werks.

Die neue Ausgabe verzichtet übrigens zu ihrem Schaden auch auf ein Inhaltsverzeichnis aller vier Bände, wie es herkömmlich dem letzten Band beigegeben ist (statt dessen nur ein alphabetisches Verzeichnis sämtlicher aufgenommener Stücke). Es gibt auch keine Zeittafel, der man die Geschichte von Roths Schreiben entnehmen könnte, eine Chronologie also seiner größeren Arbeiten. Wohl aber enthält die Ausgabe, an sich dankenswert, eine Seite »Biographische Daten«. Viel zu knapp, aber schlimmer ist, daß der Text lapidar einsetzt: »*Joseph Roth* wurde am 2. September 1894 in Szwaby (Schwabendorf) bei Brody geboren.«

Diese eigengewirkte Legende, Teil von Roths Bestreben, anders zu sein, als er war, und sich also jenes »schwäbisch«-deutsche Element zu geben, dessen Fehlen er als Defekt mag empfunden haben – diese automythische Legende ist doch längst durch Bronsens Nachforschungen widerlegt:

»Der Joseph Roth, der in dem ›winzigen Nest‹ Szwaby mit seinem Häuflein Slawen, Deutschen und Juden zur Welt kam, ist eine Erfindung; denn in Wirklichkeit wurde Roth in Brody geboren«.

Endlich noch ein Wort zu den vielen *Petits riens* in Band IV. Brillante Feuilletons, in der Tat. Jedes Intelligenzblatt unserer Zeit könnte stolz sein auf derart täglich-alltäglichen Glanz. Und wenn man mit Recht feststellt, daß nichts so alt sei wie die Zeitung von gestern: das Feuilleton hält doch ein wenig länger. Ein wenig, und auch ein wenig mehr als nur das, dennoch ist es eine nicht immer aufregende, eine gelegentlich sogar ermüdende Sache, aufgereihte (und längst vergessene Aktualitäten betreffende) Glossen, Kritiken, Aperçus zur Kenntnis zu nehmen, – mögen ihre Autoren nun Kerr heißen oder Polgar, Kraus oder Tucholsky. (Am ehesten hat noch Tucholsky überlebt.) Auch Roth ergeht es nicht anders, geballtes Feuilleton hebt sich auf, ein Blatt ist ein Blatt, und ein Blätterhaufen ist ein Blätterhaufen. Will sagen: Es ist richtig und angemessen, der Bedeutung des großen Romanciers angemessen, daß man sich auch seiner dem Tag zugedachten funkelnden Kleinigkeiten annimmt. Das Gewicht aber der Ausgabe kann hier nicht liegen, und so zeigt sich denn schließlich, daß ihr »Neues« nicht ihr aufregendstes Teil ist.

Gegenwärtigkeit

Die dokumentarische Wendung in der Erzählliteratur der Gegenwart

»Ein Mann ohne Tagebuch (er habe es nun in den Kopf oder auf Papier geschrieben) ist, was ein Weib ohne Spiegel. Dieses hört auf Weib zu sein, wenn es nicht mehr zu gefallen strebt und seine Anmut vernachlässigt; es wird seiner Bestimmung, gegenüber dem Manne, untreu; jener hört auf, ein Mann zu sein, wenn er sich selbst nicht mehr beobachtet und Erholung und Nahrung immer außer sich sucht. Er verliert seine Haltung, seine Festigkeit, seinen Charakter, und wenn er seine geistige Selbständigkeit dahin gibt, so wird er ein Tropf. Diese Selbständigkeit kann aber nur bewahrt werden durch stetes Nachdenken über sich selbst und geschieht am besten durch ein Tagebuch. Auch gewährt die Unterhaltung desselben die genußvollsten Stunden.« Gottfried Keller (»im Heumonat 1838«).
(Sämtliche Werke, hrsg. v. Clemens Heselhaus, III, 1958, S. 850).

I

Befragung der Realität: Wer wollte das Gewicht eines solchen Programms bezweifeln, seinen Anspruch bagatellisieren. Befragt man es freilich genauer, so stellt sich die Vermutung ein, daß Kunst – wie immer man sie und ihren Auftrag definieren mag – nie anderes anstrebt als (zumindest) Befragung der Realität. Nicht hier liegt, scheint es, das Problem, sondern vielmehr in dem zu Befragenden. Was ist das, Realität? So bedacht, könnte sich gar die Umkehrformel rechtfertigen: »Realität der Befragung«.

Es geht, wie man sich erinnern wird, um die These der fünften DOCUMENTA (1972). Sie hat, neben manchem anderen

Staunenswerten, eine Konfrontation mit Kunstprodukten gebracht, deren Wirklichkeitsgrad nahezu Schockerlebnisse auslöste und auslösen wollte. Wenn die DOCUMENTA ist, was sie gemäß ihrem selbstgewählten Titel sein will, dann dokumentiert diese Ausstellung einen offenbar weltweit empfundenen Drang zu naturgetreuer Wiedergabe von Wirklichkeiten, deren Reproduktion heute dank technischen und künstlerischen Mitteln in einem bisher kaum vorstellbaren Grade von Genauigkeit gelingt. Ein »Neuer«, ein »Magischer«, ein »Hyper-«, ein »Transzendenter« usw. Realismus stellte sich vor in den »Environments« von Ed Kienholz, in den Figuren von Duane Hanson, in dem Plastikpaar von de Andrea, in den Gemälden der »Photorealisten« Chuck Close oder Werner Richter oder Sarkisian: Sie und ihrer Kollegen Produkte waren ähnlicher, als ihre Modelle können gewesen sein. Der »Realität« ähnlicher[1]. Die Kunstkritik hat für 1972 schon die Plakatierung »Das Realismusjahr« bereit. Das »Problem des Realismus« macht dem »Prinzip Realismus« Platz.

Das Problem des Realismus – von Platon über Schiller bis Bazon Brock; »Realismus-Streit« von Kant : Kleist über Courbet : Delacroix bis Brecht : Lukács – dies hier auch nur erwähnen heißt eigentlich schon, in Vermessenheit auszuschweifen. Zumal der Philologe hat Grund, sich seiner Beschränkung bewußt zu sein und der relativen Geringfügigkeit seines möglichen Beitrags zu einem von der eigentlichen Kunstwissenschaft so intensiv umworbenen Problem. Wenn Klaus Lankheit in seinen Erörterungen »Über den frühen Realismus in Deutschland 1800–1850«[2] die Tatsache in Erinnerung ruft, daß in der vom Übergang der Klassik zur Romantik beherrschten Geschichtsperiode »eine weitere künstlerische Strömung sich den Weg bahnte, die nicht unter diese beiden Richtungen einzuordnen ist«, und wenn er in solchem Zusammenhang den Maler Wilhelm von Kügelgen zitert und sein Bekenntnis zu jenem »aufsässigen Geiste, der damals Wissenschaft und Kunst zu neuem Leben erweckte«, zu jenem Geist nämlich »der Treue und des nüchternen Aufmerkens auf das, was die Objekte wirklich zeigten, während die Mehrzahl unserer Lehrer weniger was sie sahen, als was sie wußten, darzustellen suchten«[3] – wenn Lankheit an eine solche »Gleichzeitigkeit des Ungleichzeitigen« erinnert, dann erinnert er damit auch an die Überzeitlichkeit dieses Stilbegriffs und seine prinzipielle Autorität als Konstante aller Kunstvorstellung, die nicht primär zu tun hat mit der Frage der Technik, der handwerklichen Beherrschung künstlerischer Mittel. Lankheit zitiert Georg Schmidt (1959): »Realistisch und idealistisch gesinnte Kunst kann es grundsätzlich in jeder Zeit, ja im gleichen Künstler nebeneinander geben« und weist, diese Begriffe zu dem des Naturalismus in Beziehung setzend, auf die Bedeutung dieser Typisierung für die Entwicklung der Kunst im 20. Jahrhundert hin[4].

Seit dem Beginn dieses Jahrhunderts hat die Photographie die Malkunst von dem zwanghaften Bann erlöst, »die Natur« nachbilden, einholen, ja übertreffen zu müssen. Sie wandte sich anderen, ihr eigentlichen Bereichen zu, die man als »ungegenständlich«, als »abstrakt« empfand und qualifizierte. Dieses große halbe Jahrhundert der Malerei ist seit einigen Jahren beendet, ist abgelöst durch eine Phase neuer Gegenständlichkeit. Die Malerei hat erkannt, daß sie nicht nur in der Lage ist, die Photographie einzuholen, sondern daß sie fähig ist, sie (auf ihrem eigenen Felde) zu übertreffen. Dies gezeigt zu haben, oder vielmehr ins öffentliche Bewußtsein transportiert zu haben, ist gewiß als Verdienst der letzten DOCUMENTA zu buchen – wie immer man im übrigen zu ihr stehen mag[5].

Natürlich war es nicht nur die Erfindung Daguerres, die seit dem Jahrhundertbeginn der Malkunst andere und neue Bahnen wies. Vielmehr wird man die Wendung in den Bereich der »Abstraktion« auch als Ausdruck des nervösen Mißtrauens gegenüber dem herkömmlichen Herkommen, als Ausdruck des verlorenen Glaubens an das Gesicherte ansehen wollen: Gesten des Zweifels an gefestigten Ordnungen, gefestigten Traditionen, gefestigten Verbindlichkeiten des Sittlichen, des Religiösen. Alle die vertrauten Gewißheiten, seit dem Ende des Mittelalters angefochten, seit der Französischen Revolution bedroht, brechen mit dem Beginn des 20. Jahrhunderts endgültig zusammen und geben neuen Formationen des Sozialen und Politischen Raum. Eine solche »Zertrümmerung der Wirklichkeit« (Gottfried Benn), will sagen des bisher sich im Zustand des Wirklichen behauptenden Gefüges, haben die Künste kraft der ihnen von je zugeschriebenen seismographischen Eigentümlichkeit früh gespürt und auf ihre Weise an die Wand gemalt.

Es muß eingeräumt werden, daß Feststellungen solcher Art sich zwar durch einen gewissen Grad von Allgemeingültigkeit, gewiß aber durch einen hohen Grad von Allgemeinheit auszeichnen. Sie zu wagen, bedarf es jenes Maßes an Unbefangenheit, wie sie Chance und Risiko der Laienbildung ist. Die folgenden Beobachtungen jedoch werden sich enger an das eigentliche Fachgebiet des Literarhistorikers halten. Auch sie freilich stellen sich einem Risiko: dem der Betrachtung aus kürzester Distanz. Gegenstand solcher Betrachtung ist die deutsche Erzählliteratur des Jahres 1972; sind einige der von Kritik und Lesern am lebhaftesten bemerkten und bemerkenswertesten Titel dieser Literatur. Die Nachteile einer solchen zwar nicht zwangsläufig kurzsichtigen, wohl aber aus kurzer Sicht erfolgenden Beobachtung sind bekannt. Der Gegenstand ist noch nicht in den Status des Historischen abgerückt, das heißt noch nicht im Kontext jener Formationen begreifbar, die Voraussetzung und Bestandteil seiner Eigenart sind. Er bleibt vorwiegend flächig, die dritte Dimension verleiht ihm erst der Abstand. Doch mag die Naheinstellung auch ihre Vorzüge haben. Der Autor, sein Werk und sein Interpret haben grundsätzlich die Möglichkeit der gleichen Verständnis-Voraussetzung, den hermeneutischen Vorteil des gleichen Selbstverständnisses. Zeitgenossenschaft kann ebensowohl blind machen als sehend. Es sei hier versucht, von der einen Möglichkeit zu profitieren, ohne vonschulden der anderen schließlich doch widerlegt zu werden.

II

Die folgenden drei Behauptungen mögen nahezu den Sicherheitsgrad von Feststellungen verdienen:

Die Bildende Kunst der Gegenwart ist in erheblichem Maße bestimmt vom Prinzip Realismus.

Die dramatische Literatur der Gegenwart ist in erheblichem Maße bestimmt vom Prinzip Realismus.

Die erzählende Literatur der Gegenwart ist in erheblichem Maße bestimmt vom Prinzip Realismus.

Feststellungen, die freilich insofern unfest bleiben, als ich für die erste und auch die zweite von ihnen allenfalls die Kompetenz des Laien vorweisen kann. Die folgende Untersuchung soll der dritten von ihnen gelten, die ich beschränke auf die deutschsprachige Literatur und die ich präzisiere durch die These von der
Dokumentarischen Wendung der Erzählliteratur.

Zuvor ein Blick auf die *Bühne.*
Die Spielpläne weisen im Bereich der seriösen Dramatik ein bemerkenswertes Übergewicht von Inszenierungen »realistischer« Stücke auf, d. h. von Dramen, die der genauen, bis ins Quälende genauen Wiedergabe familiärer und sozialer Konflikte gelten. (»Familiäre Konflikte« sind nicht etwa »privatistischer« Natur; »privatistisch« ist es vielmehr, die einen von den anderen zu sondern.) Diese Dramen sind durch drei Kategorien vertreten: Zum einen durch die modernen Klassiker, wie sie seit einigen Jahren eine staunenswerte und offenbar zunehmende Wiederbelebung erfahren: Ibsen, Strindberg, Wedekind, Sternheim, Horváth, Marie-Luise Fleißer werden wiederentdeckt von einer Zeit, die ein sei es sensibles, sei es neurotisches, jedenfalls ein ausgeprägtes Interesse hat an der Konfrontation mit gesellschaftlichen Fallstudien. Zum andern wird der neue Realismus vertreten durch das sog. »Dokumentarische Theater«, wie es sich in neuer Zeit vor allem mit dem

Namen Hochhuth verbindet und wie es außer ihm von Peter Weiß und Kipphardt, von Enzensberger und Forte (hier in historischer Vermummung) aufgeführt wird. Natürlich ist es nicht zufällig, daß diese Art von Stücken sich häufig des uralten dramaturgischen Tricks der gespielten Gerichtsverhandlung bedient, des »analytischen Dramas« also, da mit dessen Mitteln schrittweiser Aufklärung von Vorgängen und Voraussetzungen das angestrebte Höchstmaß aufdeckender Genauigkeit am ehesten widergespiegelt werden kann. Zum dritten ist das realistische Genre auf der gegenwärtigen Bühne mächtig durch die Kruditäten einer akribisch abgelichteten Welt von Armseligen und Beladenen, den Verdammten dieser Erde, der Mehrheit mit der Minderheiten-Rolle, die in der Dumpfheit von lesenden oder nichtlesenden Analphabeten kaputtgehen, Opfer mit vorenthaltenem Bewußtsein, deren Existenz reduziert ist auf die Triebebene – was begreiflich gemacht wird durch schockierende Demonstration dieses Triebapparates und seiner sexuellen und fäkalischen Funktion: Terson und Edward Bond, Martin Sperr, Wolfgang Bauer, Franz Xaver Kroetz und Heinrich Henkel – diese Namen mögen für dieses Genre stehen. Hier stoßen Bühnenraum und plastische Materie aneinander, berühren sich die Tragödien der Verstümmelten mit etwa den »Environments« von Ed Kienholz (die Gosebruch sehr treffend eine »krasse Moritat« nannte[6]), die Plastiken greifen über sich selbst hinaus und erzählen, nein schreien ihre Geschichte; die Bühnenfiguren verfallen in Leblosigkeit: die Laokoon-Ästhetik überführt die einen in die anderen, – im übrigen aber bestätigt sich hier die Gültigkeit ästhetischer Gesetze nur kraft ihrer Aufhebbarkeit.

Dem kurzen Blick auf die Bühne soll nunmehr ein längerer in das Buch folgen.

III

Schwierigkeiten beim Schreiben der Wahrheit, insbesondere der des Romans – sie artikulieren als störrische Synkopen den

Erzählfluß der Moderne[7]. Es seien an zweifelnden Frage-Zeichen und unmutigen Spekulationen aus unseren Tagen erwähnt nur Wolfgang Hildesheimers »Vergebliche Aufzeichnungen« (1963); oder der »Dialog über einen Roman«, den Walter Jens 1963 komponierte (»Herr Meister«); oder Reinhard Baumgarts Frankfurter Vorlesungen »Aussichten des Romans« (1968, die sich schon im Titel bewußt beziehen auf E. M. Forsters berühmte Überlegungen von 1927: »Aspects of the Novel«). Die Liste läßt sich beträchtlich verlängern, ohne daß das Gewicht des Zweifels dadurch größer würde oder geringer — freilich sollte, wen dieser bedachte Defaitismus entmutigt, sich ebensowohl daran erinnern, daß solche Forderung nach dem Bruch mit der Tradition älteste Tradition hat. Seit es »diese neue Art zu schreiben« (Martin Opitz, 1626), seit es also in Deutschland den Roman gibt, mithin seit dem Beginn des 17. Jahrhunderts, erweist sich seine Geschichte als die »einer sich selbst zum Problem gewordenen Kunstform« (Eberhard Lämmert)[8]. Man darf sagen: Die Krise des Romans, mehr schon Postulat denn These, ist Bestandteil der Sache selbst.

Die Motive des Zweifels freilich wandeln sich. Wer heute das Theorem vom »Ende des Romans« in Frage stellt, der macht es sich zu leicht, wenn er lediglich besserwisserisch auf die Tradition dieses modisch klingenden Zweifels hinweist, macht es sich zu leicht, wenn er unterstellt, solche Schamade ertöne nur zum Zwecke der Tarnung persönlichen Unvermögens. Es gibt, zu Beginn des letzten Drittels des 20. Jahrhunderts, gute Gründe, das Herkömmliche als heruntergekommen zu empfinden. Man argumentiert, daß eine Lebenserfahrung von fundamental neuer Art (automatisierte Arbeitswelt; Einebnung der Existenzbedingungen auf hohem Niveau unter Wahrung gleichwohl des Privilegien-Gefälles; Erfahrung neuer kosmischer Wirklichkeiten durch Weltraumforschung; radikale Existenzbedrohung nicht mehr durch Kriege, sondern durch Umweltdegeneration; Preisgabe tradierter religiöser und moralischer Verbindlichkeiten zugunsten neuer Formationen des sittlichen Denkens; usw.) — man argumentiert, daß Erfahrungen solcher Art dem Roman länger nicht als einem angemessenen Medium anvertraut werden können: es sei denn, man vergehe sich gegen das (auch) poetologische Gesetz von der Verhältnismäßigkeit der Mittel.

Ungeachtet der mannigfaltigen Bestimmungen, die die Dichtungslehre, die Poetik, im Laufe der Jahrhunderte von Zweck und Natur, von Ziel und Technik des Erzählens geliefert hat: Bis zum Beginn etwa des 20. Jahrhunderts verfuhr der Roman (und seine epischen Vorläufer) grundsätzlich derart, daß er gemäß logischen und kausalen Schlüssen in einer bestimmten, eben sich logisch-kausal gebenden syntaktischen Ordnung »erzählte«. Die Welt, die Wirklichkeit, sie boten sich dar als eine gegebene und bestimmten Gesetzen gehorchende Materie. Mochte man sie nun als gut empfinden oder als schrecklich, sie war, um es mit den Worten des Lyrikers zu sagen, unverwüstlich:

> »Und geht es draußen noch so toll,
> Unchristlich oder christlich,
> Ist doch die Welt, die schöne Welt
> So gänzlich unverwüstlich.«

Hier irrt Storm. Die Welt, in der begrifflichen Beschränkung auf diesen Erdball, ist gänzlich verwüstlich geworden, Physik und Ökologie haben es uns gelehrt. Wie aber sollte »jemand, der an der Ordnung der Welt zweifelt, noch an den Kosmos der Syntax und die heiligen Regeln der Grammatik glauben?« (Walter Jens) [9]. Etwa zur gleichen Zeit, da die Malkunst sich den Bereich des Ungegenständlichen erschließt, ist in der Literatur der Vorgang zu beobachten, daß die Syntax sich auflöst, d. h., sie gibt die organische Ordnung kontinuierlichen Erzählens preis, der Satz verselbständigt sich und spottet seines Zeichens, er schrumpft zum Bruchteil oder längt sich über viele Seiten, atemlos quellend, im Stakkato hämmernd, randlos zerkrümelnd... Kein trauliches »Es war einmal«; nicht länger die »raunende Beschwörung der Imperfekts« (Thomas Mann); die Erzähl-Ebenen verschieben und verschränken sich in irritierender Verschachtelung, um des Laokoon-Problems Herr

171

zu werden, also des Verhältnisses von Zeit und Schilderung, von erzählter und erzählender Zeit. Kein alleswissender Erzähler mehr, kein fixer Standpunkt mit eindeutiger Perspektive, kein Held mehr, nicht einmal ein »negativer«; kein additives Nacheinander mehr von »Es lebte einst…« bis »Und wenn sie nicht gestorben sind…«; kein kaleidoskopartiges Bild mehr überschaubarer Ganzheiten, keine Totale mehr, und der rote Faden zerfasert…, und schließlich ist die Sprache nicht länger das Instrument, sondern sie wird zum *Objekt* der Darstellung, das eigentlich vermittelnde *Medium* also wird zum *Ergebnis der Vermittlung:* Sprache als Gegenstand ihrer selbst, als Versuch und Versuchung, angezweifelt und fraglos in Frage gestellt, und im Extremfall nicht mehr dazu ausersehen, Wirklichkeit zu beschreiben, sondern Wirklichkeit zu schaffen. Dieser Versuch mit Sprache durchzieht zwei Drittel dieses Jahrhunderts, von Henry James bis Arno Schmidt, von James Joyce bis Peter Handke, von Gertrude Stein bis Nathalie Sarraute, von Faulkner und Dos Passos bis zur Wiener Schule (Artmann, Rühm, Bayer, auch Jandl), von Döblin bis Thomas Bernhard oder Jürgen Becker oder Rolf Dieter Brinkmann oder Helmut Heißenbüttel – die Liste ist (fast) beliebig zu längen. Und kein Roman, erfuhr man, könne heute noch einsetzen etwa wie dieser:

»Eduard – so nennen wir einen reichen Baron im besten Mannesalter – Eduard hatte in seiner Baumschule die schönste Stunde eines Aprilnachmittags zugebracht, um frisch erhaltene Pfropfreiser auf junge Stämme zu bringen.«

Was so beginnt wie die »Wahlverwandtschaften«, endet in Hofmannsthals zu Recht berühmtem »Brief des Lord Chandos«, der 1901 die Wende signalisiert. Auf solche Weise sah sich der Roman, wenn irgend er noch sein wollte, was seine Definition ihn zu sein hieß, bloßgestellt als »kulturelle Galionsfigur eines ausgehenden, des bürgerlichen Zeitalters« (Reinhard Baumgart)[10].

IV

Natürlich ignorierten die Ideologen des neuen unerhörten Schreibens nicht den in der Tat kaum übersehbaren Umstand, daß neben, vor allem unter ihnen beharrlich weitergestrickt wurde am Band des herkömmlichen Erzählens – und zwar nicht nur in dem banalen Bereich der sog. Trivialliteratur von Fernau bis Simmel, von (um auch der »Sachbücher« zu gedenken) Ceram bis Däniken, sondern auch auf einem Niveau, das etwa fixiert ist durch die Namen Thomas Mann bis Heinrich Böll. Ja, die traditionserhaltende Kraft der Tradition war derart stark, daß selbst ein Roman, der seine Vorbilder durch Parodie aufhob, hurtig eingefügt wurde in die Kette seines literaturwissenschaftlich begründeten Genres, in die des »Schelmenromans«: Das war die »Blechtrommel« (und in der Tat kann sich die Parodie auch als Affirmation des parodierten Genres begreifen lassen).

Die strenge Lehre freilich der progressiven Ästhetik, sie konnte dergleichen Produkte allenfalls würdig dulden, ihre Gegenwart respektvoll tolerieren, – Zukunft aber gab sie ihnen nicht. Zumal im Jahre 1972 war ihren Vertretern Mißmut abzuspüren angesichts der Verleihung des Nobel-Preises an einen, dessen Schreibart sie bei allem Respekt doch als rückwärtsgewandt empfinden – womit sie Recht haben. Damit aber sind wir an einem Wendepunkt:

Die erzählende Literatur der Gegenwart hat im Jahre 1972 eine Richtung eingeschlagen, die allen Vermutungen, Thesen und Postulaten auf das erstaunlichste widerspricht. Sie zeichnet sich nämlich aus durch auf den ersten Blick geradezu reaktionäre Eigenschaften: durch eine Neigung zum Stofflichen; durch eine Neigung zum Privaten; durch eine Neigung zum (herkömmlichen) Erzählen; insgesamt: durch eine dokumentarische Wendung.

Wer die sog. Bestseller-Listen des Jahres 1972 aufmerksam studiert hat, wird unter dem Rubrum »Belletristik« einen erstaunlich großen Anteil von Werken ausgemacht haben, die biographisch-autobiographischen Charakters sind. Nun ist der Verdacht begründet, daß Bestsellerlisten jenen Befund erst herstellen, den zu spiegeln sie vorgeben (»Auswahlbehörde für Literatur«, so disqualifizierte Karl Heinz Bohrer sie jüngst zu Recht); und besser wäre, man schaffte sie ab. Solcher Zweifel ändert nichts an der Feststellung, daß unser neues Erzählen ein altes Erzählen neuer Wirklichkeiten zu werden sich anschickt, und daß es das mit Erfolg tut. Denn es sind Tagebücher, Annalen, Chroniken, Familiengeschichten, die es in ihrem Erscheinungsjahr 1972 zu oft hohen Auflageziffern, die sich allermeist zu hohen Ehren auch vor dem Urteil der strengen Kritik gebracht haben:

Da ist das »Tagebuch« (das zweite) von Max Frisch. Da sind die Kapitel »Aus dem Tagebuch einer Schnecke« von Günter Grass. Da sind die beiden Bände der »Jahrestage« der Familie Cresspahl aus Mecklenburg von Uwe Johnson (und der fortführende dritte ist 1973 erschienen). Da ist der zweite (oder, je nachdem wie man zählt, dritte) Band der Saga von Walter Kempowskis Familie »Uns geht's ja noch gold«. Da verfaßt, 43 Jahre alt, Peter Rühmkorf seine Lebenserinnerungen »Die Jahre, die ihr kennt«. Alice Herdan-Zuckmayer schreibt sich in breite Schichten hinein mit ihrem autobiographischen Ausschnitt »Das Scheusal«. Der Schwede Lars Gustafsson stellt autobiographische Spiegelungen vor: »Herr Gustafsson persönlich«. Gerhard Zwerenz hat seinem Tagebuch »Ärgernisse« (1962) und seiner Autobiographie »Kopf und Bauch« (1971) 1972 den »Bericht aus dem Landesinneren« hinterhergeschickt; und Luise Rinser läßt ihren autobiographischen Arbeiten »Gefängnistagebuch« (1946) und »Baustelle« (1970) 1972 »Tagebuch-Notizen« folgen unter dem Titel »Grenzübergänge«, – und mit diesem Bereich überschneidet sich der nicht minder bedeutsame jener Bücher, die sich in Teilen offenbar autobiographischem Erinnern verdanken, von Bölls »Gruppenbild« über Piwitts »Rothschilds« bis zu den tagebuchartigen Notizen des Professor Kellermann in dem Roman von Walter Helmut Fritz »Die Beschaffenheit solcher Tage«.

VII

Max Frisch beschreibt Günter Grass. Er blättert (S. 325–335) ein (imaginäres?) Photoalbum durch und läßt mit Hilfe von (den Schnappschüssen gewidmeten) schnappschußartigen Kommentaren aus vielen Photos ein Bild des Dichterkollegen sich entwickeln über 16 Jahre hin (von 1955 bis 1970).

Während Grass zum Zwecke der Abbildung seines Modells geradezu in ihm aufzugehen scheint, es reproduziert durch Annäherung, die bis zur Identifizierung geht (der labyrinthische Satz wird als solcher beschrieben durch einen labyrinthischen Satz), nimmt Frisch zur Erfassung eines Objektes Maß: das Maß der Distanz. Die Beschreibung wird mediatisiert, die mittelnde (verbindende wie abrückende) Instanz ist das Photo: ein virtuoser Kunstgriff. Das sprachliche Bild erzeugt Unmittelbarkeit der Einsicht (so Grass), das eingesehene Bild erzeugt vermittelte Kenntnis (Frischs Verfahren). Um es noch einmal zu sagen: Die Möglichkeit, den anderen zu erklären nicht über den direkten Eindruck von ihm, sondern auf dem Weg über das gegebene, »objektive«, vom Zufall gestellte Photo, hat distanzierende, objektivierende Funktion, sie entpersönlicht den Kommentar, gibt ihm den Ton des Sachlichen, läßt Ironie zu und leise Andeutung von Befremdung: Der Erklärer ist 16 Jahre älter als der Erklärte, ist länger auch berühmt als er...

»Hier dreht er sich eine Zigarette, dann leckt er langsam das bräunliche Papier. Das ist Berlin. Auf einen einzelnen Bewunderer ist er nicht mehr angewiesen. Er trägt seinen Ruhm als etwas, das vorauszusehen war.«

»Hier lacht er. Das bedeutet nicht Einverständnis, auch nicht Gemütlichkeit. Meistens lacht er nicht mit, sondern gegen.«

Nicht die bildhafte Sinnlichkeit der Metaphernsprache, sondern die abstrakte Nüchternheit des Aperçus.

»Hier spricht er zum ersten Mal von Politik, aber nicht literarisch, sondern beinahe helvetisch: Politik nicht als Utopie, sondern pragmatisch. Ich muß trotzdem zu einer eigenen Aufführung ins Schiller-Theater.«

179

»Hier spricht er als Richter in fremder Ehesache, aber nur kurz, denn ich werfe ihn hinaus. Er bleibt sitzen und sagt besonnen: Lassen Sie uns wenigstens diesen Grappa austrinken.«

»... eine Hauptprobe; außer dem Regisseur (Lietzau) und ihm, dem Autor, ist niemand da, viele Kamera-Leute, aber kein einziger seiner deutschen Kollegen.«

Nicht Kommentar, bloße Feststellung. Und doch: Wieviel sagt sie aus über die Einsamkeit um diesen Betriebsamen.

»Hier steht er am eignen Herd, schmeckt ab; man sieht es von hinten, daß er sich in seinem Körper wohlfühlt.«

»Hier schwimmt er in der kalten Maggia. Wenn er aus dem Wasser kommt, wird er von Willy Brandt sprechen; er weiß, was man eben wissen müßte, nämlich Fakten, die jeden Gegner widerlegen; ich bin zwar kein Gegner.«

Der karge Helvetismus des »zwar« in seiner alten Bedeutung (*ze wâre* = »*wahrlich*«) macht den Satz so sperrig, daß er zweimal gelesen werden will: wohl ihm.

»Hier mit Gershom Scholem. Wenn jemand nicht auf sein Thema eingeht, zeigt sich seine große Belesenheit auf vielen Gebieten.«

Meisterschaft im Satz-Setzen: Es beginnt mit dem konditionalen »Wenn«, das die Krallen des kritischen Einwands vorzeigt – und gleitet anmutig in das artigste Kompliment über: Bewunderung, abgestützt durch das solide Fundament des Vorbehalts. Der hier schreibt, hat bauen gelernt, ist geübt in der Kunst statischer Berechnungen.

»Hier streitet er öffentlich in einem großen Saal gegen Widersacher, gewöhnt an ihr Buh, standfest, aber behindert durch einen angeborenen Mangel an Zynismus; er debattiert beschlagen und unerschrocken, aber dann meint er immer, was er sagt.«

Wieder die Technik, auf zwei wohlmeinende Feststellungen den Widerspruch des »aber«-Satzes folgen zu lassen – der sich indessen als Finte erweist: Vielmehr hat, was syntaktisch den Einwand, die Einschränkung ankündigt, stilistisch die Funktion der Steigerung. Die Behinderung nämlich des standhaften Debattierenden ist jeweils eine Eigenschaft, die höher noch zu schätzen ist als die vorgelobte Eigenschaft.

180

Peter Handke über seine Art, Leben und Tod seiner Mutter zu beschreiben[13·]

»Naturlich ist es ein bißchen unbestimmt, was da über jemand Bestimmten geschrieben steht; aber nur die von meiner Mutter als einer möglicherweise einmaligen Hauptperson in einer vielleicht einzigartigen Geschichte ausdrücklich absehenden Verallgemeinerungen können jemanden außer mich selber betreffen – die bloße Nacherzählung eines wechselnden Lebenslaufs mit plötzlichem Ende wäre nichts als eine Zumutung.«

Man wird weder Frisch noch Grass gerecht, wenn man (und sei es auch nur zeitweilig) übersieht, daß jeder von ihnen das Tagebuch als eine Publikationsform gewählt hat unter anderen möglichen, als ein literarisches Genre also. Weder der eine noch der andere mutet sich noch uns ein »echtes« Tagebuch zu, wie es die Brüder Goncourt publiziert haben, wie Hebbel, wie Henry Miller, wie Franziska Reventlow. Nicht also große Konfession, noch ihre Bruchstücke; sondern Aussage, geprägt in der Aura des (vorgeblichen oder tatsächlichen) Privaten. Nach den Motiven für die Wahl dieses Genres wird abschließend zu fragen sein[14].

IX

Walter Kempowski: »Uns geht's ja noch gold« S. 101–103 (über seinen Großvater, mütterlicherseits):

»Danach wurde das Außenthermometer abgelesen, hm, hm, zu kühl für diese Jahreszeit. Lieber eine Strickweste überziehen. Die Nase putzen, ein für alle Mal.

Im gebürsteten Schoßrock erschien er am Kaffeetisch: ›Morgen, Morgen, Morgen, Morgen, Morgen…‹ Kuß auf die bebartete Wange geben. Ob wir durchgeschlafen hätten.

Er saß jetzt auf dem Platz meines Vaters, den Molotow-Kneifer auf der Nase, die Hände beim Kauen gefaltet. Altes Hugenottengeschlecht, lauter Pastoren: Das noch kaum ergraute Haar geölt und sauber gescheitelt. Vorn links eine einzige kleine Welle. Ab und zu stieß er auf oder transportierte einen Krümel mit dem befeuchteten Ringfinger auf den Teller. Morgens die Schrotsuppe, die wurde nach Spelzen abgesucht. Die ›Strecke‹ auf den Tellerrand geordnet. (Seine Zähne, seine Zähne! die schrien nach Brot!) Und mittags: ›Die Bohnen sind etwas härtlich?‹ Die Stirn zum Rechenheft gefaltet und 32mal gekaut, für jeden Zahn einmal. Wenn er sich auf die Zunge biß, dann hatte das ein längeres Wiegen des Kopfes zur Folge. Die großen Hände tasteten grobzitternd an die Schläfen, der kleine Finger gichtig eingeknickt. Es war ja zum Verzweifeln!

Nach dem Essen striegelte er sich mit seiner zur Maus zusammengerollten Serviette mechanisch den Bart, und wenn er fertig war, legte er sich nach hinten und sagte: ›à!‹

Dann reinigte er die Zwischenräume seiner Zähne hinter der Hand mit einem kurzen messerartigen Gerät, das in silberner Tula-Scheide an seiner Uhrkette hing. Zuweilen hielt er inne und prüfte ziepschend, ob es so besser sei.«

Sehen mit Kempowski, Hören mit Kempowski, Riechen mit Kempowski: Er ist ein Genie der archivarischen Aufbereitung, sein Kunstmittel ist die minuziöse Akribie der Rekonstruktion, und zwar der Rekonstruktion des Details, und zwar des (scheinbar) bedeutungslosen Details. Durch den Wiederaufguß von Heißgetränk, Einheitsseife und Reklamespruch, durch die imitative Verdinglichung von Räuspern und Spucken und anderen Primitiv-Eigentümlichkeiten aktiviert er die Vergegenwärtigungskraft seines Lesers auf nahezu magische Weise. Sein Faszinationsvermögen beruht auf der psychologischen Erfahrungstatsache, daß es die den alltäglichen Stundenablauf bestimmenden Belanglosigkeiten sind, die eine Erlebnisphase dem Gedächtnis eingraben: Die Summe des Trivialen ergibt das Besondere, erweist das Niederträchtige (in Form der banalen Lebensbewältigung und der für sie notwendigen tausend Hand- und Kopfgriffe) als das Mächtige. Die bis zur Exaktheit des Photographischen vorangetriebene Präzision der Beschreibungstechnik versetzt Kempowski von allen Schriftstellern der Gegenwart in die eindeutigste Parallele zum Photorealismus der Bildenden Kunst der Gegenwart, und beide bedienen sich des gleichen Verfahrens: die Wirkung des Besonderen zu erreichen durch Exposition des Banalen. Das alltägliche Sujet wird apart, ja absurd durch seine isolierende Ausstellung.

Das freilich bedeutet auch eine Begrenzung: Kempowskis Publikum wird beschränkt sein auf jene Schicht, deren Wiedererkennens-Energien er aktivieren kann. Sein Rostock des Jahres 1945, mit den Mitteln der gereihten Banalfakten vorgestellt: dem Münchener Leser des Geburtsjahrganges 1945 wird es Hekuba sein.

So genau sie auch die Familienmitglieder beschreiben: Weder bei Handke noch bei Johnson wird eine Gestalt deutlich nach Art einer Photographie: Haarfarbe, Gang, Statur, Umfang, Bewegung – all dies ist bei Johnson wie Handke, wenn überhaupt, kaum je Gegenstand der eigentlichen Schilderung. Die Figuren werden nicht von außen, sondern von innen her plastisch. Mit anderen Worten:

Kempowski beschreibt aufs genaueste Menschen und läßt durch sie Situationen deutlich werden, erklärt Situationen aus den erklärten Menschen.

Johnson und Handke beschreiben aufs genaueste Situationen und lassen durch sie Menschen deutlich werden, erklären Menschen aus den erklärten Situationen, aus den Reaktionsweisen in den Situationen.

(Solche Antithetik freilich versucht ihren Gegenstand zu erhellen durch ein Übermaß an vereinfachender Polarisierung[15].)

X

Auch Peter Handke (in seinen beiden Büchern des Jahres 1972) beschreibt minuziös. Dennoch ist er bei gleichartiger Technik Kempowski extrem entgegengesetzt. Seine Benennung will nicht die benannte Materie, nicht den benannten Gegenstand sinnlich faßbar rekonstruieren, sondern einen mit ihr verknüpften ›Mehrwert‹ assoziieren. Seine Beschreibung ist nie ›immanent‹, sondern will ihr Objekt ›transzendieren‹. In dem Bericht vom Leben und Sterben einer einfachen Frau aus Kärnten, die seine Mutter war, reflektiert er auch sein schriftstellerisches Verfahren (»Wunschloses Unglück«, S. 42 f.):

»Anfangs ging ich deswegen auch noch von den Tatsachen aus und suchte nach Formulierungen für sie. Dann merkte ich, daß ich mich auf der Suche nach Formulierungen schon von den Tatsachen entfernte. Nun ging ich von den bereits verfügbaren Formulierungen, dem gesamtgesellschaftlichen Sprachfundus aus statt von den Tatsachen und sortierte dazu aus dem Leben meiner Mutter die Vorkommnisse, die in diesen Formeln schon vorgesehen waren; denn nur in einer nicht-gesuchten, öffentlichen Sprache könnte es gelingen, unter all den nichtssagenden Lebensdaten die nach einer Veröffentlichung schreienden herauszufinden.

Ich vergleiche also den allgemeinen Formelvorrat für die Biographie eines Frauenlebens satzweise mit dem besonderen Leben meiner Mutter; aus den Übereinstimmungen und Widersprüchlichkeiten ergibt sich dann die eigentliche Schreibtätigkeit. Wichtig ist nur, daß ich keine bloßen Zitate hinschreibe; die Sätze, auch wenn sie wie zitiert aussehen, dürfen in keinem Moment vergessen lassen, daß sie von jemand, zumindest für mich, Besonderem handeln – und nur dann, mit dem persönlichen, meinetwegen privaten Anlaß ganz fest und behutsam im Mittelpunkt, kämen sie mir auch brauchbar vor.«

Die Wendung zum eigenen Herkommen, zur Frage nach den eigenen Daseinsvoraussetzungen und ihren Bedingungen ist auch die Wendung in die Sprache des Ursprungs. Die Innenwelt der Innenwelt erhält ihre Signatur durch den Stempel der Sprache, die als Instrument der Gängelung im Kinderbuch, im Märchenbuch, im Lesebuch mächtig ist. Was die Soziolinguistik heute als die »repressive« Funktion der Sprache, als »Manipulation« durch sie aufzudecken versucht, das entlarvt Handke (S. 59 f.) in der scheinbar idyllischen Aufzählung von Attribut-Koppelungen. D. h., er offenbart durch das demonstrative Vorzeigen von sich »automatisch« an ihr Substantiv

Er stammt aus den »Jahrestagen I« (S. 10–13) und ist überschrieben:

»21. August, 1967 Montag«.

»Aufklarendes Wetter in Nordvietnam erlaubte der Luftwaffe Angriffe nördlich von Hanoi. Die Marine bombardierte die Küste mit Flugzeugen und feuerte Achtzollgranaten in die entmilitarisierte Zone. Im Süden wurden vier Hubschrauber abgeschossen. Die Unruhen in New Haven gingen gestern weiter mit Bränden, eingeschlagenen Schaufenstern, Plünderung; weitere 112 Personen sind festgenommen worden.«

Die 1. Erzählebene, gewissermaßen das Wort zum Tage, das politisch-militärische Komplement zu einem Tag im New York des Vietnamkrieges 1967. Es leitet bruchlos über in eine Gewalttätigkeit meldende Nachricht aus dem Lande selbst: New Haven. Kein Kommmentar. Aber natürlich wird das eine in Beziehung gezwungen zum andern.

Es geht weiter (unmittelbar, nach Absatz) auf der 2. Ebene:

»Neben dem Zeitungsstapel wartet eine kleine gußeiserne Schale, über die die gekrümmte Hand des Händlers vorstößt, ehe sie (= Gesine) noch die Münze hat abwerfen können. Der Mann blickt feindselig, dem haben sie sein Geld einmal zu oft weggerafft im Vorübergehen auf der offenen Straße.«

Gegenwartsschilderung, den Gang der ›Heldin‹ Gesine Cresspahl ins Bureau beschreibend. Unmittelbare Überführung der realistischen Detailbeschreibung (vorstoßende Hand) in deren ›Bedeutung‹: Schutzmaßnahme. Und wieder ist assoziiert: Das Thema Gewalt. – Es geht weiter mit einer eingeschossenen, kursiv gedruckten Zeile, die direkte Rede enthält:

»Dafür habe ich mir also den Hals zerschießen lassen, meine Dame.«

Eine neue Ebene: Wer redet? Worüber? Bewußte Unklarheit, spannungssteigernd, vielleicht wird sie in größerem Zusammenhang aufgelöst. Dann unmittelbar (nach Absatz) weiter:

»Die Leiche jenes Amerikaners, der am vorigen Mittwochabend nicht in sein Hotel zurückkam, ist gestern nachmittag in der Vltava gefunden worden. Mr. Jordan, 59 Jahre, war Mitarbeiter des jüdischen Hilfswerks JOINT. Er hatte sich eine Zeitung kaufen wollen.«

Also wieder zurück auf die 1. Ebene:

Es wird suggeriert, daß diese Information Resultat des eben zuvor in seiner Aktion beschriebenen Zeitungskaufs ist. Die besondere Pointe ist die Beziehung von täglich-beiläufigem Zeitungskauf auf einen tödlich endenden Zeitungskauf. Aber die Aussage will noch mehr: Ein Jude ist ermordet. Ein Mitarbeiter einer jüdischen Hilfsorganisation: Das reißt den ganzen historischen Zusammenhang der Judenverfolgung des 20. Jahrhunderts auf, assoziiert Hitler und seine Morde – und stellt also unterschwellig den Zusammenhang her mit dem anderen Sektor der Bühne: mit Mecklenburg, mit Gesine Cresspahls Kindheit – und dem damals sich anbahnenden politischen Gewaltkomplex: dem Aufkommen des Nationalsozialismus.

Unmittelbar weiter:

»Die Sohle der Lexington Avenue ist noch verschattet. Sie erinnnert sich an die Taxis, die einander am Morgen auf dem Damm drängen, im Einbiegen aufgehalten von einem Verkehrslicht, dessen Rot die Fußgänger zum Gang über die östliche Einbahnstraße ausnutzen können, in dessen Grün sie die wartenden Wagen behindern dürfen. Sie hat nicht gezögert, auf die Verbotsschrift zuzutreten. Sie kommt hier seit vordenklicher Zeit, mit angelegten Ellenbogen, auf den Takt der Nachbarn bedacht. Sie weicht dem blinden Bettler aus, der mit vorgehaltenem Becher klimpert, der unwillig grunzt. Sie hat ihn wieder nicht verstanden. Sie geht noch zu langsam, ihr Blick wandert, sie ist mit der Rückkehr beschäftigt. Seit sie aus der Stadt war, hat zwischen den hohen Fenstertürmen das Sirenengejaul gehangen, das schwillt, verkümmert, hinter ferneren Blocks wild aufbricht. Aus den Seitenstraßen schlägt hitziges Gegenlicht quer. Mit den Augen gegen den blendenden Zement geht sie neben einer Fußfassade aus schwarzem Marmor, deren Spiegel die Farben der Gesichter, Blechlacke, Baldachine, Hemden, Schaufenster, Kleider schwächer tönt. Sie tritt beiseite in einen weißlichtigen Gang, aus dem Ammoniak ins Offene dampft, Biß für Biß abgetrennt von der federnden schmalen Tür. Diesen Eingang kennen nur die Angestellten.«

190

Das ist wieder die 2. Ebene, ist Gegenwart, Detailschilderung, die es ermöglicht, aus Verhaltensweisen und Situationen auf den Charakter der Person zu schließen: angelegte Ellenbogen, im Takt mit den Nachbarn, sie weicht dem blinden Bettler aus, die Taxis werden gestaut, Sirenengejaul: Beschreibung eines Menschen als Treibgut im Strom der hochtechnisierten Umwelt, sein Verhalten ist programmiert durch Zeichen, Lichter, Gewohnheiten, Vorschriften. Auch hier Gewalt; die des Alltags: die gestauten Autos, das Sirenengeheul.

Es geht unmittelbar weiter (nach Absatz):

»Sie ist jetzt vierunddreißig Jahre. Ihr Kind ist fast zehn Jahre alt. Sie lebt seit sechs Jahren in New York. In dieser Bank arbeitet sie seit 1964.«

Der Erzähler erzählt, gibt Anhaltspunkte. Genaueres wäre ihm schon fast zu viel, so sagt er es, als ob er es sich lediglich imaginiere (unmittelbar weiter, nach Absatz):

»Ich stelle mir vor: Unter ihren Augen die winzigen Kerben waren heller als die gebräunte Gesichtshaut. Ihre fast schwarzen Haare, rundum kurz geschnitten, sind bleicher geworden. Sie sah verschlafen aus, sie hat seit langem mit niemandem groß gesprochen. Sie nahm die Sonnenbrille erst ab hinter dem aufblitzenden Türflügel. Sie trägt die Sonnenbrille nie in die Haare geschoben.«

Auch der Tempuswechsel (sah – nahm – trägt) ist bewußt eingesetzt: Episches Erzähltempus gegen das Präsens der dauernden Gewohnheit.

Ich überschlage den nächsten Absatz, sie liest noch einmal (stellt er sich vor) die Zeitung, wieder die Nachricht von dem in der Moldau getöteten Juden, dann unvermittelt:

»Bis vor fünf Jahren kannte sie von Prag nur die Straßen bei Nacht, durch die ein Taxi vom Hauptbahnhof zum Bahnhof Střed fährt.«

Durch Rückblende wird wieder eine neue Ebene, eine andere historische Schicht aus dem Leben von Gesine Cresspahl ausgeleuchtet – eine näher liegende. Auch von ihr aber wissen wir noch nichts.

Weiter: Er stellt sich vor: den abendlichen Nachhauseweg zum Riverside-Drive.

Dort wohnt sie »in drei Zimmern, unterhalb der Baumspitzen.(...) Im Süden sieht sie neben dichten Blattwolken die Laternen auf der Brücke, dahinter die Lichter auf der Schnellstraße. Die Dämmerung schärft die Lichter. Das Motorengeräusch läuft ineinander in der Entfernung und schlägt in ebenmäßigen Wellen ins Fenster, Meeresbrandung vergleichbar. Von Jerichow zum Strand war es eine Stunde zu gehen, am Bruch entlang und dann zwischen den Feldern.«

Das läuft ineinander wie die Motorengeräusche – und ist doch wie ein Schock: Erst der ruhige Schritt auf der gegenwärtigen Erzählebene – und plötzlich ist man aus Upper Manhattan katapultiert nach Mecklenburg, 30 Jahre zurück (1933 ist sie da geboren) und erdteilweit. Das ist neben den mannigfachen Zwischenbühnen der zweite der beiden fundamentalen Spielsektoren: Mecklenburg in den zwanziger und dreißiger Jahren.

Damit endet der 21. August 1967.

Man sieht, wie die handwerkliche Machart, die Technik der realistischen Detailbeschreibung mit ihren recherchierten Einzelheiten komponiert ist zu einer Konfiguration, die weit hinausragt über das primäre Geschehensgerüst. Ein ungemein artistisch verfahrender und kalkulierender Kunstwille bedient sich hier der Abbildungstechnik zum Zwecke der Stilisierung eines Lebenslaufes, einer Generation, eines Zeitalters. Zugeeignet einer Leserschaft, die den Akt des Erkennens ihrer selbst wenn nicht leichter, so doch nachhaltiger zu leisten vermag, wenn sie sich in stilisierter Form entgegennimmt.

XII

Nostalgie, so belehren uns die hurtigen Zeitkritiker, sei einer der Wesenszüge dieser unserer Jahre. Ist auch diese Literatur des dokumentarischen Sicherinnerns eine *recherche du temps perdu?* Diese Frage bejahen, hieße, sie unzulänglich beantworten. Denn die Beschwörung des Vergangenen in dieser neuen Chronik-Literatur will, daß dieses Vergangene sich nicht als vergänglich erweise, d. h., sie kontrapungiert ebenso absichts- wie wirkungsvoll das Gewesene stetig und beharrlich mit der jeweiligen Gegenwart. Diese Konfigurationen der einen Phase und der anderen, dieser Epoche und jener, machen das kalku- lierte Spannungsfeld dieser Berichte aus – am entschiedensten in dem der mecklenburgisch-amerikanischen Epopöe John- sons, deutlich bei Grass, weniger offengelegt (aber doch spür- bar Bestandteil der Erzählstruktur) bei Handke, Frisch; und auch in den intrikaten Naivitäten der Kempowskischen Erin- nerungskunststücke.

Es muß zum Ende der Versuch gemacht werden, die Motiva- tion dieses neuen, dokumentarischen Erzählens zu erfragen. An dem das Neue ja nicht das Erzählen in geordneter (wenn auch überschneidender und geschichteter) Abfolge ist. Diese Tradition, die ihren Höhepunkt im Europäischen Roman des 19. Jahrhunderts hatte, ist ja niemals abgebrochen, sie wird mit mehr oder minder Glück bis in unsere Tage beharrlich geübt. Neu an ihr ist, daß sie sich wieder als ›modern‹ empfinden darf, nachdem sie lange Zeit unter dem strafenden Blick der Theo- retiker als vieux jeu abgetan worden war – trotz der hohen Achtung im Urteil auch der strengen Kritik, deren sich in den letzten Jahren die Bücher von Alfred Andersch, Hans Erich Nossack, Hans Werner Richter und Rudolf Hagelstange, von Joseph Breitbach, von Siegfried Lenz, von Heinrich Böll, von Ingeborg Bachmann (um wieder nur einige Namen von mehre- ren zu nennen) versehen durften. Und »neu« ist an dieser Lite- ratur weiter die – um es noch einmal zu sagen – dokumentari- sche Wendung, die Neigung, sich dem chronikalischen, dem annalistischen, dem tagebuchartigen Bericht anzuvertrauen. Wer die Gründe für solche Wendung anführen will, wird sich allererst verwahren müssen gegen den Anspruch voreiliger Si- cherheiten. Er wird überdies keine »Monokausalität« oder Mono-Motivation verantwortlich machen wollen, sondern eher eine *Motiv-Bündelung* vermuten.

Zu diesen Motiven gehört vermutlich das durch Tradition erhärtete Bedürfnis des Romanschriftstellers, Erkenntnisse von einem gewissen Sicherheitsgrad zu vermitteln. Diese Tradition ist, wie Theorie und Praxis des Romans bezeugen, so alt wie der moderne Roman[17].

»Mit der Bildungsemanzipation des europäischen Bürgertums, die der Französischen Revolution voraufging, vergrößerten sich der Aufgabenbereich und zugleich die Verbreitungschancen der sog. schönen Literatur in einem bisher nicht gekannten Maße« (Lämmert)[18]. Ihrer Lektüre war es nunmehr aufgegeben, Bildung zu vermitteln, jenen Stoff also, der den Führungsanspruch des neuen Standes geistig autorisierte. Auf solchem Wege wuchsen die Dichter, ehe sie sich's versahen, in die Rolle von Wahrheitsverkündern, Propheten und Priestern einer neuen Kunstreligion hinein, das Bleibende stiftend und dem Bürgertum seine »moderne Epopöe« schenkend (Hegel). Solche Sakralisierung eines Amtes, das sich bis ins späte Mittelalter als Dienstleistungsgewerbe verstanden hatte, konnte vor dem eigenen Wahrheitsanspruch nicht mehr bestehen, als der Anbruch des naturwissenschaftlichen Zeitalters rationalere Methoden der Wirklichkeitsfindung und Wahrheitsermittlung erschloß denn das Dichterwort sie meinte liefern zu können. Der Roman, im 18. Jahrhundert dazu ausersehen, in einer individuierten Gestalt das Ganze einer historischen Situation zu präsentieren, den Stand der Geschichte des Menschengeschlechts einsichtig zu vermitteln, sah sich nunmehr zurückgeworfen vom wahrheitstiftenden Erzählen auf das wirklichkeitserfassende Beschreiben, vom (nicht mehr erfaßbaren) Ganzen auf das Teil, das Bruchstück, den Torso, das Fragment. Ein solcher Struktur- und Funktionswandel des Romans schlägt sich in dessen Theorie nieder als »Krise« seiner selbst. Schließlich erwiesen sich dem zunehmend verwirrten 19. und beginnenden 20. Jahrhundert alle tradierten Gewißheiten religiöser, sittlicher, kausaler, historischer und stofflicher Art als brüchig, anfechtbar und unverläßlich, so daß die Sprache untauglich zu werden schien bei ihrem Geschäft der Erfassung der Wirklichkeit: Hofmannsthals Chandos-Brief von 1901 ist das klassische Dokument des Bewußtseins der Unzulänglichkeit sprachlicher Mittel bei deren Versuch, Wahrheit festzuhalten. Die »Verdinglichung aller Beziehungen zwischen den Individuen«, die sich zu einer festen, das Wesen des »gesellschaftlichen Lebensprozesses« verbergenden Oberfläche zusammenschließen, verbirgt den Einblick in die Wirklichkeit dieses Wesens, und folgerichtig fordert Adorno: »Will der Roman seinem realistischen Erbe treu bleiben und sagen, wie es wirklich ist, so muß er auf einen Realismus verzichten, der, indem er die Fassade reproduziert, nur dieser bei ihrem Täuschungsgeschäfte hilft«[19].

Sprache versuchte mithin in der Folge, der Vieldeutigkeit ihrer partikularen Objekte gerecht zu werden durch Preisgabe einer vorgeblichen Eindeutigkeit, die Syntax verzichtete auf die schöne Ordnung der Grammatik, auf den Schein gehorsamer Kausalitäten im Vorzeigen des geordneten Nacheinander; die Wahrheit eskamotierte aus dem flüchtigen Objekt in das erkennende Subjekt und sein Bewußtsein, in den Versuch, dieses Bewußtsein peinlich zu beschreiben (so bei Virginia Woolf, bei Joyce, bei Proust, Broch[20]); und bis in unsere Tage hinein bleibt das Mißtrauen in das Gefüge der traditionell gereihten Worte, in die Formation der – eine überschaubare Realität vortäuschenden – »realistischen« Beschreibung Movens aller progressiven oder sich als progressiv ausgebenden Literatur. Wenn nun heute, nach und neben Heißenbüttel und Jürgen Becker, nach und neben Chotjewitz und Achternbusch, nach und neben Arno Schmidt und Wondratschek und Peter Weiss (zu schweigen von Beckett und Queneau, von Nathalie Sarraute, Robbe-Grillet und Michel Butor) das additive, realistischen Mustern verpflichtete, chronologische (wenn auch mannigfach geschichtete) Erzählen wieder seine Dignität und Wirkung behauptet, dann wird man diese Wendung nicht trennen dürfen von der dokumentarischen Essenz dieser Werke. Als das Wesen des Dokumentarischen wird man das Verbürgte ansehen wollen, die (annähernde) Gewißheit. Es ist offenbar im Erwartungshorizont der Leser, in dem Äußerungswillen der Autoren das Bedürfnis tätig, der Dichtung weiterhin die Rolle eines Vermittlers von Glaubhaftem, also von möglicher Wahrheit anzumuten. Solches Bedürfnis zeugt von der Unsicherheit des Individuums in einer fremdgesteuerten Welt, bezeugt in der

Anlehnung an das Moment des Autobiographischen, des Chronikalischen, des Tagebuch-Notats den Willen nach Vergewisserung der eigenen Person und Persönlichkeit.

Die letzte DOCUMENTA sprach von »Individuellen Mythologien«, vielleicht ist damit gemeint, was die neue Dokumentarliteratur an Erschließung des Individuellen, der privaten Persönlichkeit zu leisten versucht. Der privaten Persönlichkeit, deren Ergründung schließlich durch die späte, endlich auch das deutsche Bürgerbewußtsein erreichende Rezeption der Psychoanalyse reizvoll und ergiebig zu werden verspricht. Doch bleibt in diesen Werken die private Persönlichkeit nicht privat, sie wird durchwegs, wie ich zu zeigen versuchte, in das Gefüge der Generationen, des Sozialen, des Geschichtlichen eingebaut und aus ihm heraus verstehbar gemacht. Hier scheint ein komplementärer Prozeß am Werk, der den Verlust an historischem Bewußtsein, der unsere Zeit deutlich kennzeichnet (und der zu der Expansion des Ideologischen in einem Entsprechungsverhältnis steht), auszugleichen sich anschickt. Auf dem Wege über die (scheinbare oder faktische) Privat-Chronistik ersetzt die historiographische Attitüde dieser neuen Dokumentar-Literatur das Geschichts-Defizit des Bewußtseins der heute lesenden Generationen.

Johann Gustav Droysen hat in seiner »Historik« (1867) dargestellt, wie die ehemals erzählende Geschichtsschreibung verdrängt wird durch die »untersuchende« oder »diskursive« Darstellung[21]. Der genuine Erzählcharakter der Historiographie hat sich zunehmend formelhaft verfestigt, ist somit einer »Verwissenschaftlichung der Sprache« gewichen[22].

Die Vermutung ist erlaubt, daß mit der neuen Dokumentarliteratur (im weitesten Sinne, also auch Bühne und »Protokolle« einschließend) die Dichtung heute die einst der Geschichtsschreibung anvertraute Aufgabe mit übernimmt[23]. In Tagebüchern, in Jahrestage-Büchern.

Anmerkungen

Das Manuskript war abgeschlossen im Januar 1973. In den dann folgenden Monaten hat die These dieses Artikels mancherlei Bestätigung erfahren. Ich verweise lediglich auf: Peter Härtling, »Für die konstante Anarchie«, AK-ZENTE 1973, S. 81–91; auf den SPIEGEL-Artikel »Endlich ich sagen«, Nr. 12 v. 19.3.73; sowie auf die den 1972 eingeschlagenen Weg fortsetzenden Neuerscheinungen der Romanliteratur des Erscheinungsjahres 1973: die Titel z.B. von Jakov Lind; Peter Härtling; Barbara König; Karin Struck. Auch die Veröffentlichung von Brechts »Arbeitsjournal 1938–1955« gehört in solchen Zusammenhang. – Zum Thema »Realismus« verweise ich auf die belesenen Ausführungen von Frank Trommler in »Tendenzen der deutschen Literatur seit 1945«, hrsg. von Thomas Koebner, 1971, S. 178– 275 sowie auf Walter Jens, »Statt einer Literaturgeschichte«,⁵ 1962, S. 17–50 und 109–133. – Zum Standpunkt des Erzählers im Roman des 19. u. 20. Jahrhunderts auch Walter Benjamin in »Schriften«, 1955, Bd. II, S. 229–230. Schließlich weise ich hin auf Marcel Reich-Ranicki in den Nachworten zu seiner klugen 5bändigen Anthologie-Reihe bei Piper in Müchen, zuletzt »Verteidigung der Zukunft«, 1972.

1 Nicht unmittelbar in diesen Zusammenhang würde ich allerdings die Schule des sog. »Naiven Magismus« und ihr Haupt Monica Plange rücken, die im südwestdeutschen Raum neuerdings von sich reden macht.

2 In: Der frühe Realismus in Deutschland 1800–1850. Gemälde und Zeichnungen aus der Sammlung Georg Schäfer, Schweinfurt, Katalog der Ausstellung Nürnberg 1967, S. 19–29.

3 Lankheit, S. 19.

4 Lankheit, S. 29.

5 Von den ungezählten Berichten, Reportagen und Kritiken dieser Ausstellung erwähne ich lediglich das geistvolle Pamphlet Martin Gosebruchs: »Ein Nein zur DOCUMENTA«, NEUE RUNDSCHAU 83, 1972, S. 634–659. – Die vertrackte Frage freilich, ob nicht spektakuläre Veranstaltungen dieser Art jenen Zustand überhaupt erst miterzeugen, den sie als angeblich vorhandenen dem Bewußtsein zu vermitteln vorgeben – diese Zirkel-Frage kann hier nicht behandelt, soll jedoch zumindest gefragt werden.

6 S. 642.

7 In den Abschnitten III und IV nehme ich Gedanken und gelegentlich wörtliche Formulierungen auf, die in der Weihnachtsausgabe der Zeitschrift DEUTSCHE ZEITUNG (Christ und Welt) vom 22.12. 1972 zuerst niedergelegt wurden.

8 In: »Romantheorie, Dokumentation ihrer Geschichte in Deutschland 1620–1880.« Hrsg. von Eberhard Lämmert und Hartmut Eggert, Karl-Heinz Hartmann, Gerhard Hinzmann, Dietrich Scheunemann, Fritz Wahrenburg, 1971 (= Neue Wissenschaftliche Bibliothek 41), S. III; ebda. S. 2f.: Opitz.

9 »Moderne Literatur – Moderne Wirklichkeit«, 1958, S. 12 f.

10 »Aussichten des Romans oder Hat Literatur Zukunft?«, Frankfurter Vorlesungen 1968, S. 12. – Zu der Frage der Bedrohung des gedruckten Erzählens durch die Expansion anderer Mittlerinstrumente (z.b. audiovisuelle Medien) s. gleichfalls Baumgart passim und in »Grenzverschiebungen«, hrsg. von Renate Matthaei, 1970, Teil »Theorie« S. 22–29; und meinen in Anmerkung 7 zitierten Aufsatz.

11 »Standort des Erzählers im zeitgenössischen Roman«, in: »Noten zur Literatur« I, 1958, S. 63.

12 Um der Parallelität willen sei noch hingewiesen auf das extrem subjektiv (dadurch z.b. Frisch extrem entgegengesetzte) »Indische Tagebuch« des Lyrikers und einstigen Anführers der amerikanische Beatgeneration Allen Ginsberg, geschrieben 1962/63, deutsch 1972 bei Hanser. – Das Extrem des Diskreten verkörpern Elias Canettis »Aufzeichnungen 1942–48«, 1965. – Zum Genre »Tagebuch« s. übrigens auch Harald Hartung, in: »Die Literatur und ihre Medien: Positionsbestimmungen«, hrsg. von Ingeborg Drewitz, 1972.

13 »Wunschloses Unglück«, S. 41 f.

14 In unserem Zusammenhang muß ich mich darauf beschränken, diese beiden Tagebücher lediglich als repräsentativ für den neuen Dokumentarstil vorzustellen. Ihnen insgesamt gerecht zu werden, habe ich im MERKUR 1972 (im vorliegenden Bande S. 227 ff., über Frisch) und in der NEUEN ZÜRCHER ZEITUNG (vom 11.10.72, über Grass, im vorliegenden Bande S. 219 ff.) versucht.

15 Kempowskis Roman habe ich ausführlicher gerecht zu werden versucht in der ZEIT vom 29.9.72.

16 In einem Gespräch mit Christian Linder, FAZ vom 13.1.1973.

17 Ich verweise auf Lämmerts (u.a.) »Romantheorie« (s. o. Anm. 8); sodann auf Bruno Hillebrand, »Theorie des Romans«, 2 Bde., 1972; zum Verhältnis von »Wirklichkeit und Kunstcharakter« im Roman des 19. Jahrhunderts (das zeigt, wie wandelnder Wirklichkeitsbegriff einen sich wandelnden Kunstbegriff zur Folge hat) auf das gleichnamige Buch von Walther Killy (1963); zum Problem der Beschreibungstechnik auf: Hans Christoph Buch, »Ut Pictura Poesis – Die Beschreibungsliteratur und ihre Kritiker von Lessing bis Lukács«, 1972; zur Technik des Romans und seiner Theorie und Geschichte: Eberhard Lämmert, »Bauformen des Erzählens«, 1955, ⁴1970 (vor allem S. 9–94).

18 »Über die öffentliche Verantwortung des Schriftstellers« in: aus politik und zeitgeschichte, beilage zur wochenzeitung das parlament, 27. Februar 1971, S. 3–14, Zitat S. 4.

19 »Standort des Erzählers«, S. 64; im Original durch Kursive herausgehoben.

20 Zu Woolf und Proust s. das letzte Kapitel von Erich Auerbachs »Mimesis«, 1946, ⁴1967, S. 488–514.

21 Karl-Georg Faber, »Theorie der Geschichtswissenschaft«, 1971 (Beck'sche Schwarze Reihe, Band 78), S. 15.

äußerung und Selbstentäußerung ist. »Jedes Tagebuch gibt natürlich das Spiegelbild des Autors; doch darf es in dieser Hervorbringung nicht aufgehen« (III, 239). Diese Eintragung vom 3. März 1944 liefert das Maß, dem sich der Tagebuchführende anheimgeben muß. Denn Jüngers eminente Begabung der Observation und Registration opfert ein gut Teil ihrer Resultate der Blickverengung auf lediglich jene Perspektive, die durch die manische Ichbesessenheit des Autors allein freigegeben wird. Die Beobachtungen, Aperçus, Gnomen und Aphorismen Jüngers büßen bei ihrem gesetzmäßigen Durchgang durch die Materie der Persönlichkeit eben jenes Quantum an Verbindlichkeit, jenes Maß an Wahrheit ein, das als Tribut an die Eigentümlichkeit des Verfassers abgezweigt wird. Diese Eigentümlichkeit aber wird sich auch und vor allem im Bereich des Stilistischen niederschlagen. Dies zumal bei einem Autor, der dem Dichter, der Sprache, der Prosa unvergleichlich hohen Rang zuweist:

»Die Welt kann ohne Wissenschaften leben, doch ohne Dichtung nie« *(Sgraffiti)*. Das ist eine jener umkehrbaren Allerweltsbanalitäten, die sich bei Jünger auf merkwürdige Weise in eben dem Maße häufen, als er sich aller Welt und ihren Banalitäten enthoben weiß.

Und gleichfalls in den *Sgraffiti* (1960) kann man das tollkühne Postulat lesen: »Von einer guten Prosa ist zu verlangen, daß sie die Todesfurcht verbannt« (VII, 379). Wie aber, wenn eben die gute Prosa sich etwa zur Aufgabe gesetzt hätte, Todesfurcht zu erzeugen? Es lohnt sich nicht, über apodiktische Skurrilitäten zu rechten – der Prinz von Homburg, als er sein offenes Grab gesehen, wäre hier der bessere Diskussionspartner.

II

Jüngers Stil, der vielgerühmte kristallene, federnde, transparente, marmorne Stil des Florettschreibers, des Kaltnadelradierers: er zeichnet sich oft aus durch jene Unklarheit, die den mystisch-irrationalen Neigungen seines Autors entspricht; zeichnet sich aus durch Unsicherheit im Bereich des Geschmacks; zeichnet sich aus durch eben jene Zwanghaftigkeit, die dem nimmermüden Verehrer, ja Anbeter der *desinvoltura* beim Ringen um die Noblesse angeborener Gelassenheit die Feder knirschend führt. Der Versuch, sich der Präzision technischer Chiffren anzunähern, beraubt die Sprache des präzisen Aussageinstruments der Musikalität. Denn Jünger hat kein Verhältnis zur Musik; und seines zur Bildenden Kunst wird allemal erst dann lebhaft, wenn er Malern begegnet, die über die Theorie ihres Tuns nachdenken, – was er für ein malerisches Qualitätsmerkmal hält: dabei offensichtlich die große Mehrzahl aller Malersprüche in den Wind schlagend, die von der hilflos nach Artikulation ringenden Verfassung des Malerhirns in stummer Beredsamkeit zeugen. (Picasso hat das Problem dialektisch erledigt, indem er die Tradition solcher Aussprüche zugleich fortsetzte wie beendete mit dem gnostischen Diktum: »Malerei ist das, was sie ist.«)

Das was sich technisch fassen läßt als sachlich unstimmig, als verfehlt in Bildwahl und Logik, als verschwommen und unverbindlich bis zur simplen Umkehrbarkeit, als schmerzhafter Verstoß gegen die Gesetze des Maßes und der Angemessenheit (also des Geschmacks), muß natürlich zurückgeführt werden auf Eigentümlichkeiten des Autors, die seiner Substanz innewohnen. Denn seit Buffon gilt das »Le style est l'homme même«, und Jünger sagt es beharrlich variierend auf seine Weise. Am umfassendsten (vom Schreiben ausgehend) wohl im Nachwort von 1964: »Der Stil eines Menschen (…) – das reicht tief in die Gründe, ist Ausdruck des ihm auferlegten Schicksals und seiner Prägung« (X, 409). Hier weiterzugründeln, kommt der Literaturkritik nicht zu. Allemal aber handelt es sich um den Fall einer Persönlichkeitsverengung, die sich im Bewußtsein ihrer Reduktion mit um so fanatischerem Eifer auf die austastende Musterung der Kernsubstanz konzentriert, auf solche Weise zu maßloser Innenschau, zu rauschhaftem Autismus getrieben. Eben die hypertrophen Eigentümlichkeiten, etwa die des legendären Kriegshelden und seiner nahezu somnambul gelenkten Tapferkeit, die defizienten Zonen im Bereich des Musischen, im Bereich der *désinvolture:* sie nötigen zu Kompensationsakten von imponierender und zwanghafter Einseitigkeit. Der oft wie dehydriert wirkenden Materie ist eigen, daß sie fehlenden Besitz um so intensiver von außen beiholt: Adelsprädikate und der Prunk großer Titel legen sich wie Brokat um die gebuchten Namen; edle Metalle, erlesene Hölzer, kostbare Stoffe dekorieren den Auftritt dessen, den es in seiner hergebrachten Kulisse fröstelt. Es gehört zum Wesen der Elite, sich ohne Inszenierung darzustellen; gehört zu den Obligationen der Noblesse, sich nicht vorzuführen: »Die Schilderung des Schönen setzt Maß, Entfernung und scharfen Blick voraus« (10. April 1939) – das wird man ohne Gewaltsamkeit als konstitutiv auch für die Schilderung des Furchtbaren, Häßlichen und Bösen gelten lassen, und an Forderungen solcher Schärfe wird man auch messen müssen, der sie formuliert.

Letztlich wird diese stilistisch sich als Unsicherheit manifestierende Defizienz, wird dieser Mangel an Instrumentation offenbar in dem Fehlen einer schlechthin humanen Substanz: im Fehlen allen Humors. Humor als Existential hat ja nichts zu tun mit dem albernen »wenn man trotzdem lacht« (das leicht als Bestialität sich erweisen kann) noch mit Schnurren in kopfsteingepflasterten Gassen, darüber gutmütige Sterne; nichts mit jener Form der »provinziellen Ironie«, über die Jünger sich zu Recht anläßlich Raabes mokiert (10. XII. 42); sondern ist eine Daseinsform. Jünger ist ihr fern. Und es scheint, als nötige ihn das Bewußtsein solchen Mangels zu seiner Kritik an dem Erzähler Fontane, dem er Fülle als Schwäche ankreidet, da er sie bei Musterung des eigenen Bestandes als fehlend buchen müßte: »Bei der Lektüre kam mir wieder der Gedanke, daß eine starke Erzählerkraft den Autor leicht schädigt, da in ihrem schnellen Strome das feine Geistesplankton nicht gedeiht. Der Grund liegt darin, daß das erzählende Talent ursprünglich zur rhetorischen Begabung zählt und damit der Feder nicht konform ist – es zieht sie zu schnell dahin« (15. IX. 42). Das sagt mehr aus über diesen Leser als über seine Lektüre.

Ich habe eine Reihe von Behauptungen aufgestellt über Jünger als Stilisten. Für sie habe ich Belege zu liefern.

III

Ichverhaftung ist eine spezifische Voraussetzung der künstlerischen Kreativität. Der sein Ich auslöschende Autor degeneriert zum bloßen Registrator. Der sein Ich verabsolutierende Autor degradiert die Welt zur Kulisse, ihre ›Dinge‹ zu Requisiten seines Auftritts.

Die sterile Form der Ichverhaftung ist die Wendung zur eigenen Körperlichkeit in Form der Hypochondrie. Einige Beispiele von vielen (sämtlich den *Strahlungen* I oder II entnommen, d.h. Band II und III): Schlaflosigkeit führt den Hauptmann Jünger am 13. Oktober 1942 in Paris zum Oberstabsarzt. Der weist ihn ins Lazarett ein. Dort liest er u.a. Jesaja, Lichtenberg, Schopenhauer; Freundinnen bringen ihm Zinnien, eine violette Cattleya; die Nächte bleiben unruhig und bedrückend, indes: »Morgens recht abgespannt, doch geistig mächtig.« Wie ermißt sich diese Mächtigkeit? Der Autor »nahm das an der Wölbung wahr, mit der sich die grünen und gelben Bäume in den Gärten den Augen darboten«. Nach acht Tagen entlassen die ratlosen Ärzte den Patienten, Diagnose: »Magenkatarrh«. Konsequent sucht der durch solche Gesunderklärung Versehrte jetzt einen zivilen Arzt auf: einen Franzosen, »der mir durch Zuspruch sehr nützlich war«.

Das ist als Bericht so absurd, weil es sich abspielt unmittelbar vor der Abkommandierung Jüngers aus den Köstlichkeiten von Paris an die Ostfront. Natürlich weigert sich der Soldat, sich solchem Kommando zu widersetzen (das übrigens seinem Schutze zugedacht war, dem Schutze vor den Sbirren des NS-Staates). Natürlich sträubt sich der Körper, ganz Zivilist, sich solchem Kommando zu fügen. Der Registrator aber registriert –, er diagnostiziert nicht, bleibt ahnungslos. – Der komische und, da nicht gewollt, stilwidrige Effekt rührt in Fällen wie

Am 2.X.40 über die »negierenden, ins Schlimme wenden-
den Konsonanten, insbesondere n und p. Pes, pejus, pied, pe-
tit, pire. Das p wird als reiner Verachtungslaut gebraucht«, und
so fort. Es ist schwer zu begreifen, daß ein sprachmächtiger
Sprachdenker sich in solchen selbstgestellten Fallen verfängt.
Wenn denn widerlegt werden soll (obschon die offenbare Un-
sinnigkeit sich durch sich selbst widerlegt): primus, protos, pa-
ter, par, plenus, polis... Am 28.VII.43 empfindet der Schreiber bei »Niederschrift des Wortes ›Jugend‹« den »festlichen
Euphon der ersten Silbe deutlich, wie er in Jubel, jung, Jul«
(und so fort) wirke. Nun denn: Jucken, iugum, iudex, iuxta,
Juso...

Am 23.VIII.1944: »Einzug der Amerikaner in Paris. (...)
Beim Sonnenbade nachgesonnen über die Kombination cl, kl,
auch schl, mit der die Lippen vielleicht das Geräusch des
Schließens nachahmen. So clef, clavis (...), Klappe, (...)
Schlinge, Schluß. Es gibt hier überzeitliche Zusammenhänge;
die moderne Etymologie mit ihren Ableitungen verharrt auf
dem gleichen Empirismus wie der Darwinismus in der Zoolo-
gie.« Sie wird hoffentlich auf ihrem Empirismus weiterhin ver-
harren, nur da hat sie eine Chance. Im übrigen siehe: klar, klug,
Klage, Klepper; Schlummer, Schlot, Schlampe...

Karnevaleske Züge gewinnen die Spekulationen schließlich,
wenn sie (29.VI.43) fragen: »Vokale : Pokale? Der Vokal wird
durch den Konsonanten gefaßt; er faßt das Unaussprechliche.
So faßt die Frucht den Kern und dieser wiederum den Keim.«
Das Konzentrat des aussprechbar Unaussprechlichen findet
sich unter dem 23.V.43: »Atome + Hamannsches H = Atho-
me = At home.« Hier setzt Metalogik ein, ihr ist mit den herkömmlichen Kategorien des Denkens nicht mehr beizukommen. 1960 erinnert Jünger sich dieser Eintragung, in den
»Sgraffiti« (S. 420–423): Das »Hamannsche H« hat – das
konnte man vermuten – nichts zu tun mit Hamanns Anfangs-
buchstaben, sondern mit dessen »Neuer Apologie des Buchstaben H« aus dem Jahre 1773, einem »Meisterstück höherer
Philologie«. Ich bin nicht sicher, ob dieser Meister die Anwendung seiner Lehre in Jüngers Manier gutgeheißen oder auch

nur verstanden hätte: »Der Buchstabe H wird in seiner Un-hörbarkeit als der Vertreter der verborgenen, verschwiegenen Dinge, als Symbol des geistigen Anteils an den Worten aufge-faßt. In dieser Hinsicht tritt das Hamannsche H auch in der oben erwähnten Bemerkung auf und könnte dem Leser spen-den, was der Autor an einem trüben Tage für sich beabsichtig-te: ein Gefühl der Sicherheit.«

Es will mir zum Ende dieses Blicks auf die Jüngersche Sprachmystik als Ermutigung nur seine eigene Sentenz helfen, sie ist den »Gläsernen Bienen« anvertraut (IX, S. 407): »Jeder Fehler hat auch seine Vorzüge, und umgekehrt.«

V

Jünger ist sehr verführbar durch die Suggestivkraft eines Bil-des. »Die gute Prosa ist wie Wein und lebt auch weiter wie er nach seiner Kelterung. Da gibt es Sätze, die noch nicht wahr sind, doch ein geheimnisvolles Leben baut sie zur Wahrheit auf. Auch ist die frische Prosa noch ein wenig roh; im Lauf der Jahre gewinnt sie Patina. Das merke ich oft alten Briefen an« (10.IV.43). Die Wein-Analogie ist einfältig, sie gilt für viele Künste (wenn sie gilt). Daß, was altert, Patina ansetzt: ist diese Erfahrung der Eintragung, der Veröffentlichung wert? Bilder, die auf den ersten Blick bestechen, erweisen sich beim zweiten Zusehen als beliebig, also unbrauchbar: (Es geht, am 15.I.1940, um Gesang auf dem Marsch,) »was den Leuten und mir selber gut bekommt. Alle rhythmischen Dinge sind Waffen gegen die Zeit, und gegen sie im Grunde kämpfen wir. Der Mensch kämpft immer gegen die Macht der Zeit.« Er kämpft auch gegen anderes, und mancher kämpft gar nicht, – aber darum soll es uns nicht gehen, sondern um die »rhythmischen Dinge«: Ebensowohl kann man sagen, daß sie, als hörbar ge-machte Zeit, nicht gegen sie sind, sondern für sie, als Begleiter, Bewußtmacher, als sinnliches Gliederungselement unsinnli-cher Materie. Es kommt, um es mit Jüngerscher Großzügigkeit zu formulieren, auf die Art der Zeit an.

210

Am 14.V.40 hört der Autor eine badische Nachtigall, und deren Gesang illustriert er mit einem Bilde rein literarischen, also unmusikalischen Charakters: indem er an ein Muster denkt, das er nie gehört hat und mit dem ein Vergleich deshalb so grotesk ist, weil man allenfalls die menschliche Stimme wohl mit der einer Nachtigall vergleichen kann; wie aber tönt der Nachtigall Ruhm, wenn man sagt, sie klinge »zierlich und stimmbegabt wie Jenny Lind«? –

Im übrigen: Licht »webt«, Menschen »weben«, Blankenburg ist »eine der Perlen der Harzstädte« und Freiburg doch wahrhaftig »eine Perle unter den Städten«: Das klingt wie das Werbedeutsch eines Reisebüros, bekundet freilich Furchtlosigkeit gegenüber dem Klischee. – Ein Besucher erinnert »an begabte Kantianer, wie man sie vor hundert Jahren sah« (9.VIII.39). Das erinnert an Jenny Lind, denn wohl mag man Vermutungen hegen, wie Kantianer vor 100 Jahren aussahen, aber man sah sie so wenig, wie man Jenny Lind hörte.

Eine alte Frau bricht auf der Straße zusammen, fällt aufs Gesicht, erholt sich bald wieder. Vergleich: »So tauchen Schwimmer bei hohem Seegang für einen Augenblick ins Wasser ein« (20.IX.39). Nein, denn der Schwimmer, tauchend, bleibt in seinem Element und verhält sich ihm gemäß. Die alte Frau war ausgebrochen, für den Augenblick herausgeglitten aus ihrem Element.

Unter dem 5.V.43: »Zum Stil. Die Anwendung des Substantivums ist auf alle Fälle stärker als die der Verbalformen. ›Sie setzten sich zum Essen‹ ist schwächer als: ›Sie setzten sich zu Tisch‹ oder ›sie setzten sich zum Mahl‹. ›Er bereut das Getane‹ ist schwächer als ›Er bereut die Tat‹. Das ist der Unterschied zwischen Bewegung und Substanz.«

Wieder wird die Sprache anthropomorph behandelt. Es geht hier nicht um »stärker« oder »schwächer«, sondern jede der Aussagen trifft einen anderen Sachverhalt, »das Getane« ist summarisch-allgemein, »die Tat« konkrete Einheit; und es kommt lediglich darauf an, ob »er« das eine zu bereuen hat oder das andere.

Eingangs der zweiten Fassung des *Abenteuerlichen Herzens* heißt es von den früheren Aufzeichnungen: »Wie ich höre, finden sie seit langem mit erstaunlicher Regelmäßigkeit ihre fünfzehn Leser im Vierteljahr. Ein solcher Zuspruch erinnert an gewisse Blumen wie an Silene noctiflora, deren während einer einzigen Nachtstunde geöffnete Kelche eine winzige Gesellschaft beflügelter Gäste umkreist« (VII, 180/81). Wieder lockt Expertenwissen in die Falle des irrigen Bildes. Während die Pointe der Blüte darin besteht, daß sie nur für einen einzigen Augenblick geöffnet ist, handelt es sich bei dem Buch eben darum, daß es lediglich eine kleine Schar anzieht, obwohl es permanent »geöffnet«, vorhanden und bereit ist.

VI

Der Unsicherheit in der Anwendung von Bildern und Formeln entspricht die unheilvolle Neigung zum allzu hoch angesetzten Ton. Narzißhaft und preziös behängt die Sprache sich mit gravitätischem Zierat und kredenzt mit Imponiergebärde erlesene Nichtigkeiten. Im besetzten Paris vergehen so die Tage, die Monate, man speist im »Ritz«, nimmt seinen Tee, tauscht Gedanken über Kunst und Künstler, schmeichelt die Namen von Fürstinnen und Grafen, von großen Schriftstellern und Malern wie einen Hermelin um den Schreibschaft, tut Antiquitäten auf und seltene Bücher. Man denkt nicht nach, man sinnt; Besucher sind nicht einfach da, sie weilen; sie essen nicht, sondern speisen; sie geben nicht, sondern spenden; man besucht nicht, sondern spricht vor; man frühstückt nicht »wie gewohnt«, sondern man pflegt zu frühstücken – oder »in der Sonne eine Tasse Tee zu trinken und einige hauchdünne Sandwiches zu verzehren, beinahe Oblaten, die der Erinnerung vergangenen Überflusses gewidmet sind«: Das ist 1941, Paris ist noch voll des Überflusses, und die Sandwiches (vermutlich) *wollten* hauchdünn sein, weil sie eben hauchdünn besser sind. »So treibt man auf bekränzten Schiffen dem Abgrund zu« – ein allzu kulinarisches Bild vom Ende, und dem Abgrund des Kitsches zutreibend. So berührt es erholsam, wenn inmitten von Marmorstirn und Brunnenrand, von Frühstück im »Ritz« und Tee beim Oberbefehlshaber, wenn es inmitten der Lektüre des Alten Testaments unvermutet tegtinciert: »Der Schwager Kurt klagt brieflich, daß Nase und Ohren ihm am Erfrieren sind« (25.I.42).

Daß der Stil »eben im tiefsten Grunde auf Gerechtigkeit« ruhe, ist eine anspruchsvolle und eindrucksvolle Feststellung (17.II.42). Daß es Verstöße gegen diese Art von Gerechtigkeit sind, die Jünger daran hindern, die von ihm erstrebte »Macht und Leichtigkeit« in der Prosa zu erreichen, mag sich ihm gelegentlich angedeutet haben: Im ersten der »Drei guten Vorsätze« zu Neujahr 1943 heißt es sehr hellsichtig: »Fast alle Schwierigkeiten in meinem Leben beruhten auf Verstößen gegen das Maß.« Auch die Schwierigkeiten der Sprache sind derartige Maß-Verstöße, auch die Anlehnung ans Klischee ist Mangel an Maß: Wenn es zu falschen Tönen kommt wie: »mit irdischen Gütern nicht gesegnet«... (18.X.42); oder die Rede ist vom »Augenfrühstück« während der Mittagspause (23.II.43); und am 20./21. Mai 1941 verliert der Autor sich zu der aberwitzigen Vertraulichkeit, beim Vorbeimarsch »im Paradeschritt am Grabmal des unbekannten Soldaten« dem Denkmal Clemenceaus nahezutreten: »Ich nickte ihm, wie unter Auguren, zu«.

Mangel an Augenmaß mag man es nennen, wenn Nichtigkeiten mit anmaßender Gebärde aufgebläht werden, wenn etwa »im Dichter« die »Sprache in ihre Blüte tritt«; wenn immer wieder das Goethesche »bedeutend« die Sentenzen aufwerten muß; wenn die verblüffende und aller Beobachtung Hohn sprechende Behauptung fällt: »die Kinder wissen noch, daß alle Menschen Brüder sind«; wenn man in dämonischen Stürmen »den Ruf des Vaterlandes« hört und weiß, was man »den Ahnen schuldig« ist und wenn man gesteht, preußischer Narziß: »Ich dachte über meinen eigenen Grabstein nach, auf dem ich nur den Namen und die beiden Daten wünsche, und das Sinnen darüber war mir angenehm« (Kirchhorst, 26.V.39).

VII

Verstöße gegen das Maß: Sie finden sich immer wieder in Jüngers Werk, auch im Spätwerk. Die Jugendstilballade in Edda-Nebeln *Besuch auf Godenholm* (1952) lebt von solchen Ungemäßheiten (d. h. sie lebt eben nicht): »Die Stunden am Meere hatten etwas Stiftendes« (IX, 342). Und konstant scheint jenes archaische Männer-Ideal das ganze Werk zu durchdringen, das etwa in den *Gläsernen Bienen* sich verkündigt: »Was sie in ihrer Jugend getrieben hatten und was seit Tausenden von Jahren des Mannes Amt, Lust und Freude gewesen war: ein Pferd zu reiten, des Morgens hinter dem Stier das dampfende Feld zu pflügen, im glühenden Sommer das gelbe Korn zu schneiden, während Ströme von Schweiß an der gebräunten Brust herunterrieseln und die Binderinnen kaum Schritt halten können, das Mahl im Schatten der grünen Bäume – alles, was das Gedicht seit uralten Zeiten gepriesen hat, es sollte nun nicht mehr sein. Die Lust war dahin« (IX, 425). Es klingt wie aus einem Katalogtext zu Ausstellungen ›Völkischer Kunst‹.

Archaische Mannesideologie. Jäger, Waldläufer, Grabenkämpfer, – ihnen ist als Geisteshaltung gemäß, was die Frau entbehren muß, Ironie etwa.

»Die Ironie ist Männersache, wie das Schachspiel oder die Philosophie. Sie ist zudem eine Sache von Junggesellen oder solchen, die als Junggesellen leben, und wie ein Wein, der im Alter an Säure gewinnt, ja Essig wird. Den Frauen steht sie nicht zu und nicht an. Sie haben andere Mittel und sind um so stärker, je mehr sie die Macht auf das Geschlecht gründen. Die Macht der Ironie liegt im Geist. Sie geht auf Kosten des Eros, und die beiden sind in kein Bett zu zwingen oder höchstens in ein sehr künstliches« *(Sgraffiti,* VII, 366). Dieser Gebildete kennt Madame de Staël nicht, kennt nicht die Rahel noch Bettine noch Caroline, kennt die Huch nicht noch Anette Kolb noch Hannah Arendt. Vielleicht sprach man 1960 noch nicht von rollenspezifischem Verhalten, aber man konnte lange vor 1960 wissen, daß die schlichte Aufteilung der Menschheit in

Geist und Schoß lediglich der einen Hälfte eben dieser Menschheit zum Nutzen gereicht – aus welchem Grunde sie diesen Zustand gern als einen natur- oder gottgegebenen auslegt. Verstoß gegen das Maß

VIII

Es ist in der Tat aufschlußreich, die freilich sparsamen Bemerkungen des Tagebuchschreibers über Frauen genauer zu betrachten. Über manche, die ihm näher, ja nahe gestanden haben mag, äußert er sich mit verständlicher und zu respektierender Kargheit, Namen verschlüsselnd, Beziehungen lediglich andeutend. Dann aber bricht wohl auch eine Lust an landsknechthafter Rede hervor, Kasino-Erotik verbreitend: Ortskommandant Jünger nimmt sich, als es im Saal und auf den Gängen nach der Polizeistunde »recht munter« zugeht, zurück: »das um so mehr, als ich als alter Stoßtruppführer doch schlecht den Tugendwächter spielen kann« (14. V. 40). Wie das? Legitimiert nicht eben sein Stoßtruppführertum diesen Autor immer wieder, »Tugend« zu proklamieren, zu fordern, zu formen? – Unter dem 10. II. 40 findet sich diese Abgeschmacktheit: »Zur erotischen Fortifikationslehre: vor allem vermeide jene vertrackte Art von Vesten, bei denen die Außenforts gleich unter dem ersten Angriff fallen, die Zitadelle aber unüberwindlich bleibt.« Da lacht der Landsknecht und die Dirne kichert. – Am 1. Mai 1941 notiert Jünger, daß er mit der Französin Renée ins Kino geht, nein, »ins Lichtspiel; ich berührte dort ihre Brust. Ein heißer Eisberg, ein Hügel im Frühling, in den Myriaden von Lebenskeimen, etwa von heißen Anemonen, eingebettet sind.« Der Vorgang selber beschäftige uns nicht, wohl aber seine Schilderung, deren monströse Unangemessenheit wiederum die latente Unsicherheit gegenüber der Frau ausdrückt. Schon die Ortsangabe »dort« ist auf absurde Weise komisch. Dann aber liest sich die berührte Brust doch wirklich, als preise die Haute cuisine die Kreationen ihres Meisters auf der Dessertkarte an. – Ähnliches begegnet beim Spaziergang im Bois, 23. VI. 43: »Hier sah man die Geschlechter schweigend sich aneinander schmiegen, während der Schatten wuchs. Ich kam an Gruppen von hoher Plastik vorüber wie etwa dieser: der Mann strich, auf dem Stuhle sitzend, langsam mit beiden Händen auf den Schenkeln der Partnerin empor, die vor ihm stand, und raffte mit diesem Griffe, der zu den Hüften führte, zugleich ihr leichtes Frühlingskleid empor. So faßt der durstige Zecher nach der Tageshitze die schön sich bauchende Amphore, die er zum Munde führen will.« Das ist ein hitziger Verschnitt von (bestenfalls) Sternheim und Rilke, und mit Maß hat es nichts mehr zu tun.

IX

Wenn hier nicht eigens die Rede ist von der Ästhetik des Furchtbaren, von Jüngers Neigung, existentielle Grenzzonen übergehen zu lassen in Zonen ästhetischer Qualität, so nicht so sehr des hohen Bekanntheitsgrades halber, den diese Partien in der allmählich unübersehbar gewordenen Jünger-Literatur einnehmen.

Vielmehr hat diese Untersuchung sich wesentlich auf die Unangemessenheiten im Stilgebrauch Jüngers konzentriert, — und von ungewollten Verstößen gegen das Maß kann nun nicht die Rede sein, wenn Jünger etwa von einem »Schönheitsfehler« redet, der darin bestehe, daß im Augenblick der alliierten Landung in der Normandie der Oberbefehlshaber Rommel den Geburtstag seiner Frau in Deutschland feiert (6. VI. 44). Die kontrastive Kombination von Flammentod und Flammenzauber; von fallenden Bomben und subtiler Jagd; von Hunger und Folter hier, Teerosen und Schachspiel da ist ein Kunstmittel, das man als barbarisch empfinden darf, das aber als solches bewußt Haltung ausdrückt: die der elitären Distanz, ja Arroganz innerhalb des durchaus nicht ignorierten Ganzen. Leben im Dotter des Leviathan, um es mit einem von Jüngers Lieblingsbildern zu sagen. Nachbarschaft von Rausch und Tod, Eros und Thanatos, Genuß und Untergang: das klingt fernher von Nietzsche und Spengler und ist vieux jeu, aber wie immer man es sehen mag, es ist nicht ohne Artistik aufbereitet. Bis hin zu der berüchtigten Eintragung vom 27. V. 44:

»Alarme, Überfliegungen. Vom Dache des ›Raphael‹ sah ich zweimal in Richtung von Saint Germain gewaltige Sprengwolken aufsteigen, während Geschwader in großer Höhe davonflogen. Ihr Angriffsziel waren die Flußbrücken. Art und Aufeinanderfolge der gegen den Nachschub gerichteten Maßnahmen deuten auf einen feinen Kopf. Beim zweiten Mal, bei Sonnenuntergang, hielt ich ein Glas Burgunder, in dem Erdbeeren schwammen, in der Hand. Die Stadt mit ihren Türmen und Kuppeln lag in gewaltiger Schönheit, gleich einem Kelche, der zu tödlicher Befruchtung überflogen wird. Alles war Schauspiel, war reine, von Schmerz bejahte und erhöhte Macht.«

Hohe Feier der feinen Köpfe. Von ferne Neros Harfe, die Welt eine Bühne, das Schöne des Schrecklichen Anfang, – das Furchtbare, es löst sich auf in erhabener Gebärde.

X

»Die Feuchtigkeit als Lebenselement. Andrang der Säfte beim gesteigerten Genuß: das Wasser, das uns vor guten Bissen im Mund zusammenläuft, die Wallung des Blutes und die Sekrete beim Liebesspiel. Wir stehen im Saft. Auch Schweiß und Tränen bedeuten, daß das Leben in tieferen Regionen der Gesundheit tätig ist. Schlimm steht's um den, der nicht mehr schwitzen und nicht mehr weinen kann. Dann das Humide im Geistigen, etwa das Saftige, das Moosige und Wälderfrische im Gedicht.«

Max Rychner stellt einmal fest, es sei der junge Jünger ausgerüstet gewesen »mit dem Sturmgepäck einer knappen Bildung«. Das änderte sich dann, in den Pariser Aufzeichnungen wuchert das Bildungselement in üppigen Trieben über die Szene und verschreckt den Leser durch die schwere Früchtefülle der verbuchten Lektüre. An dieser Saft-Stelle jedoch hätte Jünger die Säftelehre des Hippokrates einfallen sollen, auch des Pindar Gesang vom Wasser, das doch – seit den Vor-Sokratikern – das Edelste sei; vor allem aber (hier rächt sich die Mißachtung der empirischen Etymologie) die unmittelbare Beziehung des Humiden zum Humor. Aber es ist kein Zufall, daß diese Beziehung hier nicht aufgewiesen wird. Auch der Humor nämlich ist eine Sache des Maßnehmens, des Maßhaltens. Ist der Versuch, den Dingen durch Verrückung ihren rechten Ort zu geben. Unter den griechischen und den germanischen Göttern hielt sich sogar eine heroische Spielart des Humors. Denen zum Trost, die das eine ohne das andere nicht ertragen mögen.

Nicht Elfenbeinturm sondern Schneckengehäus

Zu Günter Grass:
»Aus dem Tagebuch einer Schnecke«

I

Ein Vater erzählt seinen Kindern, was er während langer Monate des Jahres 1969 getan hat. Da der Vater nicht irgendeiner ist, sondern Günter Grass, hat er nichts Selbstverständliches getan, gleichwohl das ihm Selbstverständliche (»Über das Selbstverständliche«, so nannten sich seine 1968 gesammelt erschienenen politischen Aufsätze und Reden). Er hat also in jenen Monaten nicht seinen Beruf ausgeübt, den des Schriftstellers, sondern er ist durch die deutschen Lande gezogen und frisch auf den Tisch der Wirtshäuser und Versammlungshallen gesprungen, Espede singend. Hat damals mithin keine Zeit zum Buchschreiben gehabt, jetzt aber ein Buch über die Zeit damals geschrieben.

Also Vater erzählt. Da aber der Vater nicht irgendeiner ist, sondern Günter Grass, liefert er seinen Kindern keinen einsträngig verlaufenden Bericht, sondern viele Berichte, die ineinandergreifen, die verschachtelt, vor- und rückwärtsgewandt auf mehreren Ebenen miteinander umgehen. Das ist nichts bestürzend Neues, aber die Bedeutung dieses Dichters hat nie darin gelegen, daß er formal das Unerhörte gesucht und gefunden hätte. Sondern in der sinnlichen Qualität seines Erzählens und seiner virtuosen Fähigkeit, die erzählten Massen im subtilen Spiel der Entsprechungen einander zuzuordnen.

Hier nun ist es zum einen die Ebene der »Wähler-Initiative« zugunsten der SPD, die Grass mit den Seinen ergriffen und an vielen Orten hat hecken lassen. Chronik von Anfang und Ende einer freiwilligen Dienstfahrt im VW-Bus, knapp »einunddreißigtausend Kilometer unfallfrei«, und dabei vierundneunzig Reden. Dieser Vorgang realisiert sich als Erzählung im (mehr oder minder) Familienkreise, und so kommen sie denn alle schmuck ins Bild: Mutter Anna und ihr Schwyzertütsch, die Zwillinge Franz und Raoul (jetzt, das heißt auf Seite 339 und also Ende 1971, sind sie 14), Tochter Laura (10) und Sohn Bruno (6) (das Gruppenbild mit Dichter ist übrigens nicht nur eine tüchtige Verlagsreklame, sondern ein sehr liebenswertes Ensemble). Mit den Eltern wird man sich nicht vergleichen wollen, aber die Kinder, sie sind wie du und ich, und überhaupt ist das Familienleben in Berlin-Friedenau, Niedstraße, auf anheimelnde Weise chaotisch und also unschwer nachvollziehbar.

Diesen beiden Ebenen wird eine dritte zugeordnet: die Geschichte von Entrechtung, Vertreibung, Ermordung der Danziger Juden durch die Nationalsozialisten.

Ein Bericht, der seinerseits einmündet in das Reich-Ranicki-Modell, das heißt in die Erzählung von einem Manne und Lehrer namens Ott, beinamens Zweifel, der vor den Nazis fliehend in einem Keller Unterschlupf findet bei nicht eigentlich wohlwollenden (das heißt nicht gesinnungsmotivierten) kaschubischen Helfern und der sein Leben rettet dadurch, daß er erzählt, Geschichten erzählt, die Weltliteratur auf und ab, hin und her. Dichtung nicht zwar als Lebenshilfe, wohl aber als Überlebenshilfe. So rettete Marcel Reich-Ranicki sich einst das Leben, so hatte es vor ihm schon Scheherazade getan.

Und diesen drei oder vier Erzählsträngen ist dann noch ein Faden von Dürer eingeflochten, dessen Melancholia-Kupfer den Wahlhelfer begleitet, ihn das Komplementärverhältnis von Melancholie und Utopie bedenken läßt und ihn schließlich (am 7. Mai 1971) als Festredner in die Kleine Meistersingerhalle nach Nürnberg führt (»Vom Stillstand im Fortschritt«, die Rede bildet des Buches Epilog).

II

Vom Stillstand im Fortschritt: Wir ahnen, wie dieses »Tagebuch« dazu kommt, sich als das einer Schnecke auszugeben. Es gibt, sagt man, Menschen, die, einst dem Verzehr von Aalen freudig zugetan, seit der Lektüre der »Blechtrommel« sich dem Aalgenuß verweigern. Mir will als denkbar erscheinen, daß unter den Lesern dieses Tagebuchs die Lust nach Schnekkenverzehr erschlafft. Denn es wimmelt — sofern Schnecken wimmeln können — in diesem Buch, vor allem in des Doktor Zweifels dumpfem Keller, von Schnecken aller Art, nackten und solchen mit Gehäus, und überallhin ziehen sie ihre Schleimspur unterm Muskelfuß. Grass hat sich — über seinen Helden Zweifel — mit folgenreichem Eifer ein neues Sachgebiet angeeignet (solch ausgreifende Annexionslust teilt er mit anderen bürgerlichen Dichtern, mit Thomas Mann zum Beispiel, der möglichst jedem seiner Romane eine neue Bildungsprovinz als Mitgift beilastete), und was in dem Politroman »Örtlich betäubt« die Zahnmedizin und -technik war, das ist im politischen Tagebuch die Schnecke: von den Augenfühlern über den (oft Blasen ausstoßenden) Mund bis hin zum gekerbten Schwanz.

Die Schnecke also, das ist deutlich, dient als Metapher, ist Symbol. Ist das Wahrzeichen des beharrlichen, des immer wieder gebremsten und gehemmten, des dennoch sich unbeirrbar gleitend vollziehenden Fortschritts. Im besonderen: des Fortschritts einer hundert Jahre alten und honorigen politischen Partei. Aber auch des Einzelnen in seiner Bresthaftigkeit. (Unnötig zu sagen, daß für diese Bildwelt die Wegschnecke vor allem tauglich ist, die Haftschnecke weniger.)

Grass' Absicht ist deutlich. Er will tun, seinen Kindern tun, was man ihm als Kind, seiner Generation, vorenthielt: Information liefern über die Welt, in der wir leben, über unseren Sitz im Leben, über das im weitesten Sinne weite Feld des Politischen in unserer Gegenwart.

Diesen Zeitbericht kontrapunktiert er konsequent durch den seiner eigenen Kindheit, der allerdings und guten Grundes alles ausspart, was in der Heimatstadt Danzig damals geschah, außer dem einen: was damals den Juden geschah. So daß ohne Krampf und Zwang auch deutlich wird, daß es diesen bundesrepublikanischen Wahlkampf 1969, diese Art der Argumentation, diese politischen Formationen des westdeutschen Volkes, so wie sie heute sind, nicht gäbe, wenn es nicht damals das andere gegeben hätte, Hitler und den Judenmord. Historische Vergangenheit und politische Gegenwart sind reziproke Kräfte, daraus der Gegenwartscharakter alles Geschichtlichen resultiert.

Solche Wechselbeziehung deutlicher noch zu profilieren, bemächtigt sich Grass auch der Figur jenes unseligen Apothekers, der sich auf dem Stuttgarter Kirchentag des Jahres 1969 (auch da redete Grass mit) öffentlich das Leben nahm und mit seinem letzten Wort die alten Kameraden von der SS grüßte. Auf den Lebensspuren dieses Mannes gerät Grass tief in den Bereich des Privaten – jenes Privaten, über das man nicht beliebig verfügen kann, da es anderen gehört. Denn es will dem Autor nicht gelingen, über den Sensationswert dieses Falles hinaus jene Betroffenheit, die er persönlich spürt, weiterzuvermitteln durch Aufdeckung dieses Charakters als eines exemplarischen Schicksals. Es geht um einen, der damals unter anderem die Judenverfolgung mag gebilligt haben, gebilligt, weil er im Faschismus die Stallwärme der Geborgenheit, den Dunst der Kameradschaft fand, deren Wärmestrahlung die magische Anziehung Hitlers und der Seinen auf das frierende Kleinbürgertum erklärt. Grass unternimmt es, den Apotheker Augst in solches Bezugssystem zu stellen, doch da stimmen die Gewichte nicht, und was als Demonstration einer politischen Fehlhaltung gemeint war, verkümmert zur traurig-privaten Episode.

III

Der Dichter und die Politik: in diesem Jahrhundert ein faszinierendes und deprimierendes Kapitel von Thomas und Heinrich Mann bis zu Ezra Pound, von Brecht bis Benn, von Toller bis Jünger. Man tut gut, in aller Deutlichkeit zu sagen, wie rühmenswert einer handelt, der sich nicht scheut, die hochkarätige Substanz seines Dichterruhms in die kleine Münze der

Propagandarede umzuwechseln und sich auf dem Markt zu verscherbeln. Der das da tut, tut es ja nicht um persönlichen Profites, um der Mehrung von Ruhm und Resonanz willen. Er setzt im Gegenteil einiges davon aufs Spiel. Grass: »Ich habe Meinungen, die sich ändern lassen. Meistens überlege ich vorher.« Ihm wird die Meinung nicht fremd sein, er wird auch sie vorher überlegt haben, die im Tagebuch des Kollegen Max Frisch das Jahr 1968 einleitet: »...schließlich kennt man diese Aufrufer: – Wir, die unterzeichneten Wissenschaftler und Künstler und Schriftsteller, verurteilen das und das, wir fordern... Was verspricht man sich von solchem Ernst? Immer das Naive daran: als wäre Moral ein Faktor in der Politik. Effekt? Macht reagiert nur auf Macht...« usw.

Dawider setzt Grass die Schneckenideologie.

Wenn er übrigens von sich redet, wie oben zitiert (und was er in seinen bisherigen Büchern vermieden hat), dann tut er es sachlich, spröde, melancholisch und ohne Gezier. »Ich mag Buttermilch und Radieschen... Ich mag alte gebrochene Leute... Treu bin ich nicht – aber anhänglich... Ich bekenne, schmerzempfindlich zu sein.« (Einst, nach verlorener Wahl 1965, hat er sich nicht gescheut, solche Empfindlichkeit dem ganzen betroffenen Fernsehvolk zu zeigen.)

Überdies mag es dem Bildungsbürger wohltun, aus dem Munde eines der Großen der deutschen Gegenwartsliteratur zu erfahren, daß er mit den Großen der deutschen Gegenwartspolitik auf Duz- und Vornamensfuß steht, daß ihn der Bundespräsident immerhin in der Niedstraße besucht hat, und der Kanzler ist ihm Willy, konsequent nur Willy. Nirgendwo brilliert des Autors Kunst der präzisen Wesensfixierung von Personen glanzvoller als in diesen Momenten, in denen er, Worte wie den Stichel ansetzend, Wehner nachzeichnet oder Ehmke, Bahr oder Karl Schiller.

Im übrigen ist es keine pompöse Phrase, wenn er Willy seinen Freund nennt. Und dennoch bleibt ein Unbehagen anläßlich der Vorführung solchen Welttheaterzettels. (»Überlebensgroß Herr Grass«, so hat einst Günter Herburger den Freund mahnend porträtiert, einen Dramentitel von Martin

Walser aufnehmend.) Als vergleichbarer Vorgang will einem die Beziehung Goethes zu seinem Fürsten einfallen, die, wie man weiß, auch kameradschaftlich und nahezu kumpelhaft war – freilich hat sie sich nicht mit der gleichen Unbefangenheit der Mitwelt literarisch offenbart. Wie es denn zu den Eigentümlichkeiten dieses Tagebuchs zählt, daß es, wenn es ihm paßt, nicht nur die Dinge, sondern auch die Menschen beim Namen nennt: in seinem Genre verfährt Grass mit anderer Technik als Frisch, der mit präziser Absicht alles tilgt, was dem privaten Bereich streng angehört.

Ich bin mir nicht sicher, ob die auf solche Weise von Grass an Hand und Rampe Geführten Freude an dieser Art Dokumentation haben werden. Wer sie kennt, erkennt sie nicht immer leicht wieder, was eben daran liegt, daß sie lediglich unter dem Aspekt ihrer Gewichtigkeit oder Brauchbarkeit für diese Parlamentswahl 1969 gespiegelt sind. Am ehesten werden noch die Anonymen namhaft, das heißt greifbar, in ihrem Bereich gedeiht auch wohltuende Komik (denn Grass ist, er weiß es nur noch nicht, ein großer deutscher Humorist).

IV

Grass ist, er sagt es selber, ein Erdenmensch, er steht auch dann auf der Erde, wenn er fliegt, und es geht ihm wie Antaios: schraubt er sich hoch, verliert er an Kraft. So will denn die das Buch mit Schleimspur durchkriechende Animosität gegen Hegel nicht einleuchten. Nicht, weil Kritik an Hegel und seinen politischen Folgen ein Sakrileg oder überflüssig wäre, wohl aber, weil Grass diesem Politphilosophen mit ähnlich unzulänglichen Mitteln beizukommen sucht wie einstmals (in den »Hundejahren«) dem Politphilosophen Heidegger. Und selbst wenn er, viele Seiten lang, über den Mief spekuliert (den, der das deutsche Kleinbürgertum einnebelt und durchmufft und verkrustet), dann erhält diese Grass an sich nicht ungemäße Materie etwas Künstliches, das ihr nicht gut bekommt. Spekulation ist seine Sache nicht, Theorie entwindet sich seinen

Händen – und dies hat man seinem Buch auch als Schwäche ausgelegt: daß es Politik als Sache lediglich der Gesinnung, der Moral, der praktischen Vernunft und Sympathie betreibt und anbietet, nicht aber als Denkprodukt der Geschichte, nicht als Theorie.

Mir scheint, dieser Vorwurf ist nur insoweit haltbar, als Grass nicht einen bekenntnishaften Erfahrungsbericht schreibt, sondern als er dem Fahrtenbuch noch den Überbau zu errichten versucht. Dem freilich mangelt es an statischen Berechnungen.

Hingegen kommt uns alte und lang vermißte Wonne an, wenn die Rede ist von Getier und von Strand und Tabak und Skat und – vor allem – von der Kochkunst: Man wird sich der eignen mangelnden Musikalität am Herd nur allzu kläglich bewußt, gerät man an sein Kalbsherz, gefüllt mit Backpflaumen.

Natürlich sollte man auch von der Liebe reden, von der Grass redet. Falls »Liebe« das treffende Wort ist. Also da spielt sich in der Tat einiges ab, im tristen Keller des Flüchtlings Zweifel. Dreierspiele zwischen einer debilen Melancholica namens Lisbeth; dem Manne; und den Schnecken. Die schleimigen Tierchen, am gehörigen Ort angesetzt, erwecken das stumpfe Fleisch des Mädchens zu freudiger Wollust – und damit zum Leben. Er möchte wissen, so hat Grass einen Interviewer gefragt, ob man merke, daß er hier auch eine Liebesgeschichte geschrieben habe. Nein, ich habe es nicht gemerkt. Wohl aber wiederum festgestellt, daß er nach wie vor diesem Fundamentalthema das beträchtliche Maß an Groteskem zu entbinden weiß, das dem Vorgang (unter anderem) anhaftet.

V

Dieser Lehrer der Fächer Biologie, Philosophie und Deutsch, der das Prinzip Skepsis vertritt (und in »Örtlich betäubt« Starusch hieß), er figuriert in dem Buch als eine Art von kritischem Über-Ich des Autors, er kennt sich aus in spitzfindigen

Definitionen, in Schopenhauer (auch einer aus Danzig) und im Reich der Schnecken. In seiner Figur sind die Möglichkeiten des Tragischen und des Komischen weitgehend ineinander aufgegangen: Eine Verbindung, die der Dichtung gut tut und die Grass gelegentlich aufs reizvollste gelungen ist.

Das Schnecken-Tagebuch freilich bezeugt über manche Strecke, daß sein Autor nicht nur seine Schwächen nicht hinreichend diszipliniert (was er mit den meisten von uns gemein hat), sondern daß er in diesen Schwächen gelegentlich gar noch seine Force zu vermuten scheint: In der Hingabe an die unabgesicherte Spekulation, an das kurzgeschlossene Theoretisieren, in der Lust zu unkritisch addierten Reflexionen, die syntaktisch wie gedanklich mit dem Fortgang der Erzählung zunehmend den Stempel des Anakoluths tragen, zuweilen wirken wie unbearbeitete Brocken seines »Sudelbuchs«: das hat er nicht von seinem Lehrer Alfred Döblin, und auch die von ihm reklamierte Ahnenreihe Lichtenberg – Jean Paul scheint etwas hoch gegriffen.

Doch bestätigt auch dieses Buch, was man schon seit längerem argwöhnen konnte: daß Grass, wenn er nur will, ein großer Autor des Komischen ist, humorimprägnierter Gestalter des Grotesken. Er wird eines Tages (das hat er mit seinem Freunde und Nachbarn Uwe Johnson gemein) den Mut zu seinem komischen Sujet finden. In einigen Schnecken-Windungen blitzt dergleichen bunt auf – vor allem, wenn er seine Familie beschreibt und inmitten ihrer, von ihr integriert, liebenswert wird wie sie; doch vorherrschend bleibt das Grau. Eine Farbe freilich, zu deren Lob und Nutzen im Bereich des Pragmatisch-Politischen Grass manches Einleuchtende zu sagen weiß. Nehmen wir indessen das Schnecken-Symbol ernst, dann wird es, langsam, ganz langsam, bei dieser Farbe nicht bleiben.

Tua res

Zum Tagebuch II von Max Frisch

I

Der literarische Fortschritt (unterstellen wir einmal, es gebe ihn) bedient sich gelegentlich auch des Kalauers als Vehikel.

Man kann es kaum mehr hören: Wohin immer man gerät, es wird schwätzelnd, geistreichelnd, witzelnd, ernsthaft zuweilen auch, geredet von den »Gezeichneten« und den »Vorgezeichneten« (auch »Vor-vorgezeichnete« meldeten sich schon zu Wort): vom Alter also und von dem, was zu ihm führt, vom Altern. Kein Party-Thema, doch von der Party just entdeckt. Und der Mann, der solches Gespräch in derart lebhafte Bewegung versetzt hat, das Gespräch über Vergänglichkeit und Hinfälligkeit: er heißt Frisch.

Man braucht sich nicht als Kenner der Weltliteratur und der Welt der Literatur aufzubauen wenn man sich erinnert, daß dieses Thema nicht eben unerhört ist, daß es z.B. Cicero wie Shakespeare wie Goethe beschäftigt hat, und wie sollte es nicht. Aber es ist wohl wahr, daß der forcierte Kult einer frischwärtsigen Jugendlichkeit, einer effizienten Dynamik und eines weniger aus- denn vielmehr losgelassenen Sexus einen Komplementärvorgang ausgelöst hat, der dem Alter neue Wertigkeit verlieh. Nicht freilich in der Wirklichkeit des sozialen Zusammenhangs, wohl aber in der Anstrengung des Nachdenkens. Gottfried Benn etwa ging (wie in vielem) voran (Altern als Problem für Künstler), dann faszinierten Jean Amérys gestochene Reflexionen, schließlich (vorerst »schließlich«) überschüttet uns Simone de Beauvoir mit ihren grundsätzlichen, von der Neigung des Alters zur loquacitas spürbar gezeichneten Erörterungen.

Wie aber kommt es, daß nicht diese (und andere) Titel, sondern die knorrigen, ironischen, morosen, melancholischen Reflexionen, Aperçus, Notizen und Skizzen Frischs die Leser und ihre Mitläufer erregen? Es wird das zusammenhängen mit dem Frisch-Effekt. Mehr als jeder andere zeitgenössische Schriftsteller deutscher Sprache hat er die Fähigkeit, das latent im Bewußtsein Vieler Dahinschlummernde zu aktualisieren, jenes »Hier-bist-du-gemeint«-Erlebnis zu erzeugen.

Denn dieser Max Frisch, mürrisch und eigenbrötlerisch, wie er sich gern gibt, zweifelnd, heikel und den Menschen auf bedenkliche Weise nur zugetan: *er ist (bedingt) repräsentativ.* Und zwar in einem solchen Maße, daß soeben ein beschlagener Literaturkritiker ihn bissig gar den »Lieblings-Schriftsteller der Gesellschaft« nennen kann.

Das ist so unrichtig nicht, die fatalen Bestsellerzahlen stützen die Behauptung, und doch wird man einschränken müssen. Frischs »Gemeinde«, das sind wohl vor allem die nicht mehr Jungen, und es sind zudem die Angehörigen einer bestimmten, nämlich der bürgerlich kultivierten Bildungsschicht. Für sie hat er geleistet, was sie ihn beharrlich verehren, bewundern, ja lieben macht: Mit seinen um die Herstellung ihrer Identität besorgten Figuren können sie selber sich identifizieren. Die Generation ohne Identität findet in Frischs Büchern so etwas wie ihr Beglaubigungspapier.

II

»Das Bewußtsein unsrer Sterblichkeit ist ein köstliches Geschenk, nicht die Sterblichkeit allein, die wir mit den Molchen teilen, sondern unser Bewußtsein davon; das macht unser Dasein erst menschlich, macht es zum Abenteuer und bewahrt uns vor der vollkommenen Langeweile der Götter…«

So steht es in Frischs *Tagebuch* – freilich in dem ersten, 1950 erschienenen (S. 349 der Ausgabe von 1958). Zwanzig Jahre später, im zweiten *Tagebuch*, kreist sein Denken mit grimmiger Entschiedenheit um die Frage, wie man des köstlichen Geschenks in Anstand Herr werden könne, will sagen, wie man es ertragen lernt, mit dem Alter einer Lebensphase ausgeliefert zu sein, der allenfalls die Lesebücher Würde andichten, die aus sich heraus indes keinen phasengerechten Wert entfaltet. Die Statuten und Debatten der »Vereinigung Freitod« (ins Leben gerufen, um ihren Mitgliedern den Abruf aus ihm zu erleichtern, und zwar in Ehren, vor der Befleckung durch die Deformation des Alters), die scheinbar so beiläufigen und eben in der Fixierung ihrer Beiläufigkeit so stechend erhellenden Observationen der Verhaltensweise des »Gezeichneten«, des »Vorgezeichneten« – sie liefern eine progressive Gerontologie. Und da sie sich dem Eigenexperiment verdankt, dem Selbstversuch, ist sie von schmerzhafter Genauigkeit der Aussage, der Befundbeschreibung.

Ein Tagebuch der späten Jahre also lediglich? Durchaus nicht. Ein Tagebuch der Jahre 1966-1971, einer Zeit, die ihre Akzente erhielt vom Aufstand der Jugend und vom Vietnamkrieg, vom Pariser Mai und vom Stück Machtwechsel in der Bundesrepublik, von Mondlandung und Nahostkonflikt und den Russen in Prag – und dazu helvetische Interna wie Bührle-Prozeß oder Zürcher *Globus*-»Krawall«. Dies alles erlebt nicht durch die bloße (und allzuoft gesteuerte und steuernde, Zitate offenbaren es) Information, sondern durch die Vergewisserung in der Niederschrift (»Ich skizziere viel, um zu sehen...«, notiert er 1947) und erhärtet, wo immer möglich, durch die Autopsie. Frisch reist viel, er ist ein begabter Reisender, d.h. ihm fallen Begegnungen und Erlebnisse zu, die »fällig« sind. Wie etwa die im *Weißen Haus* mit Henry Kissinger, die Hände in den Hosentaschen und am Abzugshahn des größten Waffenpotentials der Welt; oder die in einer der, wie man weiß, weiten russischen Weiten mit Nikita Chruschtschow, durch den Gartenzaun seiner Landrentnerexistenz lugend (oder narrt der Diarist uns hier, narrt er sich?).

Hineinverwebt: poetische Skizzen und Reißbrettzeichnungen, genug, um einem minder einfallsgesegneten, das heißt minder impressionierbaren Kollegen die schriftstellerische Karriere zu sichern. Hineinverwebt: der tägliche Kram, Zitate aus Zeitungen und Broschüren, intrikate »Fragebögen«, aufgesetzt derart, daß jede denkbare Antwort neue Fragen, d.h. Unsicherheiten erzeugt; auch »Verhöre«, d.h. aufgespaltene Monologe zwischen einem *A* und einem *B* (zusammen = *F*), die, aus dem Rockschoß Tolstois entlassen, krampfhaft das Verhältnis von Politik und Gewalt erörtern. (Das sind für mich die einzig langweiligen Partien des ganzen Buchs, dafür aber sind sie auch ganz exzeptionell langweilig, d.h. unsinnlich in der Form und unoriginell in der Sache.) Dies die Bausteine eines Mosaiks, dessen Komposition sich nicht zufrieden gibt mit dem aus der chronologischen Abfolge resultierenden Gesetz der Addition, sondern sich gliedert in Leit- und Nebenmotive, in Figuren der begleitenden Entsprechung, der korrespondierenden Wiederholung.

III

Wieso dann aber »Tagebuch«? Denn das eigentlich Private, das doch seinen exponierten Ort im Tagebuch herkömmlicher Machart hat – es hat hier nicht viel zu sagen. Frisch ist ein Virtuose der Diskretion, und er kann auch das begründen (S. 311): »Woher nehme ich das Recht, die andern auszuplaudern?« Der Preis für solche Zurückhaltung sei freilich, fährt er fort, die »Hypertrophie der Egozentrik, oder um dieser zu entkommen: eine Hypertrophie des Politischen«. Man kann ein Tagebuch anders anlegen; man kann sich sogar von einem »Journal intime« klassischer Provenienz eine exemplarische Auskunft über die Zeit und ihre Genossen erwarten – aber das Konzept gilt, und Frisch verwirklicht es konsequent und bar jener von ihm befürchteten Disproportion kraft Hypertrophie. (Was nichts daran ändert, daß, wer seine Frau Marianne kennt, ihr gern auch begegnet wäre außerhalb des Zusammenhangs mit Bratspießchen; und wer sie nicht kennt, empfindet vermutlich nicht anders.)

Der Autor, wie man weiß, ist Architekt von Haus aus, er hat im Katalog seiner Dankbarkeiten (S. 255) nicht von ungefähr

230

würde, ein typischer Links-Liberaler, und er teilt mit dieser Spezies auch die bittere Einsicht in den eigenen Schuldanteil und – schlimmer in den fatalen Zirkel von Erkenntnis und Machtlosigkeit (s. S. 421f.).

Er teilt allerdings auch die politische Vernunft dieser Spezies, und es ist höchst amüsant für den bundesdeutschen Leser, Frischs Empfindungen angesichts der Empfindungen der gestürzten CDU-Größen nach der Bundestagswahl 1969 zu lesen: »Wie Landgrafen, die es noch nicht fassen, daß das Gottesgnadentum auch auf deutschem Boden irgendwann einmal abgeschafft worden ist: hochherrschaftlich in der Arroganz, daß nur ihresgleichen regieren kann, dann konsterniert von der Nachricht, daß die Stallknechte tatsächlich ins Palais wollen...«, bis hin zu dem von den Gestürzten eilfertig erhobenen Vorwurf, die neue Regierung sei eine »Regierung ohne Programm« (S. 264): was man drei Jahre später nicht ohne bittere Heiterkeit liest, nachdem sich gezeigt hat, daß es sich eher um ein Programm ohne Regierung handelt...

Um seines vorausschauenden Charakters willen sei auch die Aufzeichnung eines Lunchgesprächs, *Wall Street* Frühjahr 1971, erwähnt: Ein paar artige deutsche Herren halten es durchaus »für möglich, daß die sozialdemokratische Regierung sich hält bis zu den Wahlen. Trotz der Ost-Politik. Es sei denn, daß sie vorher an der Wirtschaft strauchelt.«

Und immer wieder die Fundamentalfrage des Verhältnisses von Politik und Moral. Gewissen habe nur der Betrachtende, der Handelnde sei immer gewissenlos, so wußte es schon Goethe (der übrigens im zweiten *Tagebuch* keine Rolle spielt, im Gegensatz zum ersten). Frisch (S. 107, anläßlich einer Resolution von Künstlern und Wissenschaftlern): »Immer das Naive daran: als wäre Moral ein Faktor in der Politik.« Wenn es denn gilt, daß Politik nicht gleich in Handlung umgesetzte Moral sein kann – wie kann es aber zu dem Schluß kommen, daß sie unmoralisch sein dürfe, ja müsse? Da ist noch viel Terrain zwischen den beiden Polen (freilich: kompromißgetränktes, also politisches). Und doch wohl solches, auf dem ein Gespräch über Bäume kein Verbrechen sein muß.

233

V

Subtile Jagd auf Dinge, auf Landschaftliches – aber das Erjagte wird nicht zum Präparat gepreßt, sondern erhält, weil genau getroffen, die Dreidimensionalität des Sinnlichen, also des Sehbaren, des Tastbaren. Jedoch so subtil die Stimmungswerte von Erde und Stein und Schnee reflektiert werden, so konsequent ein Gedanke durchgespielt wird (ohne daß dieser Durchführung der Charakter des Spekulierenden eigen wäre, der Frisch fremd, oder des Spekulativen, der ihm ungemäß ist) – unvergleichlich sind seine Porträts lebender Menschen, auch der nicht mehr lebenden. Frisch macht das Wesentliche aus in seinen Partnern und macht sie damit wesentlich – auch wenn sie die Belanglosigkeit schlechthin verkörpern sollten, genauer: auch wenn eben ihre Belanglosigkeit das Wesentliche an ihnen ist. Da doch das Uneigentümliche sich schwerer entdeckt als das Eigentümliche.

Aus Distanz zugleich und Nähe entwickelt sich das Bild des anderen, das Bild des Freundes, Kollegen, Antagonisten Dürrenmatt, entwickeln sich die Konturen des von Lebens- zu Überlebensgröße heraufwachsenden Günter Grass. Vor allem aber sind die Erinnerungen an Menschen die Erinnerung an den einen Menschen Bertolt Brecht. Noch einmal werden Begegnungen rekonstruiert, die schon dem Berichtzeitraum des ersten *Tagebuchs* angehören, werden um spätere vermehrt, und aus Skizzenstrichen entsteht das scharfe Profil eines listigen, lernenden, zuhörenden, stillen, kritischen, arbeitenden, eines ganz und gar wesentlichen Menschen: Ecce poeta. Man glaubt, daß Frisch diesen wandelnden, so schwer greifbaren Mann wirklich gekannt, erkannt hat. Und was er über die Gemütskraft der Achtung, der Bewunderung gesagt hat (im ersten *Tagebuch* S. 405), mit der Kraft und Lust des Verehrens, wie sie nur aus der persönlichen Freiheit kommen, das mag auch für sein Verhältnis zu Brecht gelten: Dann aber »gibt es solche, die uns von jedem Vergleiche befreien; der Unterschied ist unerbittlich klar: wir gehen – er fliegt...« (damals, 1949, nennt er »Trakl zum Beispiel«).

VI

Frisch zitiert Montaigne (S. 75), als der einen Zahn verlor:
»So löse ich mich auf und komme mir abhanden.« Das kann,
doch das muß nicht zusammenhängen mit dem Altern. Sie alle
kommen sich abhanden, bröckeln sich von sich ab, die in den
interpolierten Entwürfen skizziert werden als Fiction innerhalb der Facts – und sind doch gewiß nicht weniger faktisch.
Statische Fehlberechnungen sind da im Spiel, Risse im Material, Versuche der Korrektur – heillos das Ende, gleichviel ob
im Leben oder im Tod. Am eindrucksvollsten die »Skizze eines
Unglücks« (schon vorabgedruckt in der »Neuen Rundschau«),
leitmotivisch durchwoben von der Phrase »Bist du sicher?«
und aus dem Selbstgefühl der Sicherheit in die absolute Unsicherheit führend, in den Tod. Ein Unfall, deklariert als Unglück. Un-glück, das ist die Unfähigkeit zweier Menschen, ihren Fall zu bewahren vor der Deformation zum Un-fall. Zwei,
die sich lieben, und ihre Aura ist angereichert, übersatt angereichert mit den Partikeln jener Allergien und Aversionen und
Mißverständnisse und Fehlhandlungen, die sich nur ergeben
aus Liebe, nur aus deren Matrix erwachsen. Das endet tödlich,
für die Frau. Obwohl – der Mann saß am Steuer – sie Vorfahrt
hatten.

VII

Die Mittel der Sprache: Exaktheit, kein Polster rhetorischen
Beiwerks, nichts, das als Schmuck nur schmücken wollte.
Viel Aussagen durch Leerstellen, Pausen, Absätze des Ver-
schweigens. Viel Understatement, plötzliches Umkippen in die
Pointe, Meisterschaft der Nebensätze (denen die Last der
Hauptsache aufgebürdet wird) – dies alles karg, mit viel Ironie,
auch Sarkasmus: Äußerungsformen der Melancholie eines,
der viel gesehen hat und argwöhnt, daß das Spiel die Kerzen
nicht wert sei. Übrigens auch Humor, der fehlte dem ersten
Tagebuch durchaus. Humor jener Spielart, die von allem

Hausbackenen frei ist dank der Verbrüderung mit Witz oder Komik. Etwa aus der Korrespondenzmappe der »Vereinigung« die Antwort an H.P., 23, Frankfurt: »Erfahrung macht dumm... Diese Parole, die oft von Studenten zu hören ist, hat eine gewissen Richtigkeit; sie beruht auf Erfahrung.« Eine Glosse dieser Art wiegt Seminare voll dialektischer Exerzitien auf. (Und wieder mache ich den Versuch, eine Passage des *Tagebuchs* I zum Zwecke der Kontrapunktierung und Kommentierung des *Tagebuchs* II zu nutzen: Dort hieß es 1947 zum Eindruck der politischen Unbeirrbarkeit mancher Jugendgruppen: »Der Wille zur Zuversicht, der den Revolutionär erfüllt, ist noch keine Zuversicht. Wie selten findet man einen Revolutionär, dem der Humor nicht ungeheuer wäre...«)

Oder: Zum Treffen der Mitglieder der »Vereinigung Freitod« kommt M., »ehedem ein geschätzter Maler«, nicht allein, sondern »mit seiner letzten Braut« – und das geht nicht, denn Frauen haben mit der Sache nichts zu tun (bei Frisch ist Altern ein Problem für Männer, das u.a. signifikant wird an der Beziehung zur Frau). Man schlägt ihr zur Ablenkung einen freundlichen Ausflug vor, und: »zum Glück hat sie in ihrem Leben noch nie ein Murmeltier gesehen und verspricht sich etwas davon« (S. 92). Wer die geradezu sprengende Komik dieses Satzes nicht empfindet, dem ist nicht zu helfen.

VIII

Vom »Geheimnis« eines Dichters raunte man wohl einst. Das will uns nicht genügen. Fragen wir also nach den Mitteln, jenen Energien, die dieses Autors Wirkung ausmachen, seine große Wirkung. Er gründelt in des Menschen Innenraum, vermißt ihn und berechnet ihn und prüft ihn – und tut es mit erstaunlichem Ergebnis, eben mit jenem Resultat des Betroffenseins. Offenlegung des Versiegelten; Bewußtmachung jener Intelligenzmasse, die in uns ständig vor der unmittelbaren Einsicht in sich selbst verharrt (sie braucht den Anstoß, die Formel); Prozeß der Überführung der unartikulierten (das Wort muß hier-

Hermes steigt vom Sockel

Gedanken zu Max Frisch in Montauk
(anläßlich des 15. Mai 1976)

I Vom Recht der Désinvolture

Und überhaupt sei es wohl so, daß man, um dieses Buch zu
schätzen, älter sein müsse – sagt der Gesprächspartner, sagt es
maliziös und meint es auch so, und er ist neunundzwanzig.

Der Ort ist New York, ist Manhattan, jeder in diesem kleinen Kreis kennt Max Frisch, kennt ihn nicht nur aus seinen Büchern und Theaterstücken, sondern ist ihm in Person begegnet.
Mehr noch, sie alle kennen auch Lynn und kennen Donald
Barthelme und kennen Marianne (und reden auch von »Marianne«, dabei sind sie eigentlich keine Snobs). Sie sind aber
der Meinung, das Buch hätte nicht geschrieben werden sollen,
hätte nicht *so* geschrieben werden sollen. Es verletze Diskre-
tionspflicht.

Ich will das nicht einsehen, widerspreche, ereifere mich und
werde, wie das Eifern so geht, schwächlich mit meinen Ar-
gumenten – aber bitte, warum leuchtet das nicht ein, wenn man
auf den jungen Referendar in Wetzlar verweist und das verlobte Paar Charlotte und Kestner: Wie peinlich sind da die Gesetze der Diskretion verletzt worden, die Betroffenen haben
auch ärgerlich reagiert, aber die Literaturgeschichte dankt dieser Taktübertretung eines ihrer größten Kapitel. Jedoch ist der
Vergleich erlaubt? Ist, um jetzt die Problematik einer objektivierenden Ebene anzuvertrauen – ist der sich selbst bewei-
sende Eigenwert dieser Dichtung von der Art, daß die Regeln
der bürgerlichen oder (wo die gleichgültig scheinen) die der
humanen Umgangsart außer Kurs gesetzt werden dürfen? Mit
anderen Worten: Ist diese »Erzählung« von dem Mann, der
sich alt werden fühlt, und von der mädchenhaften jungen Frau
so sehr Erzählung, daß ihr biographisches Substrat zufällig
wird, beiläufig scheint?

Wir einigen uns nicht an diesem Abend, meinen Opponenten gibt zumindest ihre Überzahl recht, sie berufen sich auf Mariannes (Seite 105) zitiertes Wort: *Ich habe nicht mit dir gelebt als literarisches Material, ich verbiete es, daß du über mich schreibst.*

Sie vergessen, daß sie dieses Argument eben dem verdanken, dem sie den Verstoß gegen diese Forderung vorwerfen. Dem Autor. Und sie vergessen noch mehr.

II Von der Verwobenheit und ihrer Technik

Eine *Erzählung* also, die einfachste aller literarischen Gattungen, benannt gemäß der Urtechnik aller Literatur, denn »erzählen« muß sie: auch im Drama, auch im Gedicht. Wenig mehr als zweihundert Seiten, die Fabel ist, wie man weiß, der Wochenendausflug jenes Mannes Max Frisch mit jenem Mädchen Lynn ans Meer, an die Nordspitze von Long Island; eine Liebesgeschichte ohne Liebe – sagen wir: seitwärts von ihr. Aber Erotik ist darin, Erotik, die spürbar wird durch die Schilderung immer wieder der Distanz: eben somit muß sie überspringen; und auch ein wenig Sexus. Das alles ist nicht eigentlich aufregend, man kennt das auf hoher und auf trivialer Ebene. Aber da Max Frisch es ist, der erzählt, ist ein bestimmtes Niveau von vornherein garantiert. Aufregend wird die Geschichte dadurch, daß sie transparent wird und also sichtbar macht. Durch sie hindurch wird erkennbar, wird bewußt, was ohne sie nicht zu fassen wäre: ein Leben. Und das heißt, um »Leben« auf eine Summe zu bringen: Erinnerung an Menschen. Das aber heißt: Erinnerung der Freundschaft; Erinnerung der Enttäuschung; Erinnerung der Liebe; Erinnerung der Schuld. Alles dies im Bewußtsein von Spätzeit, die als solche so schmerzhaft klar wird, als sie sich abzeichnet vor der Folie eines jungen Lebens, eines noch nicht (und vielleicht nie) bewußten Lebens.

In dieses Wochenende werden Tage, werden Wochen, werden sechzig Jahre hineingearbeitet, Bruchstücke mit splittrigen

Kanten. Dämmrige Winkel, plötzlich ausgeleuchtet, Sätze, Halbsätze, Episoden, flackerndes Erinnern. Darunter drei größere zusammenhängende Kapitel: die gelähmte Frau im anderen Stockwerk, die einmal die Kinderliebe war; die an sich selbst verbrennende Ingeborg Bachmann; der Jugendfreund W., der reich war und des Erzählers Mäzen. Einschübe; was sie thematisch zusammenschließt, ist das Thema »Schuld«; oder doch: »Mitschuld«; oder doch »Versagen«.

Das hört sich an nach einfacher Technik, und einfach scheint es auch – und verdankt sich höchst subtiler Kunst und raffinierter Montage. Das ganze Stück ist ein einziges Flechtwerk, immer wieder werden einzelne seiner Fäden herausgeholt, um dann wieder im Gewebe zu verschwinden (somit das Gewebe ausmachend), überschriftartige Stichworte oder Halbsätze oder Sätze in VERSALIEN stellen eine Art fugenhafter Gliederung her, Themen und Begriffe werden präludiert und variiert und klingen nach, das Ganze eine einzige große Verschachtelung, ein einziger großer Lauf im Kreis, und es endet, wie es beginnt: Lynns »gehende Gestalt«. Wie da ein Wort, ein Ding: »money« oder »Arbeit« oder »mäßige Zuversicht« oder »lernen« gehandhabt wird; wie Begriffe einer Konstellation zugeordnet werden und dadurch erst aus der Fläche körperlich hervortreten: das ist das Kunst-Stück einer Choreographie, ist Inszenierung, die sich erst beim wiederholten Lesen offenbart, und sie bezeugt (wenn nicht den Architekten, das wäre Frisch zu billig, aber) den Theatermann, den die Bühne immer wieder fasziniert, weil sie Figuren und Schicksale »sinnlich« macht, handfest, körperlich.

III   Von der Illusion der Realität

Was aber hat es auf sich mit der gerügten, angeblich allzu lässigen Désinvolture? Dem scheinbaren Verrat an Lebenden und Toten durch Preisgabe sehr persönlicher Einzelheiten, sehr privater Details? Der Vorwurf berührt wunderlich in einer Zeit, die sich brüstet mit ihrer Geringschätzung von Tabus, die sich rühmt, durch Offenlegen heilen, zumindest klären zu können. Aber die Berechtigung des Unbehagens anläßlich mancher Selbstentblößung zugegeben (und das Prinzip ›Öffentlichkeit‹ liefert Anlaß genug, über dergleichen nachzudenken): Wo ist denn in diesem Buch mit dem indianischen Ortsnamen und dem Montaigne-Motto die Indiskretion, die Preisgabe? Wie denn kommt man dazu, im »*Stiller*« und im »*Homo Faber*«, zwei radikal autobiographischen Konfessionen, so etwas wie sich selbst salvierende Fiktion zu sehen, im »*Tagebuch*« jedoch oder in »*Montauk*« eine Art Exhibitionismus zu beklagen? Mit welcher Selbstverständlichkeit tasten wir Leser mit dem Lot der Briefe und Tagebücher Kleists und Hebbels und Kafkas (nicht zu reden von den Brüdern Goncourt oder von Gide oder von Genet) in mehrfach abgeschottete Seelentiefen und Intimschatullen – und ärgern uns dann an der strengen Offenheit des Zeitgenossen? Es ist – unter anderem – ihr Maß an gelassener Unbefangenheit, das den romanischen Völkern hier mehr (auch selbstgenüßliche) Offenheit erlaubt als etwa den deutschsprechenden.

Aber das Mißverständnis liegt tiefer. Wie denn mag es geschehen, daß der Leser da, wo ihm »Realität« versprochen wird, auch »wirkliche« Realität vermutet, wohingegen er die noch so dürftig als Illusion maskierte Wirklichkeit für Illusion zu halten entschlossen ist? Anders: Nur weil hier Namen und Fakten tagebuchgetreu und aus der Perspektive des Augenzeugen registriert und offeriert werden, müssen sie als faktisch geschehen akzeptiert – und gegebenenfalls der Goldwaage geschmacklicher Diskretion auferlegt werden? Seit Frisch mit seinem »*Gantenbein*« den Illusionsroman verabschiedete, seit er hier wie in der »*Biographie*« Leben vorführt als Revue von zur Disposition gestellten Möglichkeiten, ist doch in aller Entschiedenheit die willkürlich gezogene Grenzlinie zwischen (glaubhafter) Fiktion und (glaubhafter) Faktizität und (glaubhafter) Möglichkeit aufgehoben und führt allenfalls noch das skurrile Dasein einer artifiziellen Kuriosität. »Merkwürdig ist natürlich immer, daß der Leser das Autobiographische dort vermutet, wo die bare Fiktion ist und umgekehrt« – so Frisch

1974 in einem Gespräch mit Heinz Ludwig Arnold[1] – und weiter: »Das Ich ist paradoxerweise eine schamhaftere Form als das Er.« Das will sagen, die Verwendung der ersten Person zwingt diese erste Person zu einem höheren Maße an Vorsicht, Behutsamkeit und Camouflage als die Rede in der durch Distanz geschützten dritten Person. Die eben doch nur die dritte ist.

IV   Von der Person als Exempel

Ein Erzählstreich besonderer Art ist die »novellistischste« Partie des Ganzen, eben die Geschichte der Beziehung zwischen Frisch und dem reichen Jugendfreund W. Da wird, durch bloßes stoffliches Erzählen, der dialektische Umschlag dargestellt, der Freundschaft verwandelt in Feindschaft oder, schlimmer noch, in Gleichgültigkeit: weil das Moment der Dankbarkeit, der Verschuldung, der Ehrenpflicht aus dem Gläubigen den Gläubiger macht, aus dem Freund den Schuldner. Wir erleben die schrittweise Demontage eines Denkmals; der Erhöhte bröckelt ab in Mittelmäßigkeit, der Unbemittelte aber steigt hoch auf. Der große Kamerad war groß nur durch die Projektion, er zerrinnt zu einem Fußgänger unter vielen am Limmatquai, sein Schenken hat ihn beraubt.

Es hat diesen W. gegeben, gibt ihn wohl noch, er wird geschont durch Aussparung seines vollen Namens. Und die anderen, die Namhaften? In der ganzen Erzählung kein Mensch, der blamiert, der denunziert würde. Und Marianne? Ihre Forderung, sie nicht zu nutzen als literarisches Material, wird präzise befolgt. Es gibt sie nicht als Material, sondern als Materie, gibt sie in Erinnerung und Schuldgefühl und gibt sie, man darf das in solchem Kontext sagen, in Liebe.

V Von der Musterhaftigkeit einer Erzählung

Was also ist »*Montauk*«? Eine Erzählung. Als Erzählung aber ist sie ein Stück Autobiographie: »Mein Leben als Mann.« Geschichte dieses Lebens in Fragmenten, die ihre Herstellung der Berührung mit einer jungen Amerikanerin verdanken. Sie ist, eben weil blaß, weil schlaksig-staksig, eben weil ein bißchen langweilig, eben weil ein bißchen belanglos, eben weil ziemlich ungebildet und sehr unbewußt, das Gravitationsfeld dieser Kaleidoskop-Splitter. An ihr, weil der Begegnung ein finales Element innewohnt, wird Gewesenes gegenwärtig, wird das Unwiederbringliche als wiederbringlich erlebt: Das vermag Literatur (sie »hebt den Augenblick auf, dazu gibt es sie«).

Diese sehr leise, in Verhaltenheit vibrierende Geschichte ist aber über ihren autobiographischen Charakter hinaus so etwas wie ein Modell, ein Urbild. Als Goethe eine Novelle zu seiner »Novelle« ernannte, da wollte er Musterhaftes andeuten. Ich glaube, Frischs »Erzählung« ist gleichfalls musterhaft entworfen – und ist in solchem Sinne musterhaft gelungen. Dreimal taucht, leitmotivartig, der Gedanke auf, der sich als poetologisches Postulat enthüllt: »Ich möchte erzählen können, ohne irgendetwas dabei zu erfinden. Eine einfältige Erzähler-Position.« Einfältig, weil auf die Vielfältigkeit des Illusions-Zaubers verzichtend. Einfältig, weil ehrlich; oder: redlich. Das Motiv variiert das Motto von Montaigne: DENN ICH BIN ES, DEN ICH DARSTELLE. MEINE FEHLER WIRD MAN HIER FINDEN, SO WIE SIE SIND, UND MEIN UNBEFANGENES WESEN, SOWEIT ES NUR DIE ÖFFENTLICHE SCHICKLICHKEIT ERLAUBT... SO BIN ICH SELBER, LESER, DER EINZIGE INHALT MEINES BUCHES.

Noch einmal: Hier wäre zu viel gesagt? Das Entscheidende ist der bewußt ungesagte Rest. Kunst auf ihrer höchsten Stufe kehrt zurück zur Einfalt – der Gedanke ist nicht originell, wohl aber ist originell seine Umsetzung. Die Erzählung »*Montauk*«, handelnd von einem Manne und seiner Fähigkeit zu leben und zu lieben, von seiner Unfähigkeit zu leben und zu lieben, ist der

steigen und das nicht ihre Absteige ist. »Ein Ping-Pong-Tisch ist auch da.« Ping-Pong – banaler, leichtgewichtiger, beiläufiger kann die Probe nicht herausgefordert werden auf das Bestehen der älteren Generation vor der jüngeren. Ein Spiel des Vertrauens: nicht auf den anderen, sondern auf sich. Vertrauen nur vordergründig auf das Gewinnen-Können. In Wahrheit geht es um das Vertrauen, das Nicht-Gewinnen zu ertragen.

VIII Von der Zeit und der Zeitigung der Liebe

Die Konvention der höflich-höfischen Kultur, die der Courtoisie, der es darum ging, die Deklassierung der Frau zu kompensieren und zu kaschieren durch einen Kult dekorativer Huldigung, machte Liebe zu einem Triumph-Motiv. In ihr erlebt sich der Mann als jung, als sieghaft, als Gewinner in einer Gemeinsamkeit, die schon als Dual eine hierarchische Ordnung hat. Das Liebes-Paar als Kristallisation gesellschaftlicher Strukturen. All dies wird wesenlos bei Frisch, der die Gegenwart erlebt als jeweils aufgehobene Zukunft, das aber heißt, als Prozeß ständigen Alterns. Die Probe indes auf das Altern, auf sein Verzögern und seine Unabänderlichkeit, sein augenblickliches Einhalten und stetiges Vorgehen, ist die Liebe. In ihr erfährt Frisch durch die Illusion der Gemeinsamkeit das Gesetz der Einsamkeit. Liebe als das *principium individuationis*. »Ivy heißt Efeu, und so heißen für mich eigentlich alle Frauen« (»*Homo Faber*«). Die dem Manne mit der Frau gegebene Aufgabe: Von ihr frei zu werden, um für sich frei zu sein. »*Montauk*«, diese karge Erzählung bar alles Erfundenen, ist ja auch eine Bilanz geliebter Frauen. Das Wort »Bilanz« ist öde in seiner ökonomischen Härte, aber es nimmt sich besser aus als das Mißverständnis, hier werde mit Namen und Erinnerungen eine Leporello-Liste abgesungen. Frauen als Stationen der Vergewisserung (und sei es der Ungewißheit). Und heißen sie nun Julika und Sibylle, Inge, Sabeth und Lila, Antoinette, Marlis oder Lynn: sie heißen wohl doch alle Marianne. »*Montauk*«

ein Alterswerk? Richtiger wäre: Alle Werke Frischs sind Alternswerke. Versuch der Überbrückung von Generationen, das ist der Versuch der Marschallin, »die Uhren alle stehn« zu lassen, Aufhebung der Zeit hieße Aufhebung des Alterns, *neiges d'antan* wäre Neuschnee: Das geht nicht an, es ist das der privateste aller Versuche, wider die Weltordnung aufzustehn. Man braucht nicht gleich an den großen Alten und Marianne von Willemer und Ulrike von Levetzow zu denken, aber man darf es.

Liebe, derart beladen und mühselig, Prüfung auf die Zeit – das steht gegen den Geist der Zeit und seine Praxis der raschen gegenseitigen Ein-Verleibung zweier Partner, seine Ideologie der Versachlichung des Menschlichen. Steht gegen den Ewigkeitsanspruch der flüchtigen Lust, steht gegen die Schuldflüchtigkeit einer Generation, der »alles sich durch Glück beweist« (Benn). Liebe ist für Frisch der Prozeß, mit dessen Hilfe der Mann Schuld auf sich lädt und Schuld erkennt, und das wiederum heißt: Sicherheit abbaut. Thema all seiner Arbeiten; am knappsten, Entwurf von archaischer Einfachheit, in der »Skizze eines Unglücks« (im zweiten Tagebuch) mit dem Leitmotiv des scheinbar so geläufigen »Bist du sicher?« (Lynn freilich, sie »wird kein Name für eine Schuld«. Spricht das für sie? Für ihn?)

IX   Vom Sich-Versagen und vom Versagen

Bist du sicher: Das Motiv des sexuellen Versagens ist für Frisch in dem Maße wichtig, wie andererseits das des sexuellen Gelingens beiläufig und nur des Streiflichts wert ist. Im Gelingen des sexuellen Eros bietet sich eben jene Ganzheit an, die im Versagen diese Ganzheit als scheinhaft dementiert. Die großen Liebesheroen der Vergangenheit, die göttlichen Ehebrecher der Antike, die Tristan und Don Juan – in ihnen würde, versagten sie einmal, die ganze auf ihrer Männlichkeit ruhende Illusionswelt ein für allemal versagen. Das Spektakel der großen Potenzgebärden mündete dann notwendig in das Debakel der großen Impotenz. Frisch geht es nie um die Darstellung des Potenzwahns und seiner neurotischen Umschlagsformen. Sondern es geht ihm um die Demonstration des Umstandes, daß einer je mehr allein ist, je weniger er glaubt es zu sein. Elementartrieb Sexus, in den alten Kulturen vergottet, dämonisiert, verflucht: So daß schließlich die Liebenden schlechthin des Mittelalters, Tristan und Isolde, in ihrer Liebe nur als Kriminelle dargestellt werden konnten. Das Normgefüge des mittelalterlich-christlich-theologischen Kosmos geriet durch die Zulassung der Liebesgewalt in ihrer elementaren Form derart aus den Fugen, daß die Zeit alle Verwirklichung, allen Vollzug dieser Liebe dem Raum der Illegalität anvertrauen, daß es die Liebesheroen endlich ruinieren mußte. Unsere Gegenwart jedoch versucht der Liebe Herr zu werden durch ihre Relativierung; das einst Vorhandene, aber nie Besprochene wird heute lediglich und vornehmlich besprochen. Auf die Dämonisierung, die Bannung und die mißlungene Domestizierung folgte die Phase der Neurotisierung: Heute *versagt Sie sich* nicht mehr *Ihm*, sondern *Er versagt vor Ihr*. Ein Thema in der Tat, für Frisch aber eines nur insoweit als er, allem Pathos abhold und aller Theorie (denn er ist seiner in Zweifel, in Anfechtung und Angst viel zu sicher, als daß er Theorie brauchte), auch den Sexus, Versagen oder nicht, reduziert auf menschlich-privates Maß; das heißt auf seine Funktion im Prozeß der Selbstfindung, die eben doch endliche Selbstaufhebung ist: Sexus nicht als menschliche Größe; sondern als eine menschliche Größe.

X   Vom Leben als einer Möglichkeit aus vielen

Efeu: Liebe als Metapher für Verschlingung. Laokoon die Statue des Liebesgottes. Alles dies führt hin auf die eine einzige Erkenntnis der Auswechselbarkeit unserer Schicksale, unsres Geschicks, unsres Lebens. »Wieso Fügung! Es hätte auch ganz anders kommen können.« Dies Wort aus dem »*Homo Faber*« löst das »Gantenbein-Syndrom« aus; löst die »*Biographie*« aus; das berühmte »Ich stelle mir vor«; das berühmte »Ich probiere Geschichten an wie Kleider«; das Bilanzwort: »Jedermann erfindet sich früher oder später eine Geschichte, die er für sein Leben hält«. Die ungeheure und eben in ihrer Simplizität so schwer zu fassende Erkenntnis, daß es nur eines unterschwelligen Willensaktes, eines leisen Zufalls in Form der verspäteten Straßenbahn, des plötzlich aufziehenden Regens, der abgesagten Theatervorstellung bedarf: und ein ganzes Leben mit all seinen Lebensfolgen nimmt einen gänzlich anderen Verlauf, das Haar fällt achtlos vom Haupte und der Sperling unbeobachtet vom Dach, Leben, das ist ein Arsenal unendlich ausnutzbarer Möglichkeiten, deren nur eine wir nutzen, oder nicht einmal nutzen: und welche wir wählen, ist nicht uns überlassen, wir werden gewählt: Kürmann, so heißt der Held der »*Biographie*« in bitterer Ironie, »Wahlmann« also, *lucus a non lucendo*, du glaubst zu schieben und du wirst geschoben. Leben als Potential unausgeschöpfter Offerten. Das *liberum arbitrium* als die Chimäre der ›freien Wahl‹, die bitterer versklavt als das Kommando: denn sie fügt zur Unfreiheit auch noch die ihr widerstreitende Illusion. Wie also wird man damit fertig?

XI   Von der Körperlichkeit der Menschen und der Dinge

Kein Trostwort, kein Rat, kein Rezept. Eine Methode allenfalls, gültig für einen selbst: Man muß beschreiben. Kunstzwang, Ausdruckszwang. Bannung des Bösen durch seine Nennung. Reduktion auf die blanke Nachzeichnung, Abschied vom Illusionszauber der Erfindung, einfältig die Position des Berichters gegenüber der Vielfältigkeit des zu Berichtenden. DENN ICH BIN ES, DEN ICH DARSTELLE. DER EINZIGE INHALT MEINES BUCHES. Man erinnert sich, daß bei Rilke, mehr noch in der Diskussion um ihn, sein Verhältnis zu »den Dingen« eine bedeutende Rolle spielt. Das Dingliche ist wesentlich für Frisch, bei Frisch durch seine Welthaltigkeit. Daher das technische Flitter-Glitter-Wesen, die Flugplätze, die Maschinen, das Getriebe (technisch und übertragen), der Illustrierten-Glamour mit Stewardessen und Hotel-Komfort.

Das ist nicht die Welt noch die halbe Welt, wohl aber dingliches Umfeld, angeladen mit Realitätspartikeln. Die vitaler noch in einfachen Stoffen und Formen leben. Natürlich liegt es nahe, Frisch auf seinen Beruf anzusprechen, das Studium der Architektur, die Arbeit als Architekt. Das mag mancher überbewerten; gewiß ist, er weiß etwas vom Material, man lese nach, was er über das Holz sagt (im zweiten Tagebuch) und was es unterscheidet vom Metall (vom Kunststoff ganz zu schweigen). Das »Ding« wird bei ihm nicht versachlicht, es behält sein handwerklich Gemachtes, es garantiert ein Stück Menschenhaltigkeit: Sachwalter der Dinge, ein Dingwalter. Da ist die Säule aus Granit, körnigem Stein. Da sind die einfachen Möbel, die man zusammenkauft, um (zum siebten Mal) eine Wohnung einzurichten. »Verkörperlichung« ist ein Schlüsselwort des Dichters Frisch, des Dramatikers Frisch, Dinge sind verkörperlichte Vorstellungen, Entwürfe, versuchte Mensch-Formen. Ein Tisch, das ist eine Platte, sie liegt Beinen auf. Sein Zweck? Er hat versammelnde Funktion. Das menschlichste Möbel, mehr noch als das Bett. »Wer hat den langen Tisch gefunden?« Die Frage stellt sich in Berlin-Friedenau, unter der Einflugschneise (»*Montauk*«, S. 83). Mag ihn gefunden haben wer immer, besprochen jedenfalls hat ihn Ernst Jandl[2]:

der tisch

viel sympathie
für diesen tisch
mit dem die hand
verwandtschaft spürt

die platte trägt
man nur zu zweit
kein zweites mal
nach nebenan

gravierte schrift
vom holzwurm stammt

der insgesamt
ein schreibgerät

von fern berührt
der daran sitzt
mit leichtem stift
ein blatt papier

XII Vom Tisch und vom Reim

Diesem einfachen Ding sind vier Strophen gewidmet, auch sie
spröde und einfach. Knapper kann die einzelne Zeile nicht
sein: jeweils zwei Hebungen, und das Metrum entspricht, anti-
kisch gesprochen, dem Jambus. Äußerste Kargheit auch in der
Verwendung des Schmuckprinzips Reim: Das letzte Wort der
ersten, das erste Verb der letzten Strophe fassen sich an
(»spürt«: »berührt«), und in der dritten schlagen »stammt«
und »insgesamt« wie Holz auf Holz. (Es wird sich endlich noch
ein drittes Reimpaar finden, Schlüssel des Ganzen.)

Das beginnt mit einem Liebesgeständnis, als welches sich
haptisch-sinnlich erklärt: die Sympathie strömt durch die strei-
chelnde Hand. Eine Sympathie, die Verwandtschaft begründet. Die Hand lenkt konsequent über zum *Tragen*, dem
Hauptbegriff der zweiten Strophe. Denn dieses Tisches Platte
ist so schwer, wie es seiner Solidität insgesamt entspricht. Nur
zu zweit kann man sie tragen, und wer es einmal getan hat, wiederholt den Akt besser nicht.

Die dritte Strophe weist auf die Funktion, jedenfalls die hier
gemeinte Funktion des Tisches und seiner Platte hin. Nicht ist
er die Mitte für einen um ihn sich rundenden Kreis; noch dient
er etwa der Mahlzeit; sondern er hat es zu tun mit dem Schreiben. Er selber ist »beschrieben«, wie wir nunmehr seiner lyrischen Beschreibung entnehmen. Der Holzwurm hat ihn ge-
narbt, der Holzwurm, den der Dichter hier poetisch seiner zerstörenden Funktion entkleidet, indem er ihm die Würde eines
Schreibgerätes zumißt: In seiner Gänze ist er lebender Gravur-
stift.

Das Schreibgerät aber führt nun ebenso behutsam wie sicher auf den zu, dem der Tisch als einfaches Instrument zur Verwirklichung seiner selbst dient: dem Autor. Nicht daß er etwa schriebe, derart banale Tätigkeit ist ja schon dem Holzwurm zubemessen. Vielmehr ist sein besonderes Tun zu begreifen in der Geste leiser Berührung des dünnen Papiers durch den leichten Stift: Präziser Gegensatz und entschiedenes Widerspiel zu dem schweren, kaum zu tragenden Gefüge des Tisches. Eines bedingt das andere, das feste Gerüst, das lastende Material, wer sich auf sie stützt, ist ausgestattet (vielleicht) für das heikle Geschäft, ein Stück Poesie zu verfertigen. Handwerkerarbeit wie die, die den Tisch machte – nur muß sie vorsichtiger, behutsamer, gewissermaßen von ferne an die Sache rühren, die sie herstellen will. Die groben Zeichen setzt der Holzwurm.

Um dieses Gedicht verstehen zu können, bedarf es freilich der Kenntnis der widmenden Subscriptio: *für marianne und max frisch*. Diese Unterschrift gehört (wie Schale zum Kern) zur Überschrift, und siehe da, Überschrift und Unterschrift, »Tisch« und »Frisch«, sie reimen sich. Prinzip Einklang.

XIII   Vom Führer der Liebenden – Hermes

»*Montauk*« ist vielleicht keine Liebesgeschichte, aber eine Liebeserklärung: durch das Material hindurch, Osmose (hätte Benn gesagt). Keine Verarbeitung von Menschen also zu »Material«, sondern Verkörperlichung von Menschlichem. Ist Trost darin? Der, dem dies alles gelang, Hermes, der »vom Sockel gestiegen« ist, um zu führen (s. »Montauk«, S. 96), und dank dessen geländekundigen Künsten alle, die ihm folgten, auf den großen latenten Teil ihres Wesens, ihrer Möglichkeiten, ihrer Chancen stoßen konnten (und nun mit diesen Funden fertig werden müssen): Hermes also wird in diesen Tagen fünfundsechzig. Kein Recht zu der Aufdringlichkeit einer Gratulation. Aber Grund zum Dank. Kein Recht zur Aufdringlichkeit eines tröstlichen Wortes, wehe dem Schulterklopfer. Ein Mann in der Zeit, spürbarer und spürender in der Zeit als andere. *Es wird Zeit*, ihm zu sagen, was er geleistet hat mit seinem Werk. Nämlich Menschenwerk. Den »Roman einer mäßigen Zuversicht«.

Das aber ist viel.

Anmerkungen

1 Heinz Ludwig Arnold, *Gespräche mit Schriftstellern*, 1975 (Beck'sche Schwarze Reihe 134), S. 18.
2 *ernst jandl für alle*, 1974, S. 125; das Gedicht entstand 1973.

Jedem, der liest, geht es gelegentlich, sehr selten, aber doch gelegentlich so, daß er mit nicht schmerzfreier und durchaus hoffnungsloser Sehnsucht wünscht: dieses Buch möchte er selbst geschrieben haben. Wie machen die *Orte* es, daß man sich – durchaus hoffnungslos – wünscht, man könnte dergleichen selber schreiben? Vielleicht, daß ich einer Antwort auf solche Frage näher komme, wenn ich versuche, dieses Buch zu beschreiben, das Orte beschreibt.

Um *Notizen* also handelt es sich, allermeist eingeleitet durch eine Ortsangabe (aber nicht immer, denn es geht ja nicht konsequent um geographische Fixpunkte). Allermeist kürzer als eine Seite, sehr selten über sie hinausgehend. Man liest das nicht »flüssig«, man ist genötigt ein- und innezuhalten und legt den Finger auf die Zeile – so, vermute ich, wurde das wohl auch geschrieben.

Wer eine *chronologische Abfolge* der Stücke vermutet, dächte nicht falsch, aber naiv. Es ist ja keine kontinuierliche Beschreibung von einander ablösenden Stationen beabsichtigt. Das Ganze soll sichtbar werden eben aus seiner Aufsplitterung in Teile, aus der scheinbaren Willkür der kaleidoskopartigen Konfiguration. Und so fängt es an:

»*HIER steht, was mir eingefallen ist in den letzten Jahren, nicht der Reihe nach, vielmehr einmal dies, einmal das, und in eine Ordnung wollte ich es nicht bringen, obwohl doch das Leben seine Ordnung hat, seine Reihenfolge, seinen Anfang, seine Mitte und dem Ende zu*« (7).

Das Alter mißtraut einer Ordnung, die sich als Nacheinander begreift; es gibt den Dingen ihren eigentlichen Platz, den ordentlichen. Später, d. h. weiter hinten, heißt es einmal: »*Das Alter ist für mich kein Kerker, sondern ein Balkon, von dem man zugleich weiter und genauer sieht*« (145).

Die *Technik* dieses Beschreibens, der Stil also des Buchs, ist bestimmt von der Sparsamkeit der Tagebuch-Eintragung. Die Sätze, obwohl syntaktisch durchaus nicht immer knapp, sind dennoch Lakonismen: denn sie sagen viel aus über sich hinaus.

Häufig entdeckt sich die Absicht, der Sinn der Aufzeichnung an ihrem Ende. Von einer »Pointe« zu reden, wäre dem Stil dieser Observationen zuwider, es ist wie ein plötzliches Aufblitzen, eine *à part* gesagte Sequenz, und eben dadurch trifft sie zentral. Technisch gesprochen: Diese Zuspitzung liegt in dem asyndetischen Nachsatz. Beispiele:

(Neapel) »*Und nur am Golf waren wir wieder zusammen, hatten die Stadt im Rücken, und vor uns die ewige Brandung und die 6. Amerikanische Flotte, diese in der Zeit nach dem Krieg*« (36). – (Mentone): »*. . . die hellen Pfefferbäume, da hatte die junge Schriftstellerin Katherine Mansfield gewohnt, sie war an der Schwindsucht gestorben*« (44). – »*Im Gegensatz dazu wird sein Bild immer undeutlicher, auch den Klang seiner Stimme kann ich nicht mehr herstellen, das ist mein größter Schmerz*« (70). – (Häuser in New England): »*Sie alle haben einen klassischen Giebel und zwei weiße Holzsäulen, immer dasselbe Modell*« (74). – »*Ich sehe sie an, diese Leute, wie sie baden und essen und Wein trinken und ihren Sonntag genießen, irgend etwas kann da nicht stimmen*« (149).

Die *Orte*, die *Landschaft:* Da ist vor allem das heimische südbadische Land und das Elsaß, Natur der Kindheit. Da ist, offenbar fast von gleich eindringlichem Reiz, Ostpreußen, das Samland. Da ist Italien, Neapel, Rom: Arbeitswelt des Mannes, des österreichischen Freiherrn Guido von Kaschnitz-Weinberg, 1958 gestorben und zuletzt Direktor des Deutschen Archäologischen Instituts in Rom. Italien, Muster für die mediterranen Elemente im europäischen Körper. Da ist Wien, unheimlich von je und bis zuletzt, ambivalent in seiner Mischung von Heurigem und Morbidezza, von Raunzern und Gauklern, von Müdigkeit und Überleben. Da ist Potsdam, ist Berlin – Orte von Lebensformen, und an diesen wird die »demokratische« Überlegenheit des süddeutschen Adels deutlich gegenüber den preußischen Konventionen. Da ist schließlich Frankfurt, nicht gerade unbewohnbar wie der Mond, aber eben doch gezeichnet von den Schrecklichkeiten der »modernen« Städte. (Die Kaschnitz, nie modisch, eher aller Mode voraus, hat davon längst gesprochen, bevor die Kulturkritik auf diesem Revier fündig wurde.) Dazwischen Riviera, Brasilien, USA – exotische Randlagen.

Orte werden belebt durch *Menschen,* Menschen belebt durch Orte. Kollegen des Mannes; Freunde, Verwandte, Geschwister; die Mutter, der Vater, ein nobler Mann, und ein Nationalsozialist wurde er doch. Dichterkollegen: Celan, die Langgässer, Benn, die Bachmann, die Toten sind mächtig in diesem Gelände. Vor allem der Ehemann. *Dein Schweigen – meine Stimme* hieß der Gedichtband des Jahres 1962. Auch dieses Buch könnte solchen Titel tragen. Im Grunde ist es ein monologisches Zwiegespräch mit dem toten Mann, mit dem lebenden, gemacht aus Mohn und Gedächtnis, aus registrierter und imaginierter Wirklichkeit also, aus Traum und Erinnerung, wie sie unmerklich ineinander übergleiten. Man zögert zuweilen, fragt sich, ob man nicht aufdringlich ist, wenn man weiterliest; ob man nicht zum Auditeur wird. Sie darf sprechen – aber darf man zuhören? Die Aussage ist nie indiskret, aber ihre Apperzeption, fürchtet man plötzlich, könnte es vielleicht sein.

Die Kaschnitz ist von großer Strenge – sich selbst gegenüber. Sie ist schonungslos, nie taktlos. Die dunklen Bilder der furchtbaren Krankheit des Mannes in den langen Jahren zum Tode sind Leidens-Geschichten, und sind ohne alle Wehleidigkeit. Die Frau dieser Phase ist nichts als Mitleiden, und ohne die Fähigkeit zum Selbstmitleid. Das Alter, die Einsamkeit – sie klagt nicht, und klagt nicht an, sie stellt fest, daß es so ist und daß es sich um Bedingungen des Menschlichen handelt. Auch der Tod gehört dazu, ist *die* Bedingung des Menschlichen. »*Vielleicht ist das Schlimmste, von den Lebenden Abschied zu nehmen und in ihren Augen das Entsetzen zu sehen*« (209).

IV

Mancher, der sein *Journal intime* veröffentlicht, tut sich etwas zugute auf seine strenge Wahrheitsliebe, und ist doch nur narzißtisch und kokett. Dieses Journal, die spröde Strenge seiner Autorin mit sich selbst, ist weltenfern aller Selbstentblößung. Es registriert persönliche, auch sehr persönliche Impressionen – zum Zwecke der Ich-Erhellung, der Standort-Sicherung. Kein Wort vom Ruhm der Dichterin, den vielen Ehrungen und Würden – wohl aber einige zur Mühsal des Schreibens, zu seiner Fragwürdigkeit. (Wer das Pegasus-Bild erfand, verstand gewiß nichts vom Dichten, auf Sisyphus hätte er kommen sollen.) Der Sinn aber in all dem, der geduldigen *»Bemühung um eine Zeile, um ein Wort, um den Klang eines Vokals«?* Die *»Kunst ist ewig, die Kunst kann nicht untergehn, so haben wir es gelernt«.* Und haben doch Abschied nehmen müssen von so vielem andern, das wir gleichfalls gelernt hatten – *»und das Schöne stirbt uns unter der schreibenden Hand«* (167).

Ehrlichkeit, die sich selbst auf den Grund geht, sich nichts vor- und nichts weismacht:

»Ich war immer träge, liebte meine (recht einfache) Bequemlichkeit, wollte für meinen Mann, mein Kind, meine Freunde da sein, wollte schreiben, will es noch, wenn vielleicht auch alles, was ich zu sagen habe, schon gesagt worden ist, und ich mit Fiebermessen und Töpfchenausleeren mehr helfen könnte als mit Gedichten und Essays. Ein schlechtes Gewissen ja, das hatte ich wohl ab und zu, besonders im Alter, als ich mich, wenigstens in Worten, für die Entrechteten und Hungernden hätte einsetzen können, das aber aus Schüchternheit und Angst vor jeder sogenannten Angabe selten tat« (28).

Gewiß, es gefährdet ein Kind, wenn die Ehe seiner Eltern nicht glücklich ist. Ebensowohl aber kann ein Kind in die Isolation verbannt sein durch das Glück der Eltern als Eheleute: *»Die Verschwörung eines sich immer einigen Ehepaares«* – und *»wenn ich an die Einsamkeit des Kindes denke, wird mir übel zumute«* (94). – Zweifel an der Bedeutung der *»sogenannte(n) innere(n) Emigration«:* Was hat man getan? *»Nicht heimlich im Keller Flugblätter gedruckt, nicht nachts verteilt, nicht widerständlerischen Bünden angehört, von denen man wußte, daß es sie gab, es so genau aber gar nicht wissen wollte.«* Statt dessen Wissenschaft getrieben, Gedichte gemacht. Vielleicht war das

kein »Widerstand«, aber so etiuß einen aus, machte zu Volks-
fremden, »zu Verrätern schlechthin«.

Der Gedanke leitet über in die Gegenwart, tut es nicht ohne
aggressive Sensibilität: »*Es hat da aber der Nationalsozialismus
etwas vorweggenommen, was später wiederkommen sollte, in-
ternational, ja global, die Auffassung von der Abseitigkeit der
reinen Wissenschaft, von der Überflüssigkeit der formalisti-
schen, der bürgerlichen Kunst*« (112). Es heißt freilich den Nationalsozialismus noch überschätzen, wenn man ihm ein Vor-
wegnehmen barbarischer Dummheit zuschreibt. Wofern
Kunst mit Freiheit zu tun hat, ist sie aller staatlich-gesellschaft-
lichen Ideologie von je ein Ärgernis – schon Platon hat sie als
solche empfunden und aus seiner Utopie verbannt.

Wer sich derart kritisch in Frage stellt, bezeugt Freiheit.
Freiheit bezeugt überdies, wer verehren kann, denn Verehrung setzt Vertrauen in die eigene Substanz und ihr Überste-
hen voraus: eine zumindest sinnvolle Verschwendung. »Zu wie
*vielen der heute verachteten und geschmähten Professoren
habe ich aufgesehen...*« (91). – Bevor dieser Stand sich heute
freilich aus solchen Worten Trost zuspricht, mag er nachsin-
nen, ob es sich damals nicht um anderes Format gehandelt haben mag.

Viel Mut hat, wer über seine Feigheit so zu reden wagt: »*Ich,
von Natur feige und mit einer quälenden Vorstellungskraft ausgestattet, hielt den Mund*« (168). Es gehört zum Reiz dieser
Aussagen, daß sie einen stimulieren weiterzudenken. Wie,
wenn man »Mut« definieren würde als Mangel an Vorstellungskraft?

V

Habe ich auf diesem Wege eine Antwort, die Andeutung einer
Antwort erhalten auf meine Anfangsfrage? Einsichten, Erfahrungen, Erkenntnisse sind gewichtig, allemal. Bedeutend werden sie, wenn sie auf die ihnen allein angemessene Weise ge-

sagt werden. Für den Leser aber werden sie zu »seinem« Buch, wenn der scheinbar private Bereich solcher Aussagen sich dem scheinbar privaten Bereich seiner eigenen, halb gewußten, halb geahnten, halb kontrollierten, halb geträumten Einsichten, Erfahrungen, Erkenntnisse nähert und sie mit einem höhern Grade von Klarheit und Genauigkeit versieht. Wer diese *Orte* kennt, weiß mehr von sich selbst.

Nachsatz 1979: »Orte« war ihr letztes Buch, am 7. Oktober 1974 ist Marie Luise Kaschnitz gestorben, der Ort ihres Todes war Rom.

Das Gewicht der Welt und sein Eichmeister

Zu Peter Handkes Journal

I

Der Mensch und seine Zwänge. Ein Mensch, besetzt von Obsessionen, versucht ihrer Herr zu werden durch das Mittel ihrer sorgfältigen Registrierung, ihrer intensiven Austastung: Prinzip Analyse. Wobei unversehens die Methode ihrerseits zum Zwang wird:

> So wie ich oft etwas nur geistesabwesend tue, so *denke* ich manchmal geistesabwesend (meine Anstrengung seit einem Jahr, in jedem Augenblick auf das zu achten, was mir durch den Kopf geht).

So notiert am 15. Oktober 1976, das Protokoll insgesamt umfaßt den Zeitraum vom November 1975 bis März 1977.

Sein *Motiv:* Erwehrung der Obsessionen.

Seine *Methode:* Registration auch, ja gerade des scheinbar Beiläufigen mit dem Aufwand peinlichster Akribie, Versuch, schreibend die feinsten sensualistischen Impressionen wiederzugeben und dadurch überhaupt wahrzunehmen (nicht umgekehrt).

Seine *Technik:* Die starre Kamera des Films, die gerichtet ist auf die im Wind sich kräuselnde Oberfläche einer Pfütze, auf die einen Fensterladen schließenden Hände einer Frau, auf den Augen-Blick eines Vorübergehenden.

Sein *Resultat:* Es kann nicht von dem Ergebnis für den Analysanden die Rede sein, denn das ist unbekannt, wohl aber von dem Neben-Resultat: ein Buch ist daraus geworden, und die Frage ist, wen geht es an? (Die Frage ist begründet, lautet doch die Widmung: »*Für den, den's angeht.*«)

II

Bei dem Anblick einer Frau mit ungeheuer vorstehenden Augen verschwand meine Gereiztheit

In einem Zeichentrickfilm, beim Anblick eines auf einem Baumwipfel seiner Liebe nachtrauernden Eichhörnchens, sind mir die Tränen in die Augen gestiegen!

In diesem Pissoir mit seinen gelben Kacheln gehen mir zum ersten Mal an diesem Tag die Augen auf

Keine Karotten essen – nachher hat man Lust auf nichts mehr

Voll Kraft und Selbstbewußtsein schlief ich sanft ein

Meine Größe: das Alleinsein

Um es mit aller Entschiedenheit zu sagen: Diese Beispiele habe ich nicht etwa mit Fleiß herausgesucht als peinliche Einzelfälle. Sie sind blindlings ausgeschüttet, und von ihrer Art finden sich Hunderte und Aberhunderte auf diesen über dreihundert Seiten. Es gäbe eine simple Methode, dieses Buch seiner eigenen Nichtigkeit anheimzustellen, es zu erledigen oder vielmehr dafür zu sorgen, daß es sich selber erledigt: indem man aus ihm zitiert, seitenlang, hundert, zweihundert Seiten lang. Eine »lange großartige Kette von Reflexionen und Beobachtungen«? Kunst des Aphorismus, der »immer wieder an Lichtenbergs Sudelbücher erinnert«? So die Kritik, und man möchte meinen, sie wolle ihrer selbst und ihres Gegenstandes spotten. Vielmehr: eine Serie von verqueren Banalitäten, von ambitionierten Platitüden, von einfältigen Albernheiten. Ein Schriftsteller von Talent und Verdienst ist Opfer der Einbildung geworden, er brauche nur zu schreiben, um sich und seinen Ruhm fortzusetzen, und nun hat er im Banne solcher Einbildung etwas vorgelegt, das im technisch-materiellen Sinne die Bezeichnung ›Buch‹ beanspruchen kann und das nichts ist

264

als ein fades Verwirrspiel aneinandergesäumter Notizen, deren nur wenige einlösen, was doch alles öffentlichen Schreibens Aufgabe am Leser ist: Erweiterung des Bewußtseins, Ergänzung einer Erfahrung, Korrektur einer Überzeugung, Erprobung eines Gefühls. Mit andern Worten: ein Buch hat allemal die Chance seines Lesers zu sein, sich selber besser zu begreifen kraft der stellvertretenden Berichterstattung des Schreibenden. Ein Buch, wenn es denn ist, was es sein soll, löst immer einen innovatorischen Prozeß aus – wie man heute ein wenig angestrengt sagt.

Schriftsteller ist, so könnte man zu definieren versuchen, wer es vermag, seine eigenen Impressionen und Erfahrungssätze – in wenn auch noch so begrenztem Maße – als exemplarisch zu begreifen und sie – Stufe zwei – in die ihnen allein gemäße Sprachform zu transponieren. Handkes Reportage indessen will mir erscheinen als die Dokumentation der vermessenen Phrase: Schriftsteller ist, wer sich entschließt, es zu sein.

III

Der Porzellanteller, der den Winter über im Freien war: wie kalt er ist!

Sofort spürt meine alberne Nase wieder den Geruch *fremden* Kinderurins im Badezimmer

Der warme Hinterkopf eines Säuglings

Ich lache zu viel

Was hat es auf sich mit der Reihung von Zitaten in einer Rezension? Scheinbar fair, muß das Verfahren sich indes dem Vorwurf stellen, sinnverfälschend weil aus dem Zusammenhang reißend vorzugehen. Da doch, wie nicht erst aber mit intensivem Nachdruck die moderne Linguistik deutlich gemacht hat, der Sinn einer Aussage sich aus dem semantischen Gefüge von bedeutungstragenden Elementen ergibt (Klang, Silbe, Wort, Satzteil). Eine Erkenntnis, die eben Voraussetzung jenes Einwandes vom auseinandergerissenen Zusammenhang ist (der, setzte er sich rigide durch, das Ende des Zitierens bedeutete).

Wer indessen Handkes ›Gewicht‹ gerecht werden will, braucht in solcher Hinsicht schwerlich Skrupel zu hegen, denn hier ist ja bewußt das Prinzip des Zusammenhangs, das der durchgehenden Darstellung, der konsistenten Gedankenführung aufgegeben (und eben aus diesem Grunde enden die Notizen in der Regel jeweils ›offen‹, ohne Satzzeichen, zeigen den Bruchrand vor).

Dennoch würde man dem Konzept dieses Bandes nicht gerecht, wenn man freiweg das Einzelne jeweils isoliert sähe. Es handelt sich ja, wie das Vorwort sagt, um Werkstattsplitter zu einer einst geplanten »Geschichte«, oder vielleicht zu einer Pantomime. Solches Wissen macht zwar dem Leser Einträge von der Art »*Ein verwöhnter amerikanischer Dichterprofessor mit Schal und Rollkragenpullover«; oder: »Eine Briefmarke liegt auf einem Taschenspiegel*« nicht gerade sinnvoll, erklärt ihm aber deren Herkunft: Stichwort eines Exposés. Eines Exposés für etwas, das nie zustande gekommen ist, und nun treten die Partikel des Entwurfs an die Stelle der eigentlich gemeinten Sache. Mit welchem Recht? Und welches Recht hat der Autor, eine Information auszustreuen wie diese: »*Immerfort reinige ich hektisch die Fingernägel*«?

Übrigens werden auch die Teile, werden auch die Splitter gelegentlich aufgehoben in größerem Zusammenhang, fügen sich der Stimmung einer Nacht, einer Woche und ihren Eigentümlichkeiten. Da sind fünf Krankenhaus-Tage und ihre Besonderheiten. Oder da steigert sich von Stichwort zu Stichwort die Irritation, das Entsetzen, die Panik beim Einbruch fremden Lebens in die private Welt, steigert sich bis zum blanken Haß: ganz einfach angesichts des puren Andersseins des anderen Menschen, dessen arglose Gesten, dessen harmlose Worte, dessen Kaugeräusch und Atemholen Wahnsinn ausbrechen lassen kann. In solchen Sequenzen ahnt man, daß es schade ist um die geplante Geschichte.

266

Hier liegt die elementare Schwäche des Bandes. Die akribische Buchung von Details, von kleinsten Einzelheiten in Gestus und Haltung, Rede und Aussehen eines Menschen, von Charakteristika der Umwelt, der Natur, des Tagesablaufs – all diese minuziösen Registrierungen können ihr Recht und ihre Rechtfertigung finden, wenn sie zusammenschießen zu einem Bild: dem einer Person (eben des ›Helden‹), einer Aktion, einer Welt. »*Die Haare gebürsteter Hunde schweben in der Sonne durch die Villengärten*«: diese pittoreske Observation könnte ihren Platz haben, könnte einer ›Stelle‹ innerhalb von Literatur ihren spezifischen ›Wert‹ geben – als isolierte Buchung ist sie von schrecklicher Belanglosigkeit. »*Das sattsam bekannte Meer*« – was soll mir diese Aussage, wenn sie nicht eingebettet ist in einen sie sinnvoll machenden, einen von ihr sinnvoll gemachten Kontext?

Die Gestalt jedoch, an deren allmählicher Verfertigung all diese ungezählten Bemerkungen sich allenfalls beteiligen, ist sehr undichterisch: ist die des Autors Handke. Da aus deren fragmentarischer Erbastelung aber kein Text wird und keine Melodie, alles nur beiläufig und willkürlich gestreut ist, bleibt das Ganze ein Haufe von tauben Scherben. Deren einige übrigens schön sind – nur rechtfertigen sie nichts inmitten all dieser gehäuften Belanglosigkeit. Wahrnehmungs-Übungen, gewiß. Wer wollte bestreiten, daß es eine gute Sache ist, wenn ein Schriftsteller sein Instrumentarium verfeinert, wenn er es einrichtet auf die Signale, die ihm die Welt allzeit zusendet? Signale aus den Elementen der Natur, von Bäumen und Wasser und Vögeln, vor allem aber aus dem Bereich der Menschen, insbesondere dem der Zivilisation – sie alle zu registrieren ist Handkes Thema. Ein imponierendes Exerzitium, wer aber mag dem Übenden eingeredet haben, es verdienten diese Etüden zum Druck befördert zu werden, deren Mehrzahl doch noch in der Vorform eigentlicher ›Aussage‹ steckengeblieben ist? Was konnte ihn glauben machen, diese seine Kladde sei ein Buch für Leser, wie konnte er sie verwechseln mit Picassos Papierkorb, der auf verworfenen Schnitzeln in der Führung eines einzigen Striches noch Welt wiedergab? Der Wille, sich sensualistisch zu trainieren; die Absicht sich zu zwingen, auf leiseste Regungen nicht nur zu reagieren, sondern sie überhaupt erst wahrzunehmen; der Plan, schreibend sein Empfinden zu sublimieren und empfindend sein Schreiben zu präzisieren, leuchtet jedem ein, der es zu tun hat mit der schindenden Forderung eines weißen Stück Papiers, es müsse vollgeschrieben werden. Was aber ermächtigt den Übenden, seine Lernzone öffentlich preiszugeben, seine intimen Anstrengungen öffentlich auszubieten? Es muß da eine Kontrollinstanz ausgesetzt haben, die wichtigste des Schriftstellers überhaupt, die nämlich der Disziplin. Handkes letzte Arbeiten haben das ja schon auf deprimierende Weise gezeigt, die nach dem »*Wunschlosen Unglück*« erschienenen (seinem meiner Überzeugung nach schönsten Buch, und nicht nur ist es sein schönstes, sondern ein schönes): wie weit er sich entfernt hat von den strengen Sprachexerzitien seiner Anfänge, den kalkulierten Zeichenspielen, den sublimen Kunstgriffen der Nuancierung. Insbesondere ›*Die linkshändige Frau*‹ ist bloß dahingeredet, unpräzis die Bilder und Worte, und die große Type nur machte ein Buch daraus.

Wäre das ›*Gewicht*‹ geblieben was es einmal war: privates Dokument privater Ich-Erprobung, dann hätte, wer indiskret genug wäre in ihm zu lesen, gewiß Grund, betroffen zu reagieren. Der Anspruch indes auf Öffentlichkeit, auf repräsentative Bedeutung also, hebt das Prinzip dieser privatesten Ich-Erprobung auf, die Eintragungen fallen in sich zusammen.

IV

Es darf schließlich nicht vergessen werden, daß diese Art, sich zu äußern, Tradition hat. Ich bin nicht so verblasen, von Marc Aurel zu reden oder von Gracian, nicht von Lichtenberg (ich nicht!) und nicht von Goethe, nicht von Hebbel oder der (unterschätzten) Ebner-Eschenbach. In diese Reihe gehört Peter Handke mit seinen fünfunddreißig Jahren nicht – aber wie will man sich hindern, an zeitlich-örtlich nahestehende Vorgänger

zu denken, an Handkes österreichische Landsleute Hofmannsthal, Kafka, Musil, Doderer (die er nicht nur gelesen
hat, sondern gelegentlich auch zitiert)? Wie soll man nicht
denken an Canetti oder Max Frisch und ihre Notizen, da ja
doch ihr Erfahrungsstoff und Erlebensmaterial das des Zeitgenossen ist?

Mit gleichem Maß kann das ›Gewicht der Welt‹ nicht geeicht
werden, Originalität des Blicks, Vitalität der Observation,
Schärfe des Intellekts und Präzision der Sprache lassen dessen
Autor im Stich. Und denkt man über die Unvergleichlichkeit
des doch an sich Vergleichbaren weiter nach, dann stößt man
schließlich auf die wohl schwächste Partie in Handkes Werk:
auf dieses peinliche Defizit an Humor, der ja nicht notwendig
zu tun hat mit der Gabe des ›humoristischen Erzählens‹, sondern der, grimmig oder elegant, anmutig oder gallig, Mittel der
Lebensbewältigung angesichts des doch nicht zu Bewältigen-
den ist. (Übrigens bemerkenswert, daß sie alle auf ihre Weise
über ihn souverän verfügen, Handkes große Schriftstellerkol-
legen: Dürrenmatt wie Frisch, Johnson und Walser und Böll,
Grass und Hochhuth, Hildesheimer und Lenz und die Woh-
mann, und sogar die oft schmallippig-verkniffenen ›Linken‹
können da gelegentlich mithalten, Chotjewitz etwa oder Kar-
sunke und Zwerenz.) Wenn einer sich zum Mittelpunkt eines
Universums macht, zum auffangenden und reflektierenden
Spiegel von Strahlungen, zum Schwerpunkt einer Welt: dann
erträgt sich die ungeheure Anmaßung einer solchen Position
nur in der objektivierenden Selbstrelativierung, wie sie sich
herkömmlich als Humor und Ironie darstellt.

Narziß aber ist humorlos. Hätte er gelacht – sein lachendes
Bildnis hätte ihn davor bewahrt, ins tödliche Wasser zu stür-
zen, in das ihn aufsaugende Karo-Papier.

V

Wozu der Lärm? Und das zu später Stunde? Ein Buch mehr
oder weniger, es gibt schlimmere Publikationen und wird

schlimmere geben. Und doch, da ist innerhalb der sogenannten
›Literarischen Szene‹ etwas geschehen, das einfach hinzuneh-
men peinlich wäre. Da wird ein Erfolg nicht ›gemacht‹, er wird
einfach vorausgesetzt, und ›geschieht‹. Rezensenten starren
und staunen, und im Nu sind fünfzigtausend Exemplare dieser
Notizensammlung verkauft. Wie geht das an? Der Autor, ge-
stützt von frühem und nicht unverdientem Ruhm, verkauft ri-
sikolos als reizvolle Sonderbarkeit, als neuerlich ästimierte
Sensibilität, als den Charme einer fragilen Existenzbekun-
dung, was bei genauem Zusehen doch nichts ist denn eine private Lustbarkeit ohne anderen Grund und Boden als den des
permanenten Ichgemurmels. Man wird inmitten der neuen
Lobpreisung des öffentlichen Privaten nicht vergessen, daß es
auch das private Private gibt und weiter geben muß, wenn
Menschen mit sich ins reine kommen wollen. Man kennt freilich in der Geschichte der Literatur Exempel der großen und
übermütigen Irreführung; traute man Handke diesen pfiffigen
Witz zu, man wäre versucht, hinter seinem ›*Gewicht*‹ das Ki-
chern des Regisseurs einer großen Schnurrpfeiferei zu hören.
Die Rezensenten aber bestaunen des Kaisers neue Kleider,
sind außer sich vor Glück über das »einzigartige Buch«, zählen
es »zum Besten und Schönsten, was derzeit in deutscher Sprache zu lesen ist«, und fühlen sich nach seiner Lektüre einfach
»glücklicher« als zuvor. Wohl ihnen, will niemand sein Gefühl
und seine Kirche rauben. (Die erlösende Frage des unbefangenen Kindes, das den Kaiser nackt sieht, hat – sehe ich recht –
inmitten des lobsingenden Chores nur Ulrich Greiner gestellt.)

VI

Da der Tadel sich sehr viel eifriger um Gerechtigkeit bemühen
muß als das Lob, und da kaum etwas törichter ist als eine Ver-
urteilung, die sich auf nichts anderes zu berufen weiß als auf ihr
privates Mißvergnügen, muß ich auf einige Prinzipien und Wesenszüge des Buches genauer eingehen.

Ich sehe also in ihm das locker gefügte Protokoll eines

selbst-analytischen Ansatzes. Er versucht, sich bestimmter Obsessionen zu erwehren. Zu diesen Zwängen gehört etwa:

Die Schwierigkeit aller Kontaktaufnahme zwischen Menschen (daher die häufige Wiederkehr des Problems *Augen-Kontakt*).

Das immerwährende Aufsuchen der *Warm-Kalt*-Sensation.

Der wütige Affekt gegen das *Geschichtliche* und die Geschichte.

Der nicht minder wütige Affekt gegen die ›*Realität*‹.

Das Problem der *Frau,* mithin auch der Sexualität.

Belege für diese Themenkreise und ihre Streuung bieten die Aufzeichnungen auf Schritt und Tritt, hier sei nur zitiert, was über das jeweilige Thema hinaus auffällt.

»*Manchmal die Vorstellung, daß die vielpropagierte Kenntnis der Geschichte nichts als falsche Erwartungen erzeugt*«: welch ein Satz. Als ob nicht jedwede Propagierung einer Sache dazu angetan sein könnte, falsche Erwartungen zu erzeugen.

»*Daß man uns immer die ›Lehren der Geschichte‹ einbleuen will, damit wir Menschen würden – als ob ich nicht auch ohne Geschichte (und für mich gilt: gerade ohne Geschichte) begreifen könnte, was zu tun und zu lassen wäre (etwa beim Anblick einer Straße, die ›Avenue des Fusillés‹ heißt)*«: Wieder zu kurz gedacht, denn eben dieser Straßenname ›ist‹ ja Geschichte!

»*Plötzlich dachte ich: Ich möchte wirklich nicht mehr meinen edlen Schwanz in so eine Frau hineinstecken!, und lächelte sie versonnen an, und sie lächelte zurück*«: Da ist diese ›Freiheit‹, alles auszudrücken (wenn es denn eine Freiheit ist), der Analysand lernt sie. – »*Ich bemerke, daß ich mich in der Todesangst mit erhobenen Hasenpfoten bewege und mit herausgestrecktem Hintern, eine Art Homosexueller*«: das ist wohl eher eine ›Art‹, Homosexuelle zu sehen.

»*Sexualität als letztmögliche Feindseligkeit*«: Da ist eine Seelenschicht aufgeblättert, die sich in der Analyse preisgeben mag, ich indes empfinde das altmodische Gefühl einer gewissen Scham, wenn ich Zeuge dieser Aufblätterung werde, und so geht es mir bei fast allen Äußerungen, die hier getan werden zum Komplex sexueller Phantasien, zum Geschlechtsakt, zum Thema Onanie. Offenlegung des Privaten, die sich erweist als Widersacher ihres eigenen Prinzips: man wünscht – lesend – die Schutzzone der Diskretion noch schärfer abgeschirmt. Darum hier ohne Kommentar vier Aussagen zur Frau als Geschlechtswesen. Es scheint mir unerlaubt, über diese Preisgaben zu räsonieren (obschon der Verfasser das Räsonnement ja provoziert durch ihre Veröffentlichung). Immerhin aber scheinen sie mir durchaus bestimmt von der Haltung feindlicher Distanz, und somit geben sie einen beredten Kommentar ab zu jener Geschichte, die Handke gleichzeitig schrieb und die doch als Versuch, die Frau von ihrem Recht und ihrem Wesen her zu verstehen, aufgefaßt werden konnte. Sollte also ›Die linkshändige Frau‹ nur Konzession an einen modischen Trend gewesen sein?

»*Gerührt ging ich aus dem Kino, und schon störte mich der weiche Hintern der Frau, die vor mir ging*« – »*Die Frau in dem Film Truffauts fällt in Ohnmacht; die Frau in dem Film Godards masturbiert*« – »*Gesichter von Frauen in der Eisenbahn: es fehlt nur noch der Geschlechtsakt zu ihrer Schönheit*« – »*Ich merkte zum ersten Mal, daß der Geschlechtsakt eine lang entbehrte Würde verleihen kann (dem Gesicht einer Frau)*«.

Es mag sein, daß für Handke diese ›Reportage‹ mit all ihren Kapiteln und Fächern eine befreiende Wirkung gehabt hat. Ist das ein Grund, aus ihr einen öffentlichen Akt zu machen? Ich weigere mich, durch Handke ans Schlüsselloch des Voyeurs geduckt zu werden.

VII

Maximen, Aphorismen, Aperçus provozieren oft aus sich heraus das Prinzip des zutreffenden Gegenteils. Es will sagen, daß die Umkehrung die ursprüngliche Aussage nicht einfach aufhebt, sondern eine andere Ansicht der Wahrheit hervorkehrt in gewissermaßen dialektischer Bezogenheit. Wofern allerdings die Probe der Umkehrung sich als Gefährdung, ja Auf-

272

hebung der Erstaussage erweist, steht es um diese schlecht. Nicht wenige von Handkes Formulierungen kommen erst auf die Füße, wenn man sie auf den Kopf stellt. Was auch an der ungenauen Anwendung der Sprache liegt. Etwa: »*Aufwachen aus dem behüteten Schlaf: als ob einem im ruhigsten, friedlichsten Dahingehen ein Bein gestellt würde*« – gemeint aber ist doch wohl: »Aufgewecktwerden«, denn nur dann stimmt das Bild vom Bein-Stellen. Oder: »*Zweige, die sich in der Nacht so unnatürlich auf und ab bewegen wie wiederkäuende Tiere*« – da stimmt erstens gewiß das Adverb »unnatürlich« nicht und zum andern ist gemeint: wie die Kiefer wiederkäuender Tiere (die Tiere selbst, sie ruhen bei diesem Geschäft still und ihre Kau-Bewegung ist »natürlich« durch und durch).

Andere Behauptungen aber rechtfertigen sich schließlich nur durch den Umstand, daß sie zwangsläufig ihr Gegenteil und damit endlich ihre Richtigkeit provozieren. Wie etwa: »*Der Nachteil bei großer Literatur ist, daß jedes Arschloch sich damit identifizieren kann*« – vielmehr sehe ich ihren Vorteil darin, daß es den meisten Arschlöchern gewisse Schwierigkeiten macht, sich mit Homer, Dante, Shakespeare oder Goethe und ihren Gestalten zu identifizieren. – Oder: »*Jemand, der spricht, macht seine Gesten schon im voraus zu dem, was er dann ausspricht – das ist Rhetorik!*«. Es ist vielmehr das Gegenteil von Rhetorik, indem diese nämlich ihre Gestik durchaus in das bare Wort legt. – Oder: »*Noch keinen Unternehmer erlebt, der nicht seinen Mittagsschlaf braucht (sonst Eintritt hektischer Debilität)*« – Unternehmer haben in der Regel andere Sorgen als die ihres Mittagsschlafs. Oder: »*Krokodil: ein Tier, das, einmal erwachsen, keinen Feind mehr hat*« – hier wie gelegentlich auch sonst gedenkt Handke nicht des Menschen.

Es ist wahr, die Observation des Gewohnten, die Kontrolle des scheinbar Selbstverständlichen, die Bewußtmachung des Alltäglichen kann zu Entdeckungen führen, kann die ›Eigentlichkeit‹ des durch Gewohnheit unkenntlich Gewordenen herausarbeiten: das ist Sinn und Rechtfertigung der nunmehr alterprobten Technik der Verfremdung. Man versetzt eine Sache heraus aus ihrem üblichen Kontext, und siehe, sie wird eine andere, das heißt, sie wird sie selbst. Das hat älteste Tradition, wer Stifter liest oder Jean Paul, erfährt im vertrautesten Felde immer wieder Entdeckungen des längst Entdeckten.

Dergleichen gewährt einem auch Handke gelegentlich – aber wie denn nicht inmitten dieser Hunderte, inmitten dieses Tausends von Aufzeichnungen, da drängt sich gewissermaßen naturgewollt auch wohl ein kluges Wort ein und ein gewitzter Gedanke hängt sich an, ein originelles Bild, eine stimulierende Vorstellung: die Sprache denkt (gelegentlich) für den Sprechenden. Die besten Momente aber hat der Text, wenn er zitiert, und man darf getrost die Tollkühnheit bewundern, mit der hier Passagen aus den »*Wahlverwandtschaften*« vor allem, aber auch etwa aus Doderers oder Kafkas Aufzeichnungen interpoliert sind, da wird deutlich, was Sprache vermag und was ein Dichter ist und was ein Aufschreiber.

VIII

An drei Notizen versuche ich zum Ende deutlich zu machen, aus welchem Stoff des Kaisers neue Kleider sind. Sie alle drei dementieren sich selbst in ihrer fundamentalen Nichtigkeit. Da ist ein Beispiel für den aufgebrochenen Intimbereich: »»*Ich wollte dir sagen, daß ich dich richtig liebgewonnen habe!‹ Und bei diesem Satz gab es einen Vorgang am Penis, aber keine Erregung, sondern einfach nur eine Wahrnehmung, eine Aufmerksamkeit (›die Wahrnehmbarkeit eine Aufmerksamkeit‹, Novalis)«: eine Bekanntmachung, die ohne Schaden ihrem begrenzten Raum überlassen bleiben kann. – Oder: »Ein Hemd, dessen Kragen mir am späten Abend in der Müdigkeit besonders schmutzig vorgekommen ist, erschien mir am nächsten Morgen wieder recht sauber«: – Handkes Fassung der Volksweisheit, das jedwedes Ding sich je nach Lage und Beleuchtung anders ausnimmt. Endlich: »Das verpackte Fleisch vom Supermarkt: die Sehnen sind auf der Unterseite«: – und das ist nun nahezu rührend, denn hier wird eine der alltäglichsten Erfahrungen jedes Einkaufserprobten tatsächlich als Erkenntnis verpackt und offeriert.

Teil – jede Chance des elenden Mißbrauchs von Geschichte, Heimat und Erinnerung.

Der Dichter Siegfried Lenz verschreibt uns einmal mehr eine massive Lektion, eine Deutschenstunde. Ihr Schauplatz ist Masurenland, und das Schönste an diesem Buch ist für mich die körperliche Verdinglichung dieser grandios-spröden Landschaft, sie spricht deutlicher und genauer zu Lenz und aus ihm als seine Menschen. Deren Konturen verschwimmen zuweilen, und es wird aus ihnen und ihrem Wesen nicht die Notwendigkeit des jeweils einzelnen Geschehens deutlich.

Ausdruck solcher Ungenauigkeit ist auch der häufige Rückfall in die konventionelle Behäbigkeit der Charakterisierung. Da gibt es zwar immer wieder originelle Einzelschilderungen, dicht, skurril, humorig, wie denn überhaupt, längst bekannt und gesagt, die Episode, die Erzählung des Dichters Lenz eigentliche Domäne ist. Er ist ein herrlicher Spinner, und das Garn seines Erzählens ist von der Art, daß ihm kurzgewirkte Stücke am schönsten gelingen, die nach der zärtlich-rustikalen Suleyken- und Bollerup-Manier.

Wenn aber der Ehrgeiz den großen Roman fordert und also das Einzelne in ein ausladendes Gefüge verbindlich eingearbeitet werden muß, dann stellt sich die Frage nach der Triftigkeit und künstlerischen Notwendigkeit der einzelnen Szene, der jeweiligen Begebenheit. Was auch in sich selbst verstehbar und publizierbar ist – und das gilt für die Mehrzahl der Auftritte dieses Buchs –, das bleibt seine Legitimation im großen Rahmen schuldig.

So tut sich denn der verbindende Ich-Erzähler schwer beim Knüpfen des Ganzen, die Rahmenkomposition zwingt ihn in die sterile Spitalgegenwart, mit der alten Landschaft ist dann auch die Sinnlichkeit dahin. Krankenbettgespräche sind ja nun allermeist grundiert von einem Ton der Verlegenheit, schwerlich aber ist Produkt künstlerischer Überlegung, was da gesagt wird in so unsäglichen Sätzen wie: »Aber Sie sollten den Kuchen probieren, den Krankenhauskuchen, ich habe ihn eigens für Sie aufgehoben, mein Lieber, ein sogenannter Schokoladenpuffer, der hier im Krankenhaus gebacken wird.«

Wie denn überhaupt die joviale Penetranz des ständig wiederholten schulterklopfenden »Mein Lieber« auf die Dauer unerträglich wird, sprachliche Rituale, deren Vorführung Natürlichkeit vorgaukeln will und doch nur Krampf liefert.

Klischee verjagt die Kunst. Was hat der kleine »Sicherheitspolizei«-Beamte beim Verhör auf dem Tisch, spät im Krieg? Eine »Silberdose mit Süßigkeiten«. Was tut die »erste Binderin«, vom Gutsherrn zum Tanz aufgefordert? Sie wirft ihm »auflachend die Haferbraut zu«. Was macht der Soldat beim tödlichen Partisanenüberfall? Er »hob lauschend den Kopf«. Wie sehen Kinder aus, die den evakuierten Großstädten entfliehen? Sie haben »wissende Gesichter, skeptisch, frühreif«. Wie benehmen sich Freizeitmenschen? »Leichtgekleidete Ausflügler und Wassersportler ... schlenderten amüsiert«.

Und eine alte Schreibmaschine heißt zwanghaft »die betagte Remington«, auch eine Lokomotive ist »betagt«. Alle Schreibkunst aber weiß: Das Attribut ist der Probierstein sprachlicher Sicherheit. Als der Junge Conny unter freiem Himmel im Schilf geschlafen, sich im See gewaschen hat, was macht er da? Er »bereitete über offenem Feuer sein Frühstück«.

Humorige Wendungen gleiten gelegentlich ab in die bemühte Witzigkeit einer Schülerzeitung: Das kleine Mädchen Edith hat eine »unförmige Puppe, die einem schwangeren Biber glich«; und im Eßsaal des feinen Hotels saß »ein altes Paar..., das einen lustlosen Kampf mit einer geschmorten Hammelkeule vorführte«. Wirklich? Ungenauigkeit geht zuweilen über in Fehlerhaftigkeit: Ein Nagel dringt so wenig in das »Hinterrad« (sondern in Schlauch und Reifen) wie man mitten im Krieg Schokoladenzigaretten am Bahnhofs-Kiosk kaufen konnte.

Mit den Uniformen der braunen »Machthaber« und ihren Funktionen stimmt es so wenig wie mit dem Dienstgrad eines »Stabsobergefreiten« oder dem »Choral« »Ich hab mich ergeben«, mit dem »einst die Studenten gegen die Maschinengewehre von Langemarck vorgegangen waren« (die Überlieferung erzählt vielmehr von Langemarck im Herbst 1914, daß da die – vornehmlich studentischen – Freiwilligen beim Sturm das *Deutschlandlied* angestimmt hätten).

Die Liste der im Sprachlichen wie Sachlichen wie Logischen ungenauen Angaben wäre zu verlängern, und wer meint, ihre Aufstellung sei pure Beckmesserei, weiß nicht, daß Dichtung nichts weniger zu sein hat als beliebig und nichts dringlicher anstrebt als Genauigkeit.

Auch hat Dichtung, die erlebte und zeugenbeglaubigte Zeitgeschichte nachvollzieht, nächst der Kategorie der Stimmigkeit die der Wahrscheinlichkeit zu bedenken. Wer sich noch an den Ausbruch des Krieges im September 1939 erinnert, wird einem Autor die Glaubwürdigkeit entziehen, der Bewohner des Grenzlandes von Krieg und Kriegsgeschrei nichts ahnen läßt.

Sodann: Wie erklärt es sich, daß Conny Karrasch, Zygmunts Jugendfreund und Über-Ich, tapferer, verschlagener und intelligenter Widerstandskämpfer gegen die Nazis, unversehens wiedererscheint als beflissenes Sprachrohr biedermännerbündisch auftrumpfender Vertriebenen-Militanz? Die Logik des Romans, alleinverbindliche Instanz für den Sinn all seiner Geschehnisse, bleibt jede Begründung schuldig für solchen Wesensbruch.

Eines ist die Kunstform der Parabel, sie ist kurz und darf auf Durchführung des Details verzichten. Wer jedoch ein anderes tut, nämlich die Parabel zum Kolossalgebilde des Romans ausweitet, der kann psychologische und andere Feinmessungen nicht mißachten, der darf Fäden nicht einfach fallen und Figuren nicht einfach sich selbst überlassen.

Man denkt an Uwe Johnson, denkt an Kempowski, denkt an diese und andere Verlorene-Heimat-Romane (Janoschs »Cholonek«; Helga Schütz und ihr »Probstein«; Leonie Ossowskis »Weichselkirschen«; Horst Bieneks Schlesische Trilogie, Surminskis »Kudenow« und Christine Brückners »Nirgendwo ist Poenichen«) und begreift, daß eben die historisch präzise Beschwörung des Details die Faszination und den Erfolg dieser Bücher ausmacht.

Lenz hingegen beschreibt nicht das Genaue. Wenngleich er

genau zu beschreiben weiß, und es oft brillant tut: Weidenflötenschnitzen und Flößen und Fischen und Federreißen und Entenschlachten und Schwarzsauer-Einkochen – aber dann blickt ihm Ernst Wiechert, der ostpreußische Landsmann, über die Schulter, und sein Atem bläst ihm etwas von »Sinngefüge« und von »bedrohten Dingen« und der »verlorenen Zeit« zu, und das ist das Gegenteil von Dichtung, ist das »Ungefähre«.

Der neue Siegfried Lenz ist kein neuer Siegfried Lenz, es ist der alte Siegfried Lenz. In schönen Stimmungsbildern und bewährten Wendungen die stereotype Thematik: Schuld und Sühne; Schuld ohne Sühne; Macht und Ohnmacht; Pflicht und Freiheit; und der Ritt mit eingelegter Lanze gegen die Schattenflügel der Vergangenheit.

»Die Gesinnung fordert Respekt, aber nicht immer die Prosa«, so sagte es Walther Killy, als er das Werk des Fünfzigjährigen 1976 im SPIEGEL resümierte. Die große Gabe, den latenten oder offenbaren Vorrat der Allgemeinheit an allgemeinen Problemen zum Gegenstand von Romanen zu machen, ist die Erklärung des Erfolgs, der mithin zustande kommt dank Lenz' vielzitiertem »Pakt mit dem Leser«. Einverständiges Schreiben, das ist das Gegenteil von Kunst.

Lenz hat einmal in einem Fernsehinterview die Frage gestellt, was er möge falsch gemacht haben, daß er das »Malheur« hatte, einen Bestseller zu schreiben? Seine Kritiker haben ihm oft schon die Sache erklärt. Und er schreibt weiter Bestseller.

Nachweise

Was ist Literatur?
Erstdruck: als sog. ›Leseartikel‹ unter dem Titel »Literatur heute« in Band 15 von Meyers Enzyklopädischem Lexikon, 1975, S. 155–159.

Gedichte sind genaue Form
Erstdruck: in der ZEIT Nr. 6 vom 28. Januar 1977. Wesentlich erweiterte, ergänzte und korrigierte Fassung.
Der dem Artikel seinerzeit von der Redaktion beigegebene Untertitel »*Nicht* bloße Beliebigkeit ist das Gegenteil von Lyrik« verkehrt seine These in ihr blankes Gegenteil. Leider wurde er unbesehen auch im Nachdruck übernommen (»Lyrik-Katalog Bundesrepublik«, herausgegeben von Jan Hans, Uwe Herms, Ralf Thenior, 1978, S. 443–453. Übrigens sind dort S. 445/46 die Brinkmann-Verse als fortlaufende Prosa gedruckt, wodurch der ganze Argumentationszusammenhang aufgehoben wird).

Zweihundert Jahre Werthers Leiden, oder: Dem war nicht zu helfen
Erstdruck: im MERKUR 29, 1975, S. 530–544.

Kunst, die Leidenschaft zum Ganzen. Überlegungen anläßlich des hundertsten Geburtstages Rainer Maria Rilkes
Ungedruckt.

Das Pathos der Mitte. Thomas Mann oder: Literatur als Leistung
Erstdruck: in der ZEIT Nr. 26 vom 20. Juni 1975. Einige Erweiterungen.

Ödön von Horváth und seine »Geschichten aus dem Wiener Wald«
Erstdruck: in den »Materialien zu Ödön von Horváths ›Geschichten aus dem Wiener Wald‹«, herausgegeben von Traugott Krischke, 1972 (edition suhrkamp 533), S. 10–43. Einige Veränderungen.

Hiob. Leben und Werk des Joseph Roth
Ungedruckt.
Die Überlegungen wurden angeregt durch das Erscheinen der vier Bände »Werke«, herausgegeben von Hermann Kesten, 1975/76 bei Kiepenheuer & Witsch in Köln.
Im gleichen Verlag erschien 1974 die Biographie von David Bronsen »Joseph Roth«.
(Zu beiden Publikationen s. auch Fritz J. Raddatz in der ZEIT Nr. 31 vom 28. Juli 1978.)

Die dokumentarische Wendung in der Erzählliteratur der Gegenwart
Erstdruck: in der »Festschrift für Klaus Lankheit«, Köln 1973, S. 97–112.
Die Zeitbezüge wurden bewußt unverändert übernommen, da die These und die Art ihrer Bearbeitung ihrerseits inzwischen ein – wie auch immer zu wertendes – Zeitdokument geworden ist.

Ernst Jünger. Der Sprachdenker, der Stilist und das Maß
Erstdruck unter dem Titel »Ernst Jünger oder Der allzu hoch angesetzte Ton«: in der ZEIT Nr. 46 vom 8. November 1974. Wesentlich erweiterte, ergänzte und korrigierte Fassung. Der Artikel löste eine Flut von Leserbriefen und Briefen aus. Ihr Resultat war alptraumhaftes Entsetzen, einige Ermutigung und zwei Korrekturen.

Nicht Elfenbeinturm sondern Schneckengehäus. Zu Günter Grass: »Aus dem Tagebuch einer Schnecke«
Erstdruck: in der Neuen Zürcher Zeitung vom 11. Oktober 1972. Um die Einleitung gekürzt.

Tuu res. Zum Tagebuch II von Max Frisch
Erstdruck: im MERKUR 26, 1972, S. 1032–1038.

Hermes steigt vom Sockel. Gedanken zu Max Frisch in Montauk (anläßlich des 15. Mai 1976)
Erstdruck: im MERKUR 30, 1976, S. 453–463.

Gebuchte Zeit. Zu den Aufzeichnungen der Marie Luise Kaschnitz
Erstdruck: im MERKUR 28, 1974, S. 381–384.

Das Gewicht der Welt und sein Eichmeister. Zu Peter Handkes Journal
Erstdruck: in der NEUEN RUNDSCHAU 89, 1978, S. 268–275. Der Herausgeber gab dem Druck eine Fußnote mit, die um der wünschenswerten Fairneß willen auch hier abgedruckt sei:
* Die in diesem Aufsatz vorgetragene Kritik an Handke wird von der Redaktion der NR nicht in allen Punkten geteilt. Wenn Literatur immer etwas Verfestigtes, Geformtes ist –: sollte es da nicht einen Autor reizen, einmal das zu notieren, was *vor* jeder Bearbeitung und Formung ihm ›durch den Kopf schießt‹? Auf der Suche nach solcher Authentizität der Erfahrung gelangt Handke so zu einer ›Schicht‹, deren Trivialität u. E. kaum als Einwand vorgebracht werden kann. Die Frage bleibt dann nur, was solche spontanen Notationen einem anderen bedeuten können – eine Frage, auf die die bisherige Kritik kontroverse Antworten gegeben hat. (R. H.)

Masurenstunde. Zu Siegfried Lenz und seinem »Heimatmuseum«
Erstdruck: im SPIEGEL vom 21. VIII. 1978, S. 160–162.

Personenregister

Walter Mehring

Wir müssen weiter
Fragmente aus dem Exil
152 Seiten, gebunden

Dieses bislang unveröffentlichte Manuskript beschreibt in kurzen Kapiteln die Stationen von Mehrings Exil und die Apokalypse seiner Flucht. Sehr persönlich, manchmal zornig und böse, manchmal satirisch und pamphletistisch, manchmal dadaistisch, aber auch liebevoll erinnert sich hier einer der letzten Großen aus Berlins Dada-Zeiten an seine Begegnungen mit Kurt Tucholsky, Carl von Ossietzky, Erich Mühsam, Franz Werfel, Franz Theodor Csokor, Ilja Ehrenburg, Leonhard Frank u.v.a.

Die höllische Komödie
Die drei Dramen: Die höllische Komödie;
Der Kaufmann von Berlin; Die Frühe der Städte
272 Seiten, gebunden

Walter Mehring hat drei Dramen geschaffen, die bisher nahezu unbekannt geblieben sind. Mit diesem Band werden sie erstmals gesammelt publiziert. Auch in seinem dramatischen Werk erweist sich Mehring als scharf beobachtender, kritischer Autor, der mit den Mitteln der Persiflage Mißstände seiner Zeit geißelt und entlarvt.

claassen Verlag, Postfach 9229, 4000 Düsseldorf 1

Walter Mehring

MÜLLER – Chronik einer deutschen Sippe
Roman
272 Seiten, gebunden

»Ein Buch wie Mehrings ›Müller‹ ist als Entwurf wie als Beispiel einer listigen literarischen Einfallskraft unerkannt geblieben, obwohl es ein Unikat in dem Vorrat unserer polemischen Literatur ist. Das Buch ist ein Pamphlet voller Parodien
und eine Paraphrase zu den ›Ahnen‹ des Gustav Freitag, mit
einem Einfühlungsvermögen in die literarischen Stile der Epochen und aus dem breiten historischen Wissen, das schon den
großen Kenner der Weltliteratur anzeigt.«

Frankfurter Allgemeine Zeitung

Die verlorene Bibliothek
Autobiographie einer Kultur
320 Seiten, gebunden

»Walter Mehring ist wiederzuentdecken, es lohnt sich ihn zu
lesen: ein Republikaner, der zu den Vätern des politischen Ka-
baretts gehört, ein gewandter Sprachartist, dessen Berlin-
Songs ihn in den zwanziger Jahren berühmt machten.«

Frankfurter Rundschau

claassen Verlag, Postfach 9229, 4000 Düsseldorf 1